光文社知恵の森文庫

●山口由美●

アマン伝説

●アジアンリゾート誕生秘話●

光文社

目次

本文デザイン／ISSHIKI
本書は『アマン伝説　創業者エイドリアン・ゼッカとリゾート革命』
（2013年、文藝春秋刊）を加筆修正して文庫化したものです。

プロローグ

ジャワ島・スカブミへ

1988年に開業した最初のアマンリゾーツ、タイ・プーケットのアマンプリ。
官能的なブラックプールはセンセーショナルな開業にふさわしく、ゲストを魅了した。

エントランスを入ると、漆黒のタイルを敷き詰めたスイミングプールが視界に飛び込んでくる。オープンエアの建物に、プールの先に続く海からの心地よい潮風が通り抜けてゆく。椰子の木が映り込む黒い水面は、まるで一枚の絵画のごとく、言いようのない神秘とエロティシズムが漂っていた。

一九八八年、タイのプーケット島に一軒のリゾートホテルが開業した。

ホテルの名前はアマンプリ。サンスクリット語で「平和の場所」を意味する。東洋的なエキゾティシズムを漂わせた、謎めいた響き。その名前が象徴するように、すべてが従来のホテルの常識を覆《くつがえ》したものだった。

客室は、パヴィリオンと呼ぶ戸建てのヴィラスタイル。個人別荘を開放するかたちで始まったホテルは、一般的な広告宣伝というものを一切しなかった。当初は、旅行会社との関係さえなく、限られた層の間での口コミによってだけ、存在が伝説めいて伝えられた。

開業は、より正確には一九八七年から八八年にかけての年末年始。プーケットの乾季は冬であるから、最大のベストシーズンに間に合わせようとしたのだろう。

八七年一〇月にはブラックマンデーの株価暴落があった。いわゆるバブル景気とは、八六年一二月から九一年二月までを言うが、日本人が世相としての「バブル」を感じるようになったのは、ブラックマンデーの株暴落から日本がいち早く回復したタイミングと言っていい。バブル経済の狂乱が始まる前夜の出来事である。

当時、アマンプリを訪れた日本人に作家の田中康夫がいる。

政治家に転身するずっと前、一九八〇年に小説『なんとなく、クリスタル』でデビューした彼は、プレバブルからポストバブルに至る時代、トレンドウォッチャーとして活躍した。一九八八年八月のエッセイに登場するアマンプリは、後にアジアンリゾートブームの主役となるアマンリゾーツの、おそらくは日本で最初のメディア露出と思われる。

〈「アマンプリ」は、パンシー・ビーチという名まえの静かなビーチに面したリゾートである。40コテージのみである。もちろん、一つ一つが独立している。(中略)

このリゾートには、レセプション・カウンターもロビーもない。お堂のようになったオープン・サイド・パビリオンが建っているだけである。(中略)コテージには、テレビもビデオもラジオもない。が、コテージに隣接して、海を望むことの出来る四阿《あずまや》がひとつずつ設けられている。

オープン・サイド・パビリオンの奥には、プールがある。その横には、レストランが

ある。タイ料理とイタリア料理を供する。80シートあるから、一度に全宿泊客がテーブルに着いても平気である。（中略）
1泊6500タイバーツの「アマンプリ」を訪れるのは、プライバシーを求めてやってくる人々だ。ハワイではもちろん、タヒチでもバルバドスでも自分の時間を保てなくなった人々が訪れている。一度、訪れる価値がある。
香港のザ・リージェントのシェア・ホルダーであった人物が経営する「アマンプリ」には、21356AMANTHというテレックス番号のバンコク・セールス・オフィスがある〉
（『ぼくたちの時代③　ラディカルな個人主義』田中康夫著）

素っ気ない書き方ではあるが、お正月にハワイに出かける人たちを「愚か者」と切り捨て、一方、訪れる価値のある場所としてアマンプリを絶賛する。

インターネットもフェイスブックもない時代、だからこそ〈ハワイではもちろん、タヒチでもバルバドスでも自分の時間を保てなくなった人々〉の口コミは、もっと限定的で効果的だったのかもしれない。すでに上質な顧客を集めていた様子がうかがえる。

〈香港のザ・リージェントのシェア・ホルダー〉という紹介は、いかにも一九八〇年代の

アマンダリのインフィニティプール。

トレンドウォッチャーらしい。一九八〇年に開業したそのホテルは、当時、香港を象徴する憧れの高級ホテルだったからだ。

その人物が、アマンプリの創業者、エイドリアン・ゼッカである。

翌年、インドネシアのバリ島に二軒目のホテル、「平和な精霊」を意味するアマンダリが開業すると、二つのホテルは、アマンリゾーツとして、相乗効果的にさらなる伝説を創り出していくことになる。

アマンプリの衝撃的なブラックプールに対し、アマンダリには、借景となるライステラスに溶け込むようなインフィニティプールがある。

水面でプールのエッジを切る、いまでは世界中のあらゆるプールがこぞって採用しているのがインフィニティプール、もしくはホライズンプールと呼ばれるものだ。アイディアを最初に発案したのは、スリランカ人建築家のジェフリー・バワであり、世界初のインフィニティプールは一九八一年開業の旧トライトンホテル（現在のヘリタンス・アフンガッラ）だが、世界的に有名になったきっかけは、アマンだろう。いまでもインフィニティプールの最初は、アマンダリだと信じている人が少なくない。

アマンリゾーツの衝撃と影響は、後にアジアンリゾートと総称されるホテルのムーブメントを生み出し、ホテルというもののスタイルやあり方さえも変えることになる。

二一世紀のいま、アマンの名前など聞いたこともない人たちも含め、世界のあらゆる人たちが憧れる、贅沢で、心地よくて、快適なもの、「楽園」という甘美な言葉でくくられる風景の象徴として、アマンリゾーツ、およびそれに続くアジアンリゾートブームのもたらした影響が存在する。すなわちヴィラスタイルの客室、開放的なテラス、アジアンテイストのインテリア、風景の一部として存在するプール、土地の文化やライフスタイルを取り入れる発想などである。

影響の片鱗は、アジアのリゾートそれ自体にとどまらず、東京の都市ホテルで、箱根の温泉旅館で、あるいは遠くアジアを離れたメキシコやイタリアのホテルにおいてさえ、しばしば感じることがある。

ホテルにおいては、長らくヨーロッパスタイルの建築やインテリアが重んじられてきた。いわゆるコロニアルホテルも、ヨーロッパ建築を熱帯の気候に適応させたものであり、現地の建築様式を採り入れたものではない。その後、アメリカ経済の繁栄と共に、アメリカ的なモダニズムの大型ホテルが登場する。リゾートにおいても、マイアミやハワイに出現した高層ビルのホテルが脚光を浴びるようになる。振り返ってみれば、それらは、いつも時代ごとの政治経済の中心と密接にリンクしていた。

アジアンリゾートの勃興は、日本のバブル経済とその崩壊に始まり、アジア経済が世界の中心に躍り出た時代と重なり合う。その意味において、アジアンリゾートの誕生は、時代の必然だったのかもしれない。

しかし、それを伝説めいたヴェールに包んで登場させた手腕において、アマンリゾーツの創業者、エイドリアン・ゼッカという男は、天才的な勘を持っていた。

その衝撃的なデビューがなかったなら、アジアンリゾートの潮流は、これほど大きな影響をもたらさなかったかもしれない。アマンリゾーツは、ホテルの常識からすれば取るに足らない規模であったにもかかわらず、あたかもスポーツカーやダイヤモンドや高級シャンパンのように、豊かさの象徴としてのステイタスを創り出したのである。

プライバシーを重んじるアマンリゾーツが顧客の名前をことさらアピールすることはなかったけれど、たとえばダイアナ皇太子妃がお忍びで滞在するといった噂は、そのブランドイメージを確実に高めていった。

エイドリアン・ゼッカは、彼の生み出したリゾート、アマンを伝説のヴェールに包んだだけでなく、自分自身も長いこと、おそらくは意図的にヴェールに包んできた。滅多に公の場に登場しなかったし、インタビュー嫌いで、顔写真を撮られることも好まない。

エイドリアン・ゼッカという人物の不思議さは、英語のファーストネームと欧州的でありながら耳慣れない響きのファミリーネームからなる姓名と、アジア的容貌とのコントラストによるところが大きいのかもしれない。

だが、彼の周囲には同じような人物がいて、西洋と東洋の接点で育《はぐく》まれた彼らの美意識やライフスタイルこそが、アジアンリゾートというものを形づくった事実に、やがて私は気づかされることになる。

スリランカ人建築家のジェフリー・バワも、世界初のトロピカルブティックリゾート、タンジュンサリを創業し、後にバトゥジンバという別荘の開発においてバワを招聘《しょうへい》し、エイドリアン・ゼッカとのつながりを作ることになるウィヤ・ワォルントゥもそうだった。彼らはいずれも植民地アジアで西洋と東洋の血が混じり合う家族に生まれ、英語圏で高等教育を受け、東洋と西洋が混在する姓名と容貌と生い立ちを持っていた。

その出自にこそ、〈香港のザ・リージェントのシェア・ホルダー〉という経歴だけでは語り尽くせないエイドリアン・ゼッカという人物の秘密があるのかもしれなかった。

アマンの創業者、エイドリアン・ゼッカ（ＩＬＴＭ上海にて）。

アマンの創業とほぼ時を同じくして、旅やホテルの取材をするようになった私だが、とりわけアマンリゾーツと関係が深かった訳ではない。長く伝説めいた名声を遠くに聞いていたにすぎない。その私が、エイドリアン・ゼッカに引き寄せられていったのは、いくつかの運命的な巡り合わせによる。

最初の糸は、母の従姉妹《いとこ》になる作家の曽野綾子が発した意外な一言だった。

「アマンのエイドリアン・ゼッカ？　あら、彼の兄の嫁さんは私の友達よ」

彼女の書くエッセイや小説は、一見、アマンリゾーツの享楽的な世界とは無関係に思えたから、私はことさらに驚いたのだった。

エイドリアン・ゼッカの次兄、アレン・ゼッカの妻は、名倉延子という日本人である。曽野綾子とは、聖心女子大学の同窓になる。江戸時代から「骨接ぎの名倉」として有名な名倉医院の娘だった。

彼女たちが学んだ時代の聖心女子大学には、マザー・ブリットという有名なアメリカ人修道女の学長がおり、その薫陶を受けた世代からは、緒方貞子、美智子上皇后など、多くの気骨ある女性たちが巣立っている。聖心女子大を卒業後、単身、渡米し、スタンフォード大学に学んだ名倉延子も、曽野綾子がそうであったように、世界のどこに行くのも厭《いと》わない、独立心旺盛な女性であったに違いない。

そして、アレンと出会い、恋に落ちたのだった。

外国人との結婚を家族に反対されたというが、彼女は意思を貫徹する。

彼らが学んだ一九五〇年代のスタンフォード大学、そこにたまたま在籍していた日本人学生が親戚だったことを私は後になって知った。その学生、地質学を学んでいた金谷太郎は、その後、研究生活を断念し、家業のホテルを継ぐのだが、ホテルマンとしての彼しか知らなかった私は、若き日の留学生活のことを葬儀で初めて知ったのだった。

アレンと延子は、太郎のことを覚えていた。

二つ目の偶然に、私はさらに驚いた。

金谷太郎が継いだホテルとは、日光金谷ホテルである。

一八七三（明治六）年、外国人相手の貸別荘、金谷カッテージインとして創業。ホテルとしての創業は一八九三（明治二六）年だが、前身から数えるならば日本最古のホテルになる。太郎は、創業者善一郎の長男、眞一の孫だった。

一方、眞一の弟である次男の正造は、箱根の富士屋ホテルの長女に婿入りし、山口姓となる。私とは、血のつながりこそないが、祖父の義兄、すなわち大伯父という関係になる。一八七八（明治一一）年創業の富士屋ホテルは、最初からホテルとして創業したという意味では、正真正銘、日本最古のホテルである。

ゼッカ家と私を結ぶ三つ目の糸が、この山口正造だった。

一八九九（明治三二）年、一七歳で単身渡米。その後、英国に渡り、一九〇七（明治四〇）年に帰国するまで、多感な青春時代を欧米で過ごしている。それは留学というより、むしろ放浪だった。それでも最終的には、柔道の興行で成功し、ロンドンに屋敷を構えるまでになる。なんとも自由奔放で破天荒な人物である。

その後、山口正造は、富士屋ホテルの後継者となるのだが、彼は生涯、旅が好きだった。しかも、この時代の欧米通としては珍しく、南方のアジア諸国をことさらに好んだ。

毎冬、箱根が閑散期になると、いそいそと探検家風の帽子を被り、白い麻のスーツを着て、外国客船に乗り、南を目指したのだった。富士屋ホテルはアジアのホテルだから、アジアを知らなければならないと言いながら、その実、正造の心は、南国の太陽と熱帯植物のむせるような香りと南方のエキゾティシズムに魅せられていた。

その山口正造が、一九二八（昭和三）年、東南アジアを旅した時の記録が『南洋遊記』という旅行記である。上海、香港、シンガポール、そして向かった先が、オランダ領東インドのジャワ島だった。富士屋ホテルにはいまも、彼が当地で買い求めたガルーダの木彫りがある。インドネシアの国営航空会社の名前ともなっている聖なる鳥は、国威の象徴とされ、尊ばれる。正造が、かつて確かにジャワを旅した証であった。

ゼッカ家の故郷がジャワであることは、曽野綾子の話から聞いていた。

さらに、それがスカブミという名前の町であることを知ると、私は、一縷《いちる》の偶然を期待して正造の旅行記『南洋遊記』を取り出した。

まさかと思いながら、めくったページの先にスカブミの名前を見つけた時の驚きは忘れられない。

スカブミは、現在のジャカルタから南の方角、植物園で有名なボゴールのさらに南に位置する。かつてゼッカ家がプランテーション経営で財をなした、水がよくて農業の盛んな土地であった。

正造がスカブミを目指した理由は、ボゴールで予約していたホテルがアメリカからの観光客で満杯だったからだ。ジャワで自動車会社を経営していた日本人の友人の車に乗って、正造は、予定になかった地方都市に足を伸ばすことになる。

偶然の発見は、曽野綾子から延子の娘、エイミを紹介され、彼女を介して、エイドリアン・ゼッカのインタビューが実現することになった数日前のことだった。

正造がスカブミのヴィクトリアというホテルに泊まったとエイミに伝えると、彼女は大変驚いて、それはゼッカ家の経営していたホテルだと言う。

正造がスカブミを訪れたのは、一九二八年のこと。

エイドリアン・ゼッカが生まれたのは、その五年後の一九三三年である。


初めて会ったエイドリアン・ゼッカは、ほがらかで気さくな人物で、インタビュー嫌いと聞いていたのが信じられないほどに饒舌《じょうぜつ》だった。

だが、それは、挨拶もそこそこに見せた『南洋遊記』のせいかもしれなかった。

スカブミのことが書かれていると話すと、身を乗り出すようにして旅行記の写真の一枚、一枚に見入った。

記憶の中にある遠い日のジャワがそこにあったということなのか、何度も何度も「アメイジング」という言葉を重ねて、最上級の驚きを示した。

スカブミの町、それ自体の写真はなかったけれど、近隣のボゴールやバンドンの写真だけで十分だったようだ。ついには、正造の隣に写っていた人物を指さして、自分の一族の誰かに似ているとまで言う。

さらに言えば、山口正造という人物にもシンパシーを感じたのかもしれない。旅が好きで、冒険が好きで、世界各地を旅して養った感性をホテル経営に生かすという大枠において、山口正造とエイドリアン・ゼッカには通じるものがある。もし二人が同世代人として出会っていたなら、意気投合していたかもしれない。

スカブミで一泊した翌日の朝、正造は、当地で店を構えていた日本人の理髪店に行った。その話をすると、兄のアレンやエイドリアン本人も幼い頃、その日本人理髪師に髪を切ってもらっていたと言うではないか。

『南洋遊記』には次のようにある。

〈早起してホテル隣地に清潔なる理髪屋、日本人経営のものにて頭を刈込んだ。話に依ると此の床屋は露西亜方面に居ったが欧州戦争の時にジアバに渡り非常なる成功者との事であった〉

エイドリアンは言った。

「あの頃、スカブミには日本人が二人いましたよ。一人は雑貨店をやり、もう一人は床屋だった。戦争が始まると日本に帰ってしまったけれどね」

正造とエイドリアンは、その日本人理髪師を通じてつながっていたのである。

彼は、再度、「アメイジング」とつぶやいた。

そして、当然の流れのように家族の物語を語り始めた。

ゼッカ家の祖先は、一八二七年にオランダ軍の兵士としてジャワ島のバタヴィア（現在のジャカルタ）にやってきたジョセフ・ゼッカという人物にさかのぼる。エイドリアンの祖父の祖父、すなわち高祖父にあたる。

ゼッカの姓もこの人物に由来するが、これはオランダ人の名前ではない。なぜなら彼は、現在のチェコ、当時は、オーストリア帝国に属するボヘミアの出身だったからだ。プラハの八〇キロメートルほど北東に生まれ故郷があるという。

箱根・富士屋ホテルの山口正造による旅行記『南洋遊記』。

ゼッカとは、ボヘミアの出身を匂わせるドイツ語の名前である。

珍しい姓という自覚があるのだろう、エイドリアンは、各地の電話帳でゼッカ姓を調べたことがあると話してくれた。

「ニューヨークでは二、三人のゼッカが、ドイツでもやはり二、三人のゼッカがいた。いずれも親戚ではなくてね。オランダにも二、三人いたけれど、これは親戚だった」

ジョセフ・ゼッカが故郷のボヘミアを離れた一九世紀前半、オーストリア帝国はフランツ一世の時代にあたる。国歌「神よ、フランツ皇帝を守りたまえ」の歌詞になった君主である。当時のボヘミアは、ドイツ化が進められる一方で、独立運動が始まった時期だった。オーストリア帝国の女帝テレジアの娘、マリー・アントワネットが嫁いだフランスに革命が勃発したのは一七八九年のこと。ヨーロッパに吹き始めた革命と自由主義の風に、ジョセフ・ゼッカも影響を受けたのだろう。

エイドリアンは、彼がオランダを目指した理由を語る。

「ボヘミアではどの革命も成功しなかった。農民は独立などに興味はなかったからです。ナショナリズムとか、そういった思想に興味があったのは都市部の知識階級だけ。だから、彼は西を目指したのです。フランス、オランダ、スカンジナビア、そうした西欧諸国は、よりリベラルでしたから」

ジョセフは、もともと彫刻家だった。だが、頼るべき人もないオランダでの生活は困難も多かったのだろう。そんな彼の辿り着いた選択肢が植民地の兵士だった。

一八二七年の時代背景としては、一八二四年のロンドン条約と、一八二五年から三〇年まで続いたジャワ戦争があったと考えられる。

一七世紀から一八世紀にかけて力関係が逆転していったオランダとイギリス、それぞれの植民地の勢力図が確定されたのがロンドン条約だった。これによって、インド沿岸部に点在した植民地都市とセイロン（現在のスリランカ）およびマレー半島はイギリス領になった。一方、ジャワ島、スマトラ島を含むインドネシアの島嶼《とうしょ》部のほとんどはオランダ領という線引きがなされ、ボルネオだけが境界線未定のまま残された。オランダのインドネシア支配は、一六〇二年の東インド会社設立にさかのぼるが、本格的な植民地経営に乗り出すのは、これ以後のことである。

そして、ジャワの王族がオランダの支配に対して反旗を翻したのがジャワ戦争である。

エイドリアンによれば、ジョセフがジャワにとどまった経緯はこうだ。

「当時、植民地に派遣された兵士は七年の契約でした。でも三年たてば、自由になる権利を買うことができた。こうした制度は、植民地の平和を維持し、さらに人口を増やすため、フランスなど他国の植民地にもあったものです。そして、彼は、オランダ領東インドにおいて、オランダ市民となったのです」

一八二七年というのは、治安維持と植民地の人口拡大、いずれのニーズもあったタイミングということが出来る。

名倉延子の手記によれば、ジョセフとその娘がスカブミを訪れた時、案内したのが当時、町長を務めていた兄弟の曽祖父だったという。中国福建省アモイの出身で、ゴムのプランテーション経営で財をなし、貿易や印刷業、ホテル経営まで手広く商売を広げていた。この曽祖父とジョセフの娘ヴァン・ルイザ・ゼッカが恋に落ちる。やがて彼らは結婚し、そのルイザが曽祖母となる。曽祖父の姓は、劉（Lauw）と言ったが、結婚後、ゼッカというファミリーネームを名乗るようになった。

その曽祖父から数えて三代目が、エイドリアンの父親になる。

彼は「ゼッカ・カンパニー」のオーナーとして貿易業を営んだ。ヨーロッパから印刷機械やタイプライター、万年筆などを初めてインドネシアに輸入したことで知られるという。

その父が仕事で訪れたクアラルンプールで出会い、恋に落ちたのがマレーシア華僑の名家、林家の娘だった。そして結ばれた父と母の間に五人兄弟が生まれた。いずれも名前がAで始まる。長男のアンドリュー、次男のアレン、三男のエイドリアン、四男のアーウィン、五男のオースティンである。

名倉延子は、さまざまな文化が入り交じったゼッカ家の様子を記している。

〈ゼッカ家では、英語、オランダ語、中国語、インドネシア語の共通語と地方語、そして日本語が時と場所、相手によって使い分けられる。祖母は中国人とインドネシア人の血を引くが使うのはインドネシア語だけ。日本語も少し話せたようだが、私の前では使ったことがない。両親は英語が中心。ダディは私に、カタコトの日本語で話しかけてくれたりもした。アレンたち五人兄弟のうち上の三人はジャカルタのオランダ学校で初等教育を受けたので、兄弟同士はオランダ語で話すことが多い。私がいるときは英語になる。中国語は、ときどき長兄と母親が使うだけだった〉（『江戸っ子八十年　嵐の日々も　凪の日も』ゼッカ・名倉延子著）

2011年ごろのスカブミ市内。かつてヴィクトリアホテルがあった界隈。

文化の融合は、食生活にもあらわれていた。

〈食いしん坊の私は、ゼッカ家の料理に身も心もとらわれた。朝は西洋、昼は中国、夜はミックス。朝食には自家製のジャムが数種類供せられ、ジャワコーヒーのおいしいこと。夜はオランダ風の肉料理や何種類ものチーズ。マミーが作るホワイトソースのクロケットはチェコ人の曾祖母ゆずりのレシピとかで、こんなおいしいものが世の中にあるだろうかと思うほどだった〉（前掲書）

スカブミは、いまはSUKABUMIと表記するが、山口正造の『南洋遊記』には「SOEKABO-EMI」と書かれている。エイドリアンによれば、戦前の古いスペルだという。そのときは、あまり意識しなかったが、後にスカブミを訪れた私は、そこがSUKABUMIよりもSOEKABOEMIで記憶される歴史の町であることを知らされることになる。

一九五七年のスカルノ政権によるオランダ資産凍結を契機にして、ゼッカ家がスカブミを離れて半世紀以上がたつ。彼らがそこで暮らした足跡はもう何もないとアレンの娘、エイミに言われたけれど、それでも私は、ゼッカ家と自分自身を結びつけた糸であるスカブミを訪れてみたいと思った。

ジャワ島の地図で見ると、それなりに大きな地方都市なのだが、ガイドブックにはほとんど載っていない。『地球の歩き方』には一行の記述もなく、『ロンリープラネット』にも数行が記されているだけ、市街地の地図もない。ようするに観光客など訪れない場所ということらしかった。

ジャカルタで車と英語を話すドライバーガイドをチャーターして、全く何のあてもないまま、私はスカブミを目指した。

高速道路をボゴールの先、チアウイで降り、右手にグヌン・サラックという山を見ながらさらに南下する。良質な水に恵まれたこの周辺で、インドネシア産ミネラルウォーターのほとんどが生産されているという。さらに近年は、清涼飲料の工場も増えている。沿道には、巨大な缶のオブジェが入り口にそびえるポカリスエットの工場があり、さらに進むとヤクルトの工場があった。オランダ植民地時代、お茶やコーヒーのプランテーションで栄えた山麓は、経済成長の波を受けて一大飲料工場エリアとなっていた。

予約したホテルは、リド・レイクス・リゾート&コンファレンスといってスカブミの郊外にあった。

正造が泊まったヴィクトリアホテルに泊まりたかったのだが、とうの昔に存在しない。リド・レイクスに泊まったおかげで、私は沿道の工場に出勤する労働者の大渋滞に巻き込まれて大変な思いをしたのだが、それでもスカブミ市内に変更しなかったのは、HPにあった歴史の記述が気になったからだ。いまは建物も建て替えられて、クラシックホテルの面影は全くないけれど、そこは一九三五年にオランダ人実業家が創業したホテルだった。

第二次世界大戦による日本軍の占領を経て、一九四七年、オランダ人オーナーは再びホテルに戻ったが、五三年に妻と娘は帰国。二年後にはオーナー自身もホテルを売却して帰国したとある。二転三転したホテルの運命の背景に、独立戦争があり、インドネシア共和国の建国があった。

四〇〇年余り続いたオランダの植民地支配は、結果的にオランダが日本軍に降伏した四二年三月九日に終焉《しゅうえん》したことになる。だが、オランダは、豊かな資源を有するオランダ領東インドを手放すつもりはなかった。終戦後、一九四五年八月一七日に独立宣言がなされたが、戦争中、スカルノが親日だったこともあり、「日本の傀儡《かいらい》国家」とみなしてこれを認めなかった。そして、インドネシア独立戦争が勃発する。オランダからインドネシア共和国に主権が正式に移譲されるのは、一九四九年一二月のことだった。

スカブミに到着した私が向かったのは役所だった。

観光案内所もない、地図もないのでは、どこに行くべきか見当もつかない。話の重要な部分を端折《はしょ》って通訳する、頼りないドライバーガイドのお尻を叩き、行き着いた部署で、ようやく私はインドネシア語で書かれた簡単な地図と案内書を入手した。

とりあえずのキーワードは、ゼッカ家が運営していたというヴィクトリアホテルだ。

少し英語のわかる若い職員が、古いものを探しているのなら、と言ってパソコンを開いてくれた。soekaboemi.comという、スカブミがまさにSOEKABOEMIと呼ばれていた時代の歴史をまとめたサイトだった。

SUKABUMIで検索しても、たいした情報がヒットしなかった理由がわかった。そうか、この町は、SOEKABOEMIの歴史にこそ物語があったのか。

ヴィクトリアホテルの写真がいくつか出てきた。外観、ダイニングルーム。さらにSOEKABOEMIとVICTORIAHOTELで検索すると、古いポストカードがヒットした。アールヌーボーのイラストが添えられて、一九〇〇―一九一〇年とある。

正造の『南洋遊記』には、それを証明するような記述がある。

〈ホテルは二十五年位前に建築され、其後一度も修理せしことなき様に思はれた。（中略）デコレーションは昔の芝居の装飾と家具でも見る如き旧式なホテルであった〉

正造が訪れたのは一九二八年。なるほど一九〇〇年代前半の建築であれば、彼の記述した通りということになる。エイドリアンの父はもっぱら貿易業に携わったというから、その頃、ホテルはすでに、かつての栄華を失っていたのかもしれない。

ヴィクトリアホテルが創業された頃、スカブミから始まったものにペガダイアンという国営の質屋がある。インドネシアではどの町でも見かける、秤《はかり》のロゴマークが目印の店だ。

一九〇一年にスカブミで誕生したのが一号店だという。当時のスカブミが、それだけ経済活動の盛んな土地柄だったということだろう。最初の店舗は、スカブミで唯一の博物館になっていた。

スカブミには、もうひとつ名物がある。

頼りにならないドライバーガイドだったが、その名物の話になると急に反応した。妻がよく知っていると言って携帯電話を取り出す。名物を売る店が並ぶ路地があったはずだと、懸命に場所を確認する。

それは、MOCHI KASWARIという名前の菓子だった。

ようやく見つけ出したMOCHI横町とでもいうべき一角で、一番の老舗らしい店に入る。次々とお客が訪れては、赤い紙袋にいっぱいのMOCHIを買ってゆく。スカブミといえば何はさておき、という名物らしい。

MOCHIとは日本語の「餅」に由来する。

だが、なぜスカブミにMOCHIがもたらされたのか、詳しい経緯はわからないという。

私は、エイドリアン・ゼッカと山口正造が証言していた日本人の雑貨商のことを思い出した。遠い昔、その雑貨商がこの地に根づかせたのかもしれない。

試食してみると、一口サイズの餡《あん》の入っていない大福餅だった。

たまたま店にローカルのTV局が取材に来ていた。日本から来たというと、取材させてほしいと言われた。彼らにしたら、長崎のカステラ屋に取材に来たら、ポルトガル人がいたような偶然なのだろう。そもそもスカブミに外国人観光客なんて滅多に訪れない。取材に答えて日本の「餅」とスカブミのMOCHIの違いを語りながら、私はあらためて不思議な縁に思いをめぐらせていた。

ヴィクトリアホテルの写真はあったけれど、当時を知る人には出会えなかった。かろうじてわかったのが、かつてホテルの建っていた場所だった。町の中心部、建物が面しているのが、昔の地図にあった「ヴィクトリア通り」になるのだろうか。いまは通りの名前もインドネシア語になっている。そこにあったのは「アヤム・ボゴール（ボゴール風チキン）」という鶏の唐揚げを出す食堂だった。

SOEKABOEMIだった時代の面影を探して、さらに役所の土木建築局を訪ねた。

だが、通訳が悪いのか全く要領を得ない。そのうちに勤務時間は終わったからとみんな帰り支度を始める。ふと見ると、ひとりだけ帰ろうともせずぽつんと立っているTシャツにショートパンツ姿の男がいた。彼を摑まえてなおも話を続けると、根負けしたのか「地図だったらあるよ」と部屋に入れてくれたのだった。

ところが、彼が誇らしげに見せてくれたのは、これから建設予定の高速道路の地図で、全くの的外れだった。

ドライバーガイドは、私の話すことの四分の一くらいしか訳していないらしい。それでも根気よく話すうちに、ようやく「昔の建物を探している」という趣旨が伝わった。今度は、束になった古い写真を持ってきた。モノクロのいかにも年代物の写真なのだが、よく聞いてみると一九七〇年代のものだという。南国の高温と湿気は資料を早く劣化させる。一〇〇年くらい昔の写真と思ったら七〇年代だったということは、南太平洋などでしばしば経験していた。がっかりしたように首を振る私に担当者は言った。

「そうか、もっと昔のものか。ならば、植民地時代の建物を見に行くかい」

ようやくそう言われた時、私はへたり込みそうに疲れていた。

最初に見せてくれたのは、オランダ軍が使っていた建物だった。

そして、次の建物へ。

「これは何？」とドライバーガイドに聞くと、相手に聞きもせずに「オランダ軍の建物」

と言う。私が「ちゃんと聞いて」と怒ると、そのやりとりを聞いていたのだろう、その家の奥さんがぽつりと言ったのだった。

「スクール（学校）」

よく聞いてみると、植民地時代のオランダ人の学校だったという。

私は、バリ島で聞いた話を思い出していた。世界初のトロピカルブティックリゾート、タンジュンサリの創業者、ウィヤ・ワォルントゥとゼッカ家の次男アレンが、スカブミの学校で同級生だったという話である。

最初は、雑然とした民家にしか見えなかった家だが、細部を見ると、床にはコロニアルスタイルの洋館にあるようなタイルが敷き詰められている。

少年時代の二人が通った学校だったのだろうか。

SOEKABOEMIと綴った、ゼッカ家が豊かに暮らしていた、植民地時代のスカブミが幻影のようにふわりとよみがえった瞬間だった。

ウィヤ・ワォルントゥが創業したタンジュンサリと隣接する別荘地バトゥジンバは、エイドリアン・ゼッカがアマンリゾーツを生み出した、おそらく最も直接的な背景と言っていい。建築家ジェフリー・バワがバトゥジンバに手がけた建物が、いわゆる熱帯リゾート建築の原型となり、その系譜の先にアマンプリもアマンダリもある。すべてのつながりは、オランダ植民地時代のスカブミから始まったのである。

第一章

スリランカ
兄弟の庭

建築家ジェフリー・バワの自宅兼スタジオだった
ルヌガンガのリビングとダイニング。

一九七〇年の大阪万博で活躍したのは、太陽の塔の岡本太郎だけではない。会場の総合設計を行った丹下健三、エキスポタワーを設計した菊竹清訓《きよのり》、東芝IHI館、空中テーマ館などを設計した黒川紀章など、多くの著名な建築家が参加した。

その万博会場に、菩提樹の葉を模した巨大なオブジェを中心に据えた、清楚な印象のガラス張りの建物があった。セイロン、後のスリランカのパビリオンだ。これを設計した建築家が、ジェフリー・バワである。

アジアンリゾートを語る上で、このスリランカ人建築家は、非常に重要な役回りを演じている。母国スリランカをはじめ、インド、インドネシアのバリ島など、赤道周辺の熱帯に作品が限定される彼のことを、人々はしばしば熱帯建築家と呼ぶ。

もっとも建築家の隈研吾《くまけんご》によるならば、ジェフリー・バワというのは、建築史全般の中で決して重要な位置づけの建築家ではないという。

だが、少なくともインド洋に浮かぶ小国、スリランカにおいては、国を代表する建築家と言っていい。

スリランカの首都は、最大の都市、コロンボではなく、郊外に隣接するスリ・ジャヤワルダナプラ・コッテであるが、一九七〇年代半ば、新しい国会議事堂の建設と共に遷都が決定された時、その国家的プロジェクトの設計を任されたのもジェフリー・バワだった。

彼が、建築史上、あまり重要視されない理由は、国会議事堂のような公共建築も手がける一方、代表作の多くがホテル建築であるからだ、と隈研吾は指摘する。建築の世界でホテルというのは、あまり重要視されてこなかったと言うのだ。

一九六五年、初めての観光客向けのリゾートホテルであるブルー・ラグーン・ホテルを設計したのを皮切りに、一九六〇年代後半、国の観光政策として開発された西海岸のベントータ・ビーチに彼は、初期の代表作となるベントータ・ビーチ・ホテルとセレンディップ・ホテルを設計する。大阪万博のパビリオンは、それらと同時代の作品である。菩提樹の葉のオブジェの作者であるアーティストのラキ・セナナヤキは、その後、多くのバワ建築においてコラボレーションを組むことになる。

ジェフリー・バワ。
©Dominic Sansoni/The Three Blind Men

私が、ジェフリー・バワという建築家の名前を知ったのは、そうした建築家としての正統なプロフィールによってではない。彼の建築が「アマンの元になった」「アマンに影響を与えた」といった枕詞で語られてきたことだった。

だが、考えてみれば、一九一九年に生まれ、二〇〇三年に亡くなった彼は、一九八七年にスタートしたアマンリゾーツに対して、歴史上の人物のように言われるほど年代が離れているわけではない。実際、彼のリゾートホテルの代表作であるカンダラマやライトハウスは、一九九〇年代の作品である。しかも、そうでありながら、彼はアマンそれ自体を設計してはいない。なのになぜ、ことさらに彼は「アマンの元になった」「アマンに影響を与えた」と言われるのだろう。

私が考える第一の理由は、アマンリゾーツを象徴する存在でもあるアマンダリのインフィニティプールではないかと思う。借景の緑と水面が一体化する印象的なプール。あのデザインのオリジナルが、実は、ジェフリー・バワという建築家であった事実が、ことさらに伝説めいて語られたのではないだろうか。

そして、もうひとつは、多くのアマンを設計した建築家たちが、バワの系譜として、くくられていることだ。すなわち「ビヨンド・バワ」である。

ジェフリー・バワについては、研究の第一人者であるデイビッド・ロブソンの著作に詳しい。なかでもバワの存在を象徴的に物語るのが、『Beyond Bawa : modern master-works of monsoon asia』という本のタイトルではないだろうか。

「ビヨンド・バワ」とは、バワに影響を受けたとされる建築家の総称として使われる。バワの直接的な弟子にあたる建築家から、アマンダリを設計したピーター・ミュラーのような、あまり世代の違わない建築家まで網羅されているが、すでに触れたようにバワの晩年の作品は、「ビヨンド・バワ」の作品群と時代が重複する。熱帯の風土を西洋的なモダニズムと融合して建築に表現しようとした彼のやり方は、バワ自身の中で、同時代の建築家の中で、それぞれに進化していったのである。代表的なアマンの建築家、ケリー・ヒルもそうした「ビヨンド・バワ」のひとりである。

バワの死後、彼の事務所を引き継いだ、最も直接的な弟子といっていい建築家のチャンナ・デスワッタは、「バワの影響」の意味について次のように語った。

「それは、バワのコピーをするということではありません。バワの哲学を理解することであり、バワが示した建物の内と外との関係性、空間との関係性を理解するということです。バワは、自分自身でさえ同じ作品をつくることをしない人でしたから。バワの影響を受けるとは、彼のスピリットを受け継ぐことであって、彼に似た作品をつくることではないのです」

土地との関係性をモダニズムと融合させて建築を創作する手法は、たとえばフランク・ロイド・ライトなどとも共通点がある。だが、ジェフリー・バワが特別であったのは、彼の舞台が熱帯であった点だ。デイビッド・ロブソンは、著作の副題にあるように、それを単なる「熱帯」ではなく「モンスーンアジア」と位置づけている。

〈いまはモンスーンという言葉が、ほかの地理的に熱帯とされる地域でも使われるが、もともとはアラビア語で季節を意味するmausimからくるインド洋の言葉だった。それがポルトガル語のmonçãoに転化し、さらにオランダ語のmonssoenに転化した〉（『Beyond Bawa : modern masterworks of monsoon asia』）

モンスーンとは、季節ごとにインド洋を吹く風のことだった。その風が変わることで、それぞれの土地に雨季と乾季がめぐる。温帯のような四季はないが、それが彼らの「季節」だった。

ヘリタンス・アフンガッラ（旧トライトンホテル）。水平線へとつながるインフィニティプールを世界ではじめてバワが考案した。

バワ設計のヘリタンス・カンダラマ。ホテルは緑に包まれた岩山と一体化して建つ。

モンスーンアジアとは、スリランカ、南インド、ミャンマー、マレーシア、シンガポール、インドネシア、タイ、カンボジア、ベトナムといった国々になる。いわゆるアジアンリゾートとは、より正確には、モンスーンアジアのリゾートになるのだ。

デイビッド・ロブソンが指摘するように、南回帰線から北回帰線に至る熱帯は、地球上の四〇パーセントを占める。その一部がモンスーンアジアになるわけだが、長らく世界のものごとは、おおむね北回帰線から北の事情によって動かされてきた。ジェフリー・バワが建築史上、重要とされなかった理由も実は、そこにあるのかもしれない。

北回帰線の先にフランク・ロイド・ライトがいて、ル・コルビジェがいたように、モンスーンアジアには、ジェフリー・バワがいたのである。

そして、ジェフリー・バワと「ビヨンド・バワ」の建築家たちによって、いわゆるアジアンリゾートは、視覚的な輪郭を得たのだと思う。

数あるジェフリー・バワの作品の中で、私の好きなひとつが世界遺産の港町、ゴールにあるリゾートホテル、ジェットウイング・ライトハウスである。

アマンやエイドリアン・ゼッカの取材を始めるずっと以前、初めて訪れたスリランカで強烈な印象を受けた。私のアジアンリゾートをめぐる旅は、思えばジェフリー・バワから始まったことになる。

海に面した岩場に建つライトハウスの真骨頂は、道路に面した車寄せから螺旋《らせん》階段を上がった先に突然開ける、海を背景にしたドラマティックなテラスである。

向かい合った二脚の椅子とテーブルが四組置かれている。そのうちの一組が、海を背景にして真正面の視界に飛び込んでくる。それらは、単に椅子とテーブルであって、建築それ自体ではないのに、完璧な絵画のごとく鮮烈な印象を与える。ライトハウスを象徴するシーンと言っていい。ジェフリー・バワは、建物にあわせて家具をデザインし、さらにそれをどこに配置するかも周到に計算した。椅子が大きくて重いのは、いったん決めた場所から容易に動かせないようにするためだったと言われる。

彼のお気に入りは、その印象的な一組ではなく、右端の一組だった。一九九八年に脳梗塞の発作を起こした後も、車椅子でしばしばその場所に佇《たたず》んでいたという。テラスの印象があまりに鮮明なため、ライトハウスは、海との関係性、波の砕ける岩場というロケーションを生かしたホテルであると理解されている。それは決して間違った解釈ではないのだが、私が心惹かれてならなかったのは、随所にゴールという港町の歴史が織り込まれていることだった。

螺旋階段には、ポルトガル軍のゴール侵攻をテーマにしたラキ・セナナヤケによるオブジェがあり、三つあるスイートは、モロッコ、中国、オランダがテーマとなっていた。それらは、いずれもゴールを訪れた商人をイメージしたもので、一見、突拍子もなく思えるモロッカンスイートのターコイズブルーのベッドも、アラビア商人の史実から生まれたものだ。

アラビア語から発祥し、ポルトガル語、オランダ語に転化したとされるモンスーンという言葉。一四世紀からアラビア商人や中国商人が行き交う東西の貿易の要衝として栄え、一六世紀にポルトガル人の占領によって城壁が築かれ、一七世紀にオランダ人に引き継がれたゴールは、まさにモンスーンと共にあった港町といえる。現在、国際空港のあるコロンボが開発される以前、当時、セイロンと呼ばれていた島国の玄関口だった。セイロンがイギリス領となるのは一九世紀のことである。

バワの家族の歴史は、大航海時代から交通の要衝だったセイロンの歴史を物語るように、さまざまな血が複雑に混じり合う。植民地支配を背景としたヨーロッパ人とアジア人の血

ジェットウイング・ライトハウスの海を背景にしたテラス。

が混じり合った人々を、スリランカではバーガーと呼び、華僑がそうであるように独自のつながりを持つ。

祖父はアハマド・バワというイスラムの法律代理人で、ロンドンで法律を学んでいた時、フランスのユグノー教徒を祖先に持つイギリス人女性と結婚する。祖母のジョージナ・アブレットである。

アハマドとジョージナの長男がバワの父親、ベンジャミンである。彼が四三歳で結婚したのが一一歳年下のバーサだ。スコットランド人とシンハラ人を祖先に持つ、典型的なバーガーの家系であった。

ベンジャミンとバーサには、二人の息子が生まれた。一九〇九年生まれの長男ベイビスと一九一九年生まれの次男ジェフリーである。

一〇歳違いの兄弟は、東洋と西洋が交錯した家族の歴史を物語るように、まるで異なる容貌を持っていた。褐色の肌とエキゾティックな面差しに母方のシンハラと父方のアラブの血を感じさせるベイビス、白い肌とブロンドの巻き毛にヨーロッパ系の血筋が強くあらわれていたジェフリー。性格も社交的なベイビスと物静かなジェフリーは対照的だった。だが、共に見上げるような大男であったこと、芸術的な才能に恵まれていたこと、さらに長じて同性愛者になったことが、兄弟の共通点であった。

バワの父親、ベンジャミンは、その父がそうであったように法曹の道に進み、イギリスに留学し、弁護士となった。さらに、セイロン軽歩兵隊の大尉という植民地軍の要職にもついていた。ジェフリーにはマニングというセカンドネームがあるが、これは父が仕えたセイロン総督、ウィリアム・マニングにちなんでいる。

ところが、腎臓病を患ったベンジャミンは、一九二三年、家族を伴い治療に赴いたイギリスで亡くなってしまう。ジェフリーが四歳の時のことだ。それでも、家族の裕福な暮らしが揺らぐことはなかった。母方のシュレイダー一族は、プランテーション経営で大きな成功を収めていたからである。

〈ジェフリーは、子供時代の多くの時間をコロンボの母方の親戚のところか、もしくはネゴンボの近くの家族の邸宅がある土地で過ごした。大きなほうの土地はキンブラピティヤにあり、母の兄、フレッド・シュレイダーが所有していた。椰子とゴムのプランテーションの中にある小さな丘の上に建つバンガローは、一九世紀中頃にさかのぼるものだった。（中略）シュレイダー一族の邸宅は、セイロン・オランダ様式の建築に特有の多くの基本的な特徴をそなえていて、それがバワのものの見方に影響を及ぼしたのは明らかである。「キンブラピティヤでは、長いヴェランダに座って過ごす素晴らしいひとときがあった。ランチの後、内輪の話に終始する終わりのないおしゃべりが続いたものだ。誰かが最近の叔母のゴシップの話をすると、誰かが、なんて恥ずかしい、と言い、そしてまた、誰かがうなずいて同意するのである」（チャンナ・デスワットとジェフリー・バワの会話より）〉（『Geoffrey Bawa : the complete works』）

そして、彼らは最新型の自動車を乗り回し、頻繁にヨーロッパなどへ旅行をした。兄弟の育った環境は、同時代の欧米の富裕層と変わらない、贅沢で時代の先端をゆくものだった。それは、法律家の父を失っても影響がない、ヨーロッパの貴族階級にも共通する、植民地経済に裏づけられた豊かさだった。熱帯のゆったりとした時間の流れの中で、東洋と西洋が融合する独特の世界がそこにあった。

兄弟は、同じように英語を母国語とし、シンハラ語は日常会話程度しか話せなかったけれど、兄のベイビスがためらうことなく、自らをセイロン人とみなしていたのに対し、弟のジェフリーは、自らのアジアの血を重視していなかった。その背景には、褐色の肌のベイビス、白い肌のジェフリーという、容貌の相違があったのかもしれない。ジェフリーは、母国にあって、どこか異邦人のように自分を感じていたのである。

一七歳で学業をドロップアウトしたベイビスは、プランテーション経営の実務を学び、父と同じセイロン軽歩兵隊に一時入隊する。母方の親戚から、ブリーフという名前のゴムのプランテーションを相続することが早くから決まっていたが、オーナーとして移り住んだのは一九二九年、二〇歳の時である。ベイビスは、熱帯のカントリージェントルマンとして、故郷に根をおろす人生を選んだのである。

その一〇年後、ジェフリーは、イギリスのケンブリッジ大学の試験に合格して、ヨーロッパに旅立った。一九三九年の夏の終わり、入学前の夏休みにイタリア旅行をしていた時、第二次世界大戦が勃発する。九月一日にドイツ軍のポーランド侵攻、三日にはイギリスとフランスがドイツに対して宣戦布告。その時、ジェフリーはイタリアのトリエステからブダペストに向かう列車に乗っていた。急遽《きゅうきょ》、ロンドンに戻るため、スイス経由で乗ったフランスを横断する列車は、ドイツに侵略される前の最終列車だったという。

ジェフリーのケンブリッジ留学は、まるまる第二次世界大戦と重なる。

しかし、その学生生活に戦争の暗い影は感じられない。長身に黒いマントを羽織ってステッキを持った写真は、気品ある英国紳士そのものだ。周囲の誰もが、セイロン生まれのヨーロッパ人だと思っていたに違いない。郊外に広大な領地を持つ友人のカントリーハウスに招かれることも多かった。そうした生活をジェフリーは、心から楽しんでいた。

大学の専攻は法律だった。早くから建築に興味はあったが、植民地エリートの子息として、父と同じ法曹の道に進むことを疑問には感じなかったのだろう。一九四四年、最後の試験に合格して、弁護士の資格を得たのだった。

合格した自分に対するごほうびだったのか、この時、ジェフリーは、なんとロールスロイス・ファントムを購入している。資金は、もちろん実家から出ていたのだろう。

第二次世界大戦末期のロンドン、戦火の傷跡残る道路でロールスロイスのアクセルを踏む。エンジン音の響く中、意気揚々と得意のドライビングテクニックを披露する彼の姿が目に浮かぶ。何とも豪快な放蕩だった。

一九四五年の秋、ジェフリーは友人たちとイタリア旅行に出かけた。ヴェローナに近いガルダ湖畔のコラ・ディ・ラツィーゼにある友人の親戚のヴィラに滞在し、ヴェニス郊外の運河沿いに点在するイタリア・バロックの巨匠、パッラーディオのヴィラを巡る旅。水辺に佇むイタリア・ルネッサンス時代のヴィラの数々は、彼の脳裏に強い印象を残したのだった。やがてそれは、ひとつの夢となる。

一九四六年一月、母の健康状態が悪化し、兄に呼び戻されるかたちで、ジェフリーは七年ぶりに帰国する。バーサの長い療養生活と、さらに長いジェフリーのヨーロッパ生活は、無尽蔵に思えたバワ家の資産状況を圧迫していた。もちろん彼らは、まだ多くの土地を所有していたけれど、戦後の市場経済の悪化が、それらの価値を下落させていた。そして、同年四月、母バーサは亡くなった。

ジェフリーの心は、再び遠い異国に飛んでいた。母の遺産を整理すると、自分の相続したコロンボの邸宅を売り、自慢のロールスロイスを兄に買い取ってもらい、資金を調達。

母国の生活から逃げるように旅立った。

極東からアメリカへ、サンフランシスコで出会ったのがビクター・チャピンという若い俳優だった。ニューヨークに住む友人に絵画を届けるため、アメリカ横断を計画していた彼は、ジェフリーを誘った。ニューヨークで一〇ヶ月を過ごし、フロリダに行った後、ビクターとジェフリーは大西洋を渡った。一九四七年末、ロンドンにしばし滞在した後、二人が目指したのはイタリアだった。

二年前の旅で気に入ったガルダ湖を見下ろすコラ・ディ・ラツィーゼの近くにヴィラを借りて、二人は、夢のような数ヶ月を過ごす。この時、ジェフリーは二八歳。彼の外国暮らしは、すでに人生の三分の一になろうとしていた。母も亡くなり、彼を母国につなぎとめるものは、もう何もなかった。彼にとってヨーロッパは、母国よりもずっと近しい場所になっていたのである。

一九四八年、ちょうどセイロンが独立した春のこと、ついに彼は故郷との関係を絶ち切り、イタリアに落ち着く決心をする。コロンボにいる顧問弁護士に依頼して相続した残りの不動産を売却すれば、借りていたヴィラが買えるに違いないと思ったのである。

だが、手続きは進まず、結局、計画をあきらめてしまう。その理由をデイビッド・ロブソンは次のように推測する。

〈七月になって突然、彼は、すべての計画を捨て去った。おそらく彼の金が、戦前のヨーロッパでイメージしていたのと同じような額ではないこと、でも、セイロンでならば、彼の夢見た生活を送るのにまだ余裕があることに気づいたのだ。あるいは、自分はヨーロッパというよりはアジアだという結論に至ったのかもしれない。いずれの理由にせよ、彼はコロンボに帰ることを決心した〉(『Geoffrey Bawa : the complete works』)

もちろんジェフリーは、やがてアジアとの関係性に目覚めていくのだが、この時、イタリアをあきらめた理由は、純粋に資金的な問題だった気がする。彼自身も認めたくなかったのかもしれないが、第二次世界大戦のさなかに悠々とロールスロイスを乗り回していた植民地富裕階級の没落であった。

帰国したジェフリーは、イタリアのヴィラの夢は捨てて、セイロンに自分の土地を買うようにと兄に諭される。そして、兄の住んでいたブリーフに程近い、デドゥワという湖に面した土地を購入したのだった。水辺という立地は、彼が惚れ込んだイタリアのヴィラに共通する特徴である。

〈バワはその土地を「塩の川」を意味する「ルヌガンガ」と命名し、ヨーロッパに戻るすべての計画を投げ捨てて、そこに風景式庭園を創り上げる計画に没頭した。ルヌガンガを購入するという行為は、彼のセイロン人としてのルーツを潜在的に認めることであり、新しく独立した彼の母国に関与することだった。そして、それは、彼の建築や庭を造ることとの興味の始まりとなり、彼の人生の新たな章の始まりとなったのである〉（前掲書）

しかし、この時点で、彼はまだ建築家ではなかった。

ジェフリーの背中を最後に押したのは、パリでアーティストとして成功していた従姉妹のジョーゼット・カミーユである。一九四九年、ヨーロッパからの最初のゲストとして、イタリアで俳優をしていたチャピンらを伴い、ルヌガンガに訪ねてきた。

その時、才気煥発な従姉妹は、なおも見果てぬ夢を追いかけていたジェフリーに、これ以上、建築や造園にお金をつぎ込むのはやめて、彼自身が建築家になるように助言したのである。それが、ルヌガンガに理想郷を創り上げる早道であると。

そして一九五二年、今度は建築を学ぶために彼は再びイギリスに向かう。

いくつもの回り道をしたジェフリーは三三歳で、ついに建築家になるスタート地点に立ったのである。最後の試験に合格して、晴れて建築家として英国王立建築家協会の一員となったのは一九五七年のこと。彼は三八歳になっていた。

もし戦争がなくて、バワ家の没落がなかったなら、そして植民地のゆったりと時間の流れる日々がそのまま続いていたなら、ジェフリーは、ただ永遠の放蕩息子として、生まれ故郷のモンスーンアジアに背を向けたまま、イタリアで悠々自適の生活を送っていたに違いない。ガルダ湖畔に南国出身の趣味人がいると噂にはなっても、アジアンリゾートの創世に深く関わる熱帯建築家は誕生しなかったことになる。


弟ジェフリーが帰国した頃、兄ベイビスにも人生の転機が訪れていた。

一九四八年頃からベイビスのブリーフは庭園として有名になり、週末にはコロンボから多くの人が訪れるようになる。彼は、苗床で植物を育て販売したり、庭のデザインの注文を受けるようにもなっていた。従来の土地の管理をする仕事に加えて、ランドスケープ・コンサルタントとしての仕事が増えてゆく。

そして、ひとつの重要な出会いがあった。

一九四九年、ベイビスは、帰国するカミーユたちと同行し、コロンボからイタリアに向かう客船に乗った。そこでオーストラリア人の芸術家、ドナルド・フレンドと出会ったのである。

ドナルド・フレンドは、日本ではほとんど知られていないが、オーストラリアでは、絵画や彫刻の芸術家であると同時に、『The Diaries of Donald Friend』の作者として知られている。世界各地を旅して、さまざまな人々と出会った彼は、その一部始終を日記に記したのだった。一九四九年四月二五日に次のような記述がある。

〈新しい乗客の中では二人が傑出していた。ひとりはジョーゼットと呼ばれる、いかにもフランス人らしい女性。彼女はとても洗練されたパリジェンヌ風で、アンドレ・ジッドやマッソン、ピカソ、ピニョンらとも親交があるという。そして彼女が同行しているのが、これまで見たことがないほど背の高いシンハラ人の従兄弟である。彼は、なんと形容したらいいのかわからないが、物憂げな非常に英国人的な声をして、楽しげに、ゆったりとけだるそうにしている、キャンディの王の末裔だった〉

いかにもフランス人と形容されている女性が、ジョーゼット・カミーユであり、従兄弟のシンハラ人というのがベイビスである。もちろん「キャンディ（シンハラ王朝が栄えたスリランカの古都）の王の末裔」というのは、フレンドの勘違いというか、妄想だ。しかし、それだけ彼がベイビスに強い印象を受けた証とも言えるだろう。

結果的に言えば、この時、ドナルド・フレンドとベイビス・バワは、恋に落ちたのだと思う。言うまでもなく、二人は同性愛者であった。

だが、二人が蜜月を過ごすまでには、さらにいくつかの偶然と時間が必要だった。

一九五三年二月一八日に次のような記述がある。

〈ただひとつ売れた忌まわしいデッサンを買ったのは、今朝、ディック・デントンと一緒に会った、バワと呼ばれるチャーミングな人物だった。彼は、セイロンからトスカーナまで一緒に旅したベイビスとジョーゼットの従兄弟である〉（前掲書）

ドナルド・フレンドは建築を学んでいたジェフリーと、ロンドンの画廊でばったり出会ったのである。これが、彼らの最初の出会いになる。

そして、同年九月一七日、イタリアからオーストラリアに向かう客船がコロンボに立ち寄った時、港にベイビスが待っていた。日記には特に記述がないが、ジェフリーがフレンドの乗る船のことを兄に伝えたのだろうか。

〈その朝、私たちはコロンボに着いた。サロンで友達が待っていると、乗組員が私を起こしに来た。ベイビス・バワだった。船の通路には、午後二時に出航すると注意書きがあった。非常に残念なことだ。私たちには、楽しむ時間が少ししかない。

埠頭にはベイビスの車があり、私たちは、彼の家に向かった。ゴムのプランテーション、ブリーフ・エステイトである。家と庭園は夢のようだった。私は、これ以上すばらしいものをイメージすることはできない。家には天井の高い部屋がいくつもあって、庭に向かって開けていて、とても美しい家具で整えられている。それは、熱帯の上流階級の空気であり、時間であり、快適さだった。どこにいても光が弾け、噴水の音が聞こえ、そして寡黙な召使いが飲み物のグラスを満たしてくれる。そして、彼自身もとても魅力的で、楽しい独創的な人で、人を楽しませるホストだった。私は賞賛の虜になった。「あなたは帰ってこなければいけない」と彼は言った。「ここに来て、好きなだけ滞在すればいい」とも。もう私が望むことは何もなかった〉（前掲書）

埠頭に横付けされた車は、ロンドンでジェフリーが購入したロールスロイスだった。ブリーフのあるベントータまでは、コロンボから約六〇キロ。限られた滞在時間を考えて、ベイビスのロールスロイスは、その性能いっぱいに疾走したに違いない。

愛の告白ともとれるベイビスの招待。これを受け入れるかたちでドナルド・フレンドがベイビスの住むブリーフに再び赴いたのは、一九五七年一月のことだった。そして、彼の滞在は、六二年の七月まで、五年余りにもおよんだのである。フレンドの最も優れた絵画や彫刻は、ブリーフに滞在している期間に生まれたと言われる。

ルヌガンガは、不思議な場所だった。

そこにいるだけで、いまは亡き建築家の魂にからめとられてしまうような、場所のオーラというか、霊気のようなものが満ちている。ジェフリー・バワの作品のひとつに数えられているが、単に建築作品と呼ぶには、複雑な要素がありすぎる。たとえば建築物件として、ルヌガンガのプロジェクトが開始した年と完了した年を表記すると、一九四八ー一九九八年となり、五〇年もの年月を包括してしまう。四八年とは、ジェフリーがルヌガンガを購入した年であり、九八年とは脳梗塞の発作を起こした年である。ジェフリーが建築家になったのは一九五七年だから、ルヌガンガは、彼がまだ建築家でさえなかった時代からの作品ということになる。

先に引用した記述にある通り、ルヌガンガは、ジェフリーがイタリアの夢を捨て、スリランカの風土と向き合うことを決心した場所である。まず原点としてルヌガンガがあり、建築家になることは、少なくともその始まりにおいては、ルヌガンガという理想郷のための手段だった。その意味において、ルヌガンガは、建築とか建築家といった概念を超えて、ジェフリー・バワそれ自身と言ってもいい。

建築家の魂にからめとられてしまうような感覚と、建築家の存在自体である感じは、フランク・ロイド・ライトのタリアセンによく似ていた。自宅であり、スタジオでもあった役回りもルヌガンガは共通している。

さらに建築家になる以前からの関係性という点でも共通している。タリアセンもライトの生まれ故郷、ウィスコンシン州のスプリンググリーンにある。

タリアセンの場合は、弟子たちを教育する学校であり、生活を共にする共同体でもあったのだが、後に冬の拠点として、温暖なアリゾナ州のスコッツデールにあるタリアセン・ウェストを設けてからは、オリジナルのタリアセンはイーストと呼び、年に二回、大陸横断の旅をして、彼らは二つのタリアセンを行き来したのだった。

以前、ライトの取材をしていた頃、何度となく訪れたタリアセンに共通する何かを私は、直感的にルヌガンガで感じていた。

しかし、ルヌガンガの不思議さは、そこにあるのがスリランカの風土だけではないことだ。ねっとりとまとわりつくような熱帯の風、獰猛《どうもう》なまでに生い茂る熱帯の緑。だが、その背後には、イタリアの気配が見てとれた。イタリアの庭園が空から降り立って、熱帯の自然に埋もれてしまった感じとでも言えばいいだろうか。

ルヌガンガには複数の建物が点在するが、中心となるのは、ジェフリーがルヌガンガを購入した時からあった、ザ・ハウスと呼ばれる植民地時代のバンガローを移築した建物だ。正面のテラスは、デドゥワ湖を見下ろす庭に向かって開けている。テラスに面して四角いテーブルを囲むリビングルームと、丸いテーブルを囲むダイニングスペースがある。

反対側のエントランスのあるほうのテラスは、シナモンヒルと呼ばれる丘に面している。かつてシナモンのプランテーションがあった場所だという。丘の上の大木の下に大きな黒い壺が置かれている。中国の明時代の壺で、スリランカではポルトガル統治時代、スパイスを入れるために使われていた。

緑の丘におかれた巨大な壺。それに私たちが違和感を感じないのは、こうした大きな壺を空間のポイントにおくことは、アジアンリゾートで一般的だからということに気づく。そうか、これもジェフリー・バワが起源だったのか。

ルヌガンガは、現在、バワ財団が管轄するゲストハウスになっている。私が、二〇〇九年に建築家のチャンナ・デスワッタのインタビューをしたのは、ルヌガンガの、いつもジェフリーが座っていたリビングルームでのことだった。晩年のジェフリーに仕えた夫婦、マイケルとアーシャが加わると思い出話が盛り上がり、ジェフリー・バワがそこにいるような気がした。

「朝食の時間は午前九時半頃、それから散歩をしていました。庭のあちこちにベルのようなものがあったでしょう。飲み物が欲しいとか、何か用があるとバワはあのベルをたたく

ルヌガンガのザ・ハウスのテラスからデドゥワ湖を望む。

のです。場所ごとに音が異なるので、使用人はどこにバワがいるかがすぐにわかりました。ランチは午後一時、たいていカレーでした。午後三時半くらいまでは昼寝の時間で訪問者があっても会いませんでした。大統領を待たせたこともありましたよ。それからまた庭に出ます。庭師にいろいろ指図をしたりね。夕方になるとテラスに椅子を運んでアラック（ヤシの蒸留酒）を飲みながらおしゃべりを楽しみました。夕食は午後八時か八時半、ローストチキンとか洋食が多かったですね」

ランチは、彼の好んだカレーとライスホッパー（米の麺）だった。そして、やはり好きだったライムジュースがグラスに注がれる。

「ルヌガンガは、何かのアイディアが浮かぶと、それをテストする場所でした。対象となるものの空間やランドスケープとの関係性をここでテストしたのです」

シナモンヒルの丘を越えた先に芥子《からし》色の壁のコテージがある。ライトハウスを建てる時のテストとして建てられたものだという。彼の建築は、ルヌガンガの庭を歩きながら思索するなかで生まれたものなのだろう。庭は、それ自体が彼のスタジオでもあったのだ。

小高い丘にあるザ・ハウスから苔むした階段を下りてゆくと、水田が広がっている。モンスーンアジアの典型的な風景だが、その先には、いかにもイタリア的な装飾の施された栈橋があって、その先にデドゥワ湖が続いている。

いつしかこの湖が、ガルダ湖の幻想にとってかわっていったのだろう。

夕方、在りし日のジェフリーがそうしていたように、湖のよく見えるあたりに椅子を運んだ。マイケルがジェフリー愛用のグラスにアラックを注いでくれる。それにしてもルヌガンガのグラスは、どうしてこんなに大きいのだろう。不思議に思ってたずねると「大きな人でしたから」と答える。大男で、手も大きかったということらしい。

容貌も性格も対照的だった兄ベイビスとの数少ない共通点が、二人とも大男だったことなのだ。持つのにひと苦労する大ぶりなグラスにそのことを実感する。

チャンナは、懐かしそうにジェフリーの性格を話してくれた。

「オールドファッションな英国的ユーモアを愛し、性格的には非常にシャイでした。たくさんの人と話すことをあまり好みませんでしたね。たとえば、このダイニングテーブルは八人までしか座れないのですが、彼が人を招くのは八人までだったからです。ベイビスは全く違いましたね。フレンドリーで社交的で人と話すのが大好きでした」

二人の違いをよく物語るのが、ベイビスのブリーフとジェフリーのルヌガンガ、ふたつの庭の違いだろう。ブリーフは、現在、ブリーフガーデンと呼ばれ、イギリスなどの庭園愛好家から非常に人気が高い。兄弟の庭の相違が示すのは、それぞれの性格というよりは、美意識の違いだろうか。

「ベイビスのブリーフガーデンは、鬱蒼として、濃密で暗くて、ミステリアス。ルヌガンガはもっと開放的で静寂で穏やかです」

チャンナの話を聞いて、兄の庭にも行かなければと思った。ルヌガンガで一泊した翌朝、私は、ブリーフガーデンを訪ねた。

あいにくの雨だった。

雨を避けて家に入る。ドナルド・フレンドが絶賛した家は、ルヌガンガのザ・ハウスと同じ植民地時代のプランテーションハウスで、同じように庭に向かって開放的な広いテラスがある。

不自然に大きな寝椅子が、いまは亡きベイビスの存在を想像させる。ベイビスを描いたフレンドのデッサンが飾られていた。二人は、恋人同士であったと同時に、感性を同じくするものとして、お互いに影響し合い、多くの作品を生み出したのだった。

外を見ると、雨が小降りになっていた。

熱帯の雨は、植物の緑を鮮やかによみがえらせる。

ブリーフガーデンは、大きな黒い壺が置かれていたり、イタリアの庭園的な装飾があったり、ルヌガンガと共通する部分も多い。だが、チャンナが言った通りに、より濃密でミステリアスで、さらに言うならば、より人を面白がらせる仕掛けがあり、そして、よりエロティックだった。

一九五七年一〇月七日、ジェフリーの帰国をフレンドは日記に記している。

〈ベイビスの弟、ジェフリー・バワがヨーロッパから帰国した（この数年、彼はヨーロッパで建築を学んでおり、私は四年ほど前に彼とケンブリッジで会っている)。彼は楽しい、教養のある、ウィットに富んだ人物で、尊大でわがままなところがあるけれど、でも、いい仲間である。(中略)夕方、私たちは、車でジェフリーのところに行き、湖と小島の見える月明かりのテラスで長いこと座って飲んだ〉(前掲書)

微妙な表現が物語るように、そして、デイビッド・ロブソンが〈ジェフリーとドナルドはすぐにお互いに尊敬し合うようになったが、それは決して本当の友情には至らなかった〉(『Geoffrey Bawa : the complete works』)と書いているように、才能は認め合いながらも、人間的に深く関わることはなかった。

しかし、ドナルド・フレンドが、兄を通して弟と親交を持ったことの意味は大きい。このつながりが、やがてジェフリー・バワの熱帯建築とバリを結ぶことになるのだから。そして、ドナルドがスリランカに続く理想の楽園として、バリと出会い、タンジュンサリのウィヤ・ワォルントゥと知り合うことで、ひとつのソサエティが生まれる。それは、やがて、アジアンリゾートと総称されるものの孵化《ふか》装置となるのである。

第二章

サヌールの夜
タンジュンサリとバトゥジンバ

ゼッカがドナルド・フレンドから借りていたバトゥジンバの別荘。
アマンリゾーツの原型のひとつがここにあった。

夏のサヌールビーチには、強い風が吹く。オーストラリアから吹いてくる少し冷たい風。夏といっても南半球のバリでは季節は逆転する。

二〇一二年七月六日、タンジュンサリの創業五〇周年を祝うパーティーが始まろうとしていた。バリの旗、ウングルウングルに描かれた花をモティーフにしたタンジュンサリのロゴマークが金色に彩られている。

今夜のドレスコードは「ゴールド」。ゴールデンジュビリーを祝う金色だ。私は、隣のブティックで買ったゴールドのネックレスとブレスレットをして、特別な夜の予感に少し興奮していた。

世界初のトロピカルブティックリゾートとして、タンジュンサリがバリ島のサヌールビーチに開業したのは一九六二年のことである。お祝いはホテルの歴史を書いた本『tand-jung sari : A Magical Door to Bali』の出版記念も兼ねていた。

金色の花が描かれたウングルウングルが風にあおられている。ビーチに並べられたテーブルのクロスも風にはためいている。でも、その強すぎる風を出席者は誰も気に留めていなかった。

夏のバリは風が吹く、それをよく知る人たちばかりだからなのだろう。

会場にはいくつものスクリーンが置かれていて、パーティーの間中、ある人物の写真が繰り返し繰り返し映し出されていた。ハリウッドの映画俳優のように端正な、ほのかに東洋のエキゾティックなオーラをまとった笑顔は、彼を知る多くの人が評する社交家でプレイボーイという表現がいかにも似合った。

司会に立ったのは、いずれもはっとするほどの美貌の、その男の孫娘たちだった。

整った目鼻立ちが、若い頃の祖父に生き写しだった。

夜が更けるにつれて、スクリーンの笑顔に私は何度となくどきっとした。

その男、タンジュンサリの創業者、ウィヤ・ワォルントゥが、ひとときサヌールの夜に舞い降りてきたような錯覚に陥ったからだった。彼がそこに立っているような気がしてならなかった。


ウィヤ・ワォルントゥ。

舌を噛みそうにエキゾティックなその名前は、世界初のトロピカルブティックリゾート、タンジュンサリの創業者として、ジェフリー・バワの本にも登場する。バワの兄弟と深いつながりのあったドナルド・フレンドが、スリランカの後、めざした理想郷がバリだったからだ。

私が初めて具体的なイメージを重ねたのは、二〇〇九年一〇月、タンジュンサリの取材に訪れた時のことだ。何も特別なリクエストはしていなかったのだが、応対してくれたのは、アヴィ・ワォルントゥというウィヤの娘ウィタの婿にあたる総支配人だった。

アヴィは、リゾートホテルの総支配人にはちょっと不似合いなくらい、知的で物静かな物腰の人物だった。そんな彼の雰囲気のせいかもしれないが、ビーチに面したバーの片隅に案内され、私は、謎めいた創業者のことをいくつか質問した。

タンジュンサリの取材といいながら、ウィヤ・ワォルントゥのことばかり聞く私に、彼は言ったのだった。

「私は、娘婿で詳しいことはわかりません。もしワォルントゥのことが知りたいのだったら、今夜のダンスにいらっしゃいませんか。一族の者が集まります」

サヌールの秘められた扉が開いた瞬間だった。

タンジュンサリでは、毎月第一金曜日にダンスとディナーの夕べがある。その日は、たまたま、その金曜日だった。

タンジュンサリの創業者、ウィヤ・ワォルントゥ。

バリ初のブティックリゾートとして誕生したタンジュンサリ。

自ら財団を持って子供たちのダンスレッスンを行っているタンジュンサリのダンスは、定評がある。夜の帳《とばり》が下りると、ステージとなるレストランの中庭は、バリらしい神秘的な気配に包まれた。そうしたバリの顔は、もっぱらアマンダリのあるウブドにあると思っていた私は、サヌールの夜の独特な雰囲気に引き込まれた。

ブッフェのインドネシア料理も絶品だった。

そして、ダンスが始まる。バリダンスはウブド周辺で何度も見たことがあったけれど、少女たちのレゴンダンスは、ひたむきさが伝わってくる質の高いものだった。

お茶とデザートになった頃、アヴィがテーブルの後ろに立っていた。

「こちらにどうぞ」

案内されたのは、ダンスステージの設けられたレストランから少し離れた、ビーチに面したプールサイドのテーブルだった。

海の方角には深々とした闇があり、満月に少し欠ける月が椰子の葉陰に見えていた。

ほの暗い中で、談笑している多国籍な顔ぶれがワォルントゥの一族らしい。その中で、ひときわの存在感を放っていたのは、インドの民族衣装のサルワール・カミーズだろうか、目の覚めるように鮮やかなターコイズブルーの服をまとったマダムだった。

もしかして……。私は自己紹介をかねて話しかけた。

「タティエさんですか」

「ええ、そうですよ」

華やかな笑い声と共に返された。

タティエ・ワォルントゥ。

ウィヤの二番目の妻となり、夫と共にタンジュンサリを築き上げた人物である。ジャワ出身だが、国籍不明の雰囲気は、ウィヤが晩年を過ごしたイタリアのウンブリアとサヌールを行き来しているライフスタイルゆえだろうか。

もう一人、存在感を放っていたのは、大柄な坊主頭の西洋人だった。

その時、私は、バリハイアットに泊まっていた。一九七三年に開業した老舗ホテルは、庭園の美しさで定評があり、サヌールの歴史を語るのに欠かせない。古参の従業員に案内してもらった後、若いPR担当の女性たちと食事をしていた時のこと、伝説の人物のように語られた名前があった。いまもバリに住むという、かつての総支配人だった。

どこにいるの、と私が聞いても、彼女たちはわからないと首を振り、でも、彼であれば、私が聞きたい昔話を全部知っているはず、と言ったのである。

すると坊主頭の西洋人は、その人物の名前、アンドレ・プーリィを名乗ったのだ。

ついさっき、タンジュンサリから目と鼻の先にあるバリハイアットで、若いスタッフが伝説のように語った人物が、いま目の前にいる。

アンドレ・プーリィは、ウィヤの最初の妻、ジュディスとの娘フィオナと結婚し、ワォルントゥの一族に連なったのだった。ホテルの開業チームとしてバリにやって来たアメリカ人は、サヌールの魔性に引き込まれてこの地に人生を着地させた。

彼らは、タンジュンサリと共にウィヤが開発した別荘地、バトゥジンバに住んでいた。

私は、その翌日、そのバトゥジンバにあるアレン・ゼッカの別荘を訪問する予定になっていた。母の従姉妹になる作家の曽野綾子から紹介された縁で、アレンの娘、エイミから両親の許可をとってもらったのだ。

その話をすると、テーブルの人々の表情が一気になごんだ。自分たちと少なからず縁のある者と思ったのだろう。警戒が解かれたように、彼らは饒舌になった。

エイドリアン・ゼッカもまた、彼らの話題の中にいた。アマンリゾーツのカリスマ的な経営者としてではなく、サヌールの社交界の中の人物として。

私が、エイドリアンの兄アレンがウィヤ・ワォルントゥとスカブミの学校で同級生だった話を初めて聞いたのは、この夜だったと記憶する。そんなことも知らないの、というふうにタティエが話してくれたのだった。

バリには、ミルフィーユのように重層的にいくつものバリが存在する。

通り一遍の観光客に見えているバリは、その表層的な一面でしかない。奥深いバリを知るために必要なものは、必ずしもバリと関わった時間の長さとは限らない。とっかかりは思わぬところにあり、小さな扉とそこに合う鍵を見つけた者は、ひょいと腕を引っ張られるようにして、扉の向こうにあるバリに誘われる。

重層的というのは、観光客のためのバリ、地元の人たちのバリ、といった一元的な線引きができないという意味である。その理由は、バリには、ニューヨークやパリやロンドン、あるいはアムステルダムがそうであるように、コスモポリタンシティ的な要素があるからだ。バリの文化やその重層性に魅せられた多くの外国人によって、バリは、バリになったのであり、そしていまもなお、彼らだけの見えざるバリを内包している。

その夜、私がサヌールで出会ったのは、そうしたバリだった。

そして、そこにエイドリアン・ゼッカもいた。

彼のバリとの出会いは、ウィヤ・ウォルントゥとほぼ時を同じくしている。それはもちろん、後に彼がこの島にアマンを開業するとは思いもよらない頃のことである。

一九五三年、アメリカのコロンビア大学への留学を終えた二〇歳のエイドリアン・ゼッカはインドネシアに帰国した。そして、タイムマガジンの在ジャカルタ通信員となる。才気煥発な彼は、ジャーナリストの道を選んだのだった。

同年、やはりイギリス留学を終えたウィヤ・ウォルントゥがイギリス人の妻ジュディスを伴って帰国する。オランダ人の母と北スラウェシのメナド出身の父との間にオランダのユトレヒトで生まれたウィヤは、その後、ジャワ島のスカブミで少年時代を過ごした。そこでエイドリアンの兄アレンと同級生だったのは、すでに触れたとおりだ。

彼らは、外交官などを相手にしたアンティークとインテリアを扱う店をジャカルタに開業する。多彩な才能をもったウィヤは、竹の家具などをデザインする一方、自らインドネシア各地のアンティークを買い付けた。

独立戦争が終結し、インドネシア連邦共和国の成立が国際社会に認められて数年、硝煙の臭いが残るような当時のジャカルタには、ナイトクラブが一軒しかなかったとエイドリアンは証言する。そこでウィヤとエイドリアンは、しばしば顔をあわせたという。

一九二六年生まれのウィヤは、エイドリアンの七歳年上。アートとジャーナリズム、進んだ道は違ったけれど、植民地オランダをバックグラウンドに持ち、インターナショナルな教育を受けた彼らが、インドネシア人とも外国人ともつかない存在として、共に混沌のジャカルタで若いエネルギーと感性を持てあましていたことは確かである。

そして、二人は、ほぼ時を同じくして、初めてバリ島を訪れたのである。

ウィヤは、アンティークの買い付けを目的に、一方のエイドリアンは、一九五四年にたまたま六ヶ月だけ通信員として契約したニューヨークタイムズの上司に請われ、通訳として同行したのだった。

エイドリアン・ゼッカは、バリとの印象的な出会いを証言している。

〈私が父にバリに行くと告げると、彼は「私の友人のひとりであるジミー・パンディに会ってきなさい」と言った。

「どこに彼は住んでいるのですか」

「知らないよ」と彼は言った。「彼はビーチで暮らす人だから」

そこで私はバリホテルに着いた時、そこは当時、バリで唯一のホテルだったのだが、フロントでパンディを知っているかと聞いたのである。

「もちろんですとも」彼らは言った。「彼はサヌールに住んでいます」

私はたずねた。「それはどこにあるんだい」

「とても遠い」と彼らは言った。そこで私はポニーが引く荷車を手配して、長い道のりの末、ビーチにあるパンディの家に着いたのである。美しい庭のあるすてきな家だった。そして、二つのゲスト用コテージがあった。彼はホテルを経営しているのではなかった。ただそのコテージを、主にジャカルタに住む外交官たちがやって来た時、貸していたのである。彼はすぐに自分のところに滞在するように強く薦めた。素晴らしかった。毎晩、彼はダンスパフォーマンスを家で催してくれたのである。そうして私は、バリと恋に落ちたのだ〉（「Adrian Zecha on Jimmy Pandy」『tandjung sari : A Magical Door to Bali』）

デンパサールからサヌールまでは、約六キロメートルの道のりである。

島内に車なんて数えるほどしかなかった時代のこと、炎天下を歩いていく距離としては遠いという意味だったのだろう。

バリホテルはデンパサールにあり、外国人観光客は、ここに滞在して島内を観光するのが一般的だった。しかし、戦前からの観光ルートにも南部のビーチは含まれていなかった。もともとバリ人は、海は魔物が棲むものとして恐れていたのである。

バリのビーチ沿いのホテルとしては、一九三六年にアメリカ人の写真家、ロバート・コークと彼の妻ルイーズ・ガレットが創業したクタ・ビーチ・ホテルが最初になる。若い二人は、ただバリのクタビーチの美しさに魅せられて、ホテルを建てた。しかし、エイドリアンがバリに来た頃、そのクタ・ビーチ・ホテルも太平洋戦争による日本軍の占領以降、短い歴史を終えていた。

ちなみにサヌールビーチは、開戦後の一九四二年二月、バリ島沖海戦で日本軍が上陸した場所である。バリも戦火の影響を免れることはできなかったのだ。そして、日本の敗戦後、再び占領しようとしたオランダ軍との独立戦争の戦場ともなった。デンパサール国際空港の名前、ン・グラライとは、独立戦争の勇士の名前である。

一九五〇年代のバリは、まだ戦後の混沌の中にあったといっていい。

戦前からサヌールには、何人かの外国人アーティストが住み着いていたが、戦争を経て残ったのは、美しいバリダンサーの妻、ニョマン・ポロックと結婚したベルギー人画家のル・メイヨールだけだった。

エイドリアンが荷車に乗って向かったのは、そうした時代のサヌールだった。

それにしても、ジミー・パンディとは何者だったのだろうか。

彼の人となりは『tandjung sari : A Magical Door to Bali』に詳しい。

〈ジミー・パンディは、トーマス・クック旅行会社のガイドとして一九四〇年代のバリに住み着いた、華やかで影響力のあるアートディーラーだった。彼はインドネシア人だったけれど、おそらくはインドネシアとオランダが混じった血統ゆえ、もしくは、おそらく彼の際立った洗練ゆえ、インドネシア人の作家からは「祖国を捨てた者」と言われたこともあった。彼は、彼自身がアーティストのようなものであり、よく旅をし、英国で教育を受けた流暢《りゅうちょう》な英語を含む多くの言語を話した。そして、特に彼のゲストが何か大切なことがあるとき、人を楽しませることに非常な才能があった〉

彼は、後にウィヤ・ワォルントゥも果たすことになる役割、外国人に対するバリの水先案内人だったのである。ウィヤやエイドリアンよりやや上の世代の、同じようなバックグラウンドの人物だったことも興味深い。

バリは、ヒンズーの独自で神秘的な文化ゆえだろうか、モンスーンアジアの数ある地域の中でも、ことさらに早くから外国人、特に芸術家や知識人を魅了してきた。それは、オランダの植民地政策にもあらわれていた。直接的に搾取したジャワ島などとは異なり、バリでは、独自の文化を重んじて宗教文化を通した間接支配を行ったのである。

さかのぼれば一九二〇年代から三〇年代のバリには、ドイツ人画家のヴァルター・シュピースという偉大な水先案内人がいた。ロシアで生まれ、第一次世界大戦後の少年時代、中央アジアのウラル山脈で抑留生活を送った経験を持つ彼は、ヨーロッパ人でありながら、ヨーロッパにアイデンティティを見いだせなかった生い立ちを持つ。

この時代、バリを訪れた外国人は、こぞって山間の芸術村ウブドに住むシュピースを訪ねた。当時、奥行きのあるバリ文化に対して、彼ほど豊富で総合的な知識を持つ者はいなかったからだ。単に画家というよりは、音楽や映画にも通じた総合芸術家であった彼は、バリ文化それ自体をわかりやすく再構成したプロデューサーでもあった。

ジミー・パンディは、偉大なる水先案内人を戦争で失ったバリに再びあらわれた貴重な人物だったのである。

当時、彼のコテージに滞在する客は、もっぱらジャカルタ駐在の外交官に限られていた。そうしたなか、ジミー自身もエイドリアンやウィヤの訪問を歓迎したのではないか。

エイドリアンと同じように、ウィヤもバリに来るたび、サヌールのジミー・パンディのコテージに泊まるようになる。そして、エイドリアンがそうであったように、バリと恋に落ちたのだった。

サヌールビーチの真ん中あたり、一等地といっていい場所にタンジュンサリは建つ。ここを見つけたのは、ウィヤの最初の妻、ジュディスだった。

バリ滞在が頻繁になり、いつまでもジミーのところに厄介になるわけにはいかないと彼女は考えたのである。

家を建てる候補地を探すため、彼女はジミーを伴って、ジュクンと呼ばれる漁師が使うアウトリガーボートでサヌール沖のラグーンに漕ぎ出した。晴れやかな風がそよぎ、椰子の木に縁取られた海岸が続いていた。

その時、大きな木の陰に小さな寺院を見つけたのである。生い茂る椰子の木に包まれた小さな寺院は、「花の岬」を意味する「タンジュンサリ」と呼ばれていた。

ウィヤとジュディスは、その土地を手に入れると小さな家を建てた。一九六〇年のことである。そして、彼は、ビーチ沿いで最も安価に手に入る材料だったサンゴを積んで塀を造り、小さなバリスタイルの門を立てて、「Waworuntu Tandjung Sari」と刻んだのだった。

ウィヤの掲げたサインはいまも当時のまま、ビーチ沿いの入り口にある。

当初は、家族のための家だったタンジュンサリがホテルとして始動するのは一九六二年、友人たちのために四つの小さなバンガローを増築した時になる。当時、サヌールビーチで泊まるところといえば、セガラビーチとシンディビーチという二軒のホテルと、さもなければジミーのところしかなかったからだ。

まもなくジャカルタの外交官たちの間で、彼らのシンプルなコテージは評判を呼ぶことになる。タンジュンサリの伝説の始まりだった。

一九六四年、ウィヤはタティエと再婚する。

ジュディスと離婚した事情は『tandjung sari : A Magical Door to Bali』にも記されていない。だが、別れた妻のジュディスもそのままバリにとどまり、再婚して、タンジュンサリやワォルントゥの家族とも縁を切ることはなかった。ジュディスは、ウィヤが亡くなった後も、タティエとは友人関係であったという。

タティエには前夫との間に四人の子があり、ジュディスにはウィヤとの間に二人の娘があったが、いずれもウィヤとタティエとの子供たち同様、ワォルントゥの名前を名乗っている。ウィヤをめぐる不思議な人間関係である。

ウィヤとタティエの出会いは、一九六三年三月、アグン山噴火の三日前だったという。バリの聖なる山は、六三年から六四年にかけて大爆発を起こし、世界の気候にも影響を与えたと言われる。それは、やがて訪れる不穏な時代の前触れだったのだろうか。

その頃、サヌールビーチでは、日本の戦後賠償金によるバリ・ビーチ・ホテルの建設が始まっていた。バリで椰子の木より高いホテルが規制される前の、一一階建ての高層ホテルである。当時、タンジュンサリにも工事関係者が滞在していたという。

インドネシア国内では、一九五七年のオランダ資産接収以後の外資の排除が、国内経済を疲弊させていた。独立以来の懸案だったイリアンジャヤのインドネシア編入が一九六三年に達成されると、スカルノ大統領の「革命」は終止符を打つことになり、政権の国民に対する求心力は急速に失われつつあった。

そのタイミングでスカルノが倒れたのだった。
スカルノを支持していた共産党勢力は、彼の健康不安に焦り、政権奪還のクーデターを起こして反共の将軍を殺害したのが、一九六五年のいわゆる「九月三〇日事件」である。クーデターは失敗したが、将軍殺害の状況が明らかになると、国軍による反共産党キャンペーンは、やがて大規模な虐殺に発展する。

〈スカルノ周辺の共産党系閣僚、高級官僚、また資本家などの逮捕・追放がすすめられ、共産党勢力の強い中・東部ジャワをはじめ全国各地では、陸軍とともに反共＝聖戦を唱える過激なイスラム勢力により、共産党系とみなされた無数の人々が弾圧・虐殺されていった。その殺害された数は資料によって七万八〇〇〇から三〇〇万と大きな開きがあり、スハルト失脚後も今日にいたるまでその実態は未解明のままである〉（『スカルノ　インドネシア「建国の父」と日本』後藤乾一・山﨑功共著）

虐殺の嵐が吹き荒れたのは、バリも例外ではなかった。楽園と呼ばれる島で最も血塗られた数ヶ月間だったと言われる。バリ島内の死者だけで八万人、人口の一〇パーセントにおよんだという説もある。

一九六五年から六六年にかけて、ウィヤとタティエは、政治の混乱から逃れるようにして一年遅れの長いヨーロッパのハネムーンに旅立っていた。

ドナルド・フレンドがバリにやって来たのは、虐殺の嵐が吹き荒れた直後のことになる。彼は、スリランカに続く第二の理想郷を探していた。その旅の途中、オーストラリア人アーティストのミッティ・リーブラウンの案内で立ち寄ったのがバリだった。

一九六六年のクリスマスイブのことである。

〈ジャカルタの空港で今朝の五時二〇分に見た風景は、信じがたく恐ろしかった。騒々しい市民と兵隊の湿っぽい集団が、めちゃくちゃなことを要求するおしゃべりで、しかし冷淡な係官に詰め寄っていた。彼らの中にごちゃ混ぜにされながら、二、三人の堅く口を結んで冷静な白人の観光客がいた。私は、私自身にも関わるその状況がぞっとし始めていた。ほとんどの飛行機は軍の兵士でいっぱいだった。（中略）私は、機上で一人のバリ人からバリに住むミッティの二人の友人の話を聞いた。ひとりは、到着した時、あの人だよと教えてくれて、すぐに会って歓迎してくれたウィヤ・ウォルントゥである。彼は、とても魅惑的な家と庭の持ち主で、その敷地にあるビーチバンガローを貸している。それらは全部満室だったけれど、なんとも親切で好意的なことに、彼らのマネージャーの住んでいた茅葺きの家を空けてくれて、私は落ち着くことができた。それは、小さいけれどこざっぱりしてかわいらしい、竹でできた家だった。それから、私はビーチを歩いて行ってジミー・パンディ（ミッティのもうひとりの友人）の家に行った。彼もまたすばらしいロココ・バリスタイルの家に住み、家と庭は、古いものも新しいものもある彫刻と絵画に飾られていた〉（『The Diaries of Donald Friend』Volume 4）

いまだ混沌の中にあったジャカルタの様子がうかがえる。軍隊に占拠された空港の騒然さは、より鮮明なコントラストをもってバリの美しさを浮き上がらせたのだろう。

まもなくしてドナルド・フレンドは、ウィヤと堅い友情で結ばれることになる。

最初のバリ滞在は、二月中旬までの二ヶ月半あまりだった。彼は、いったんヨーロッパに向けて旅立つが、夏には再びバリに戻ってくる。そして、ドナルド・フレンドのバリとの濃密な関わりは、一九八〇年まで、足かけ一五年におよんだのである。

バリ・ビーチ・ホテルが開業したのは、一九六六年のことである。三〇〇室を擁する国際級ホテルの誕生は、四角い高層ビルディングがバリにふさわしいかどうかはさておき、新しい観光の時代の到来を告げるものだった。

ドナルド・フレンドとの出会いを経て、やがてウィヤは、バリらしいホテルを経営することに、より意識的になってゆく。バリ・ビーチ・ホテルの誕生も良かれ悪しかれ、刺激になっていたのかもしれない。

ちょうどその頃、もう一人の人物との出会いがあった。クリス・カーライルという、当時、シンガポールで外交官をしていた若いイギリス人だった。

最初の出会いは、一九六七年六月のことだった。

〈私は散歩をしながらジミー・パンディのギャラリーを過ぎて、さらに数分行ったところで、でこぼこしたサンゴの塀につけられた非常に美しく彫刻されたドアを見つけた。そこには何の表示もなかった。塀の中は明らかにプライベートな場所だった。しかし、抗しがたい興味にかられて、私は、そのドアの鍵がかかっていないか見てみた。すると、鍵はかかっていなかった。

ドアを開けて隙間から覗くと、すてきな庭があった。私がもう少しドアを押すと、男があらわれて、にやにや笑っている。明らかに怒っているのではなく、そこにいるのが当然というように。

「どうぞ入って」とウィヤは言った。「コーヒーはいかがですか。いま自分のために頼んだところなんだけど」と彼は、まるで私が以前に招かれていたかのように話した。私は、それまでの人生と袂《たもと》を分かつことになるとは気づかないままで、タンジュンサリホテルの中に足を踏み入れたのだった。

私たちは、数時間のうちに友人になり、数週間のうちにパートナーとして働くことになった。同じ月に画家のドナルド・フレンドもスリランカからバリにやって来た。私たち三人は、バトゥジンバに土地を取得することを決心して、そこに私たちの家を建てることにした。私たちは、もったいぶってバリ・インターナショナル・ツーリズム・エンタープライズと呼ぶ会社を設立したが、フランス語でBITE（著者注：俗語でペニス）が何を意味するのか発見して、その名前は捨て去ったのだった〉（『Sanur : The Birthplace of Bali Style』）

アーティストのドナルド・フレンドに対して、クリスは、言うならばビジネスのセンスを持っていたのだろう。フレンドは一九一五年生まれ、ウィヤは二六年生まれ、クリスは三六年生まれ。彼らが出会った六七年に、クリスはまだ三一歳と若かった。それぞれの個性が共鳴する三人が出会ったことで、ついにプロジェクトは始動したのである。

彼らが入手したバトゥジンバとは、タンジュンサリの南側に続くビーチ沿いの土地である。バトゥジンバとは、タンジュンサリがそうであったように、もともとその土地の名前であった。自分たちの家を建てることから始めて、やがて彼らの友人や顧客などが別荘を建てるようになる。そして、タンジュンサリに隣接する、より特別な人たちが集まる高級別荘地として発展してゆくことになる。

もうひとつ、彼らが手がけたプロジェクトがマタハリホテルだった。

ホテルの用地としたのは、バトゥジンバのさらに南のビーチ沿いである。

バトゥジンバは、いまもバリで最も高い値で取引される別荘地のひとつだが、マタハリホテルは、その名前で開業することはなかった。しかし、そのコンセプトは引き継がれてバリハイアットとなった。

ドナルド・フレンドの人脈によって、それぞれのプロジェクトに建築家が招聘される。

マタハリには、オーストラリアからピーター・ミュラー、バトゥジンバには、スリランカからジェフリー・バワがやって来る。そして、ついに建築としてのアジアンリゾート、いわゆるバリスタイル、バリモダンが、誕生することになる。

まず最初に招聘されたのは、後にアマンダリを設計するピーター・ミュラーだった。同じオーストラリアのサウスウェールズ州のアーティストとして、フレンドとは一〇年来の知己であった。マタハリプロジェクトの件で訪問したのは一九七〇年三月のこと。病気治療で一時帰国していたフレンドは、退院したその足で、シドニー郊外のマルレーンにある「グレンロック」と呼ぶミュラーの自宅兼スタジオに向かったのである。

ミュラーは、マタハリプロジェクトの話に聞き入ると、フレンドに同行して、文化人類学者の妻、キャロルとバリに行くことを快諾した。そして、シドニーのオフィスに出向き、プロジェクトに興味のある人たちに出資の話までとりつけたのだった。

一九二七年生まれのピーター・ミュラーは、この頃、すでに建築家として実績を積んでいた。しかし、この時点まで熱帯とは無縁だった。いわゆる「ビヨンド・バワ」の一人とされるミュラーだが、世代的に建築家としてのキャリアは、ジェフリー・バワと変わらない。だが、バワが出自から熱帯と深く関わっていたのに対して、ミュラーは、この招聘によって、初めて熱帯に出会ったのだった。そして、それは、彼の建築家としての後半生を大きく変えてゆくことになる。

作品集『peter muller : the complete works』を見て、私も初めて気づいたのだが、もともと彼はシドニーを中心に活躍していた住宅建築家だった。

〈彼は、オーストラリアで二〇世紀の有機的建築を実践する最も重要な一人である。（中略）フランク・ロイド・ライトの作品と建築とは建物と場所の調和した結合であるとする彼の有機的哲学は、ピーター・ミュラーの初期の住宅によってシドニーに紹介されたのである〉（『peter muller : the complete works』）

実際、彼の初期の作品には、ライトの強い影響が感じられる。

オーガニック・アーキテクチャー（有機的建築）。かつて拙著『帝国ホテル・ライト館の謎』を書いた時、翻弄《ほんろう》されたライトの建築の根本をなす思想だ。その時、私なりに行き着いた理解が次のようなものだった。

〈これは、自然界における造形物がすべてそうであるように、それぞれの部分が関わり合いながら、ひとつの完全なものを形づくっているという意味だ。たとえば、ライトはサボテンのことを、どんな建築家もかなわない完璧な建築だと絶賛したが、砂漠にあっては、サボテンのあの造形こそが、その姿でなければ生きられないぎりぎりの姿であり、そういうものこそが「有機的建築」であるという〉（『帝国ホテル・ライト館の謎』）

私は、バワのルヌガンガで感じたフランク・ロイド・ライトとの直感的な相似を弟子のチャンナ・デスワッタが肯定していたことを思い出した。

あらためて考えてみると、熱帯建築は、必然として有機的建築であることが求められる。それは、ライトが舞台としたアメリカ中部の草原や西部の砂漠がそうであったように、より厳しい自然との対峙があるからだろう。サボテンがそうなのなら、自然に寄り添って生きるモンスーンアジアの人々のライフスタイルは、まさにそれ自体が有機的建築ということになる。さらなる実践の場として、ミュラーが直感的にバリを選び取ったのはわかる気がする。

招聘にあたりミュラーが提示されたのは、〈未来におけるバリのホテルの基本と凡例を位置づけるために、〝バリニーズホテルのプロトタイプ〟をデザインすること。彼らは、西洋スタイルのホテル（サヌールのバリ・ビーチのような）にぞっとしている。だから、ランドスケープから全く何の脈絡もない、建築からバリ人をすべて阻害するような、巨大なそのスケールから離れてほしい〉（『peter muller : the complete works』）ということだった。

やはりマタハリは、バリ・ビーチのアンチテーゼだったのだ。

マタハリの夢は、しかし、まもなく潰《つい》えてしまう。

〈プロジェクトの資金を集める試みは一九七一年まで続いたのだが、可能性のあった投資は、オーストラリアの金融危機とインドネシアの政治状況の不安定によって思いとどまらされることになる。そして、ゆっくりと忘れ去られていった。しかしながら、ミュラーのデザインは、人々の心の中に生き続けた。そして、確かに後のバリのプロジェクトに影響を与えたのである〉（『Beyond Bawa : modern masterworks of monsoon asia』）

その後、ホテル用地は、ウィンコープというテキサスの石油長者のコンソーシアムに

バリハイアットのロビー。建築家のケリー・ヒルが手がけた。

売却された。ウィンコープはホテルの運営をヒルトンに打診したが、交渉が成立せず、結果的にハイアットが手がけることになった。設計にあたったのが、香港に拠点をおくパーマー＆ターナーである。

この時、現場建築家となったのが、後に多くのアマンリゾーツを設計することになるケリー・ヒルである。彼は、主にパブリックエリアを担当した。

たとえばレセプションとロビーのある建物は、バリ伝統の集会場であるワンティアンにヒントを得ている。ケリーは、フレンドから助言を受けて、彼がお気に入りのワンティアンを見学に行ったという。客室棟は、七〇年代のリゾートホテルらしいモダニズムが採用された。

そして、インテリアデザインを担当したのが、同じく、後に多くのアマンリゾーツを設計することになるエド・タトルだった。彼は、当初、建築家ではなく、インテリアデザイナーだったのである。

〈もしタンジュンサリを最初のバリのブティックホテルとするならば、バリハイアットは、バリの雰囲気を創り出すことに成功した最初の大型ホテルだった。そして、すべての未来のホテルが判断されるスタンダードとして位置づけたのである〉(前掲書)

マタハリの理想は、確かに受け継がれた。

一九八〇年代以降、スハルト政権によりバリの観光振興の一環として、ヌサドゥアの開発が進むが、バリハイアットのスタイルは、そこに建てられた大型ホテルの規範ともなったのである。

そして一九七三年、工事の続くバリハイアットのオープニングチームの一員として、アンドレ・プーリィは、初めてバリの地を踏んだ。バリ・ビーチに二週間滞在した後、移ったのがタンジュンサリだった。ウィヤ・ワォルントゥに出会い、そして、フロントで働いていた娘のフィオナと出会い、恋に落ちる。

バリハイアットの開業は、一九七三年一一月のことだった。

その後、ウィヤとフレンドたちの情熱はバトゥジンバに注がれることになる。資金的にも、また彼らの美学を実現させるためにも、マタハリのような大型ホテルよりも、別荘地開発のほうがふさわしいと考えたのである。そこで、ただ家を建てるのではなく、建築家による明確なコンセプトによる開発を決意する。白羽の矢を立てたのが、ジェフリー・バワだった。

フレンドは、かつてブリーフガーデンで共に過ごしたベイビスの弟として、もちろん彼のことを知っていたが、一九七一年の終わり、ヨーロッパからの帰途、あらためて彼の作品を見てみることにした。そして、バトゥジンバの設計を依頼することにする。

その経緯が、一九七三年六月一日の日記に記されている。

〈ウィヤが帰ってきたが、とても元気そうだ。セイロン旅行は、全く有意義なものだった。彼はすべての時間をジェフリーと過ごし、彼のすべてのいい住宅作品を見て、ジェフリーのコンセプトにインスパイアされた。そして、ジェフリーは今月の終わりには用地を調査しに来て、ここの建築的な可能性、すなわち地元の材料であるとか、職人の手腕を見極めるつもりだという。彼は、計画を始めるときには、私に一緒にセイロンに来て手伝ってほしいそうだ。（中略）

ウィヤが言うには、セイロンの政治と経済の状況は全く混沌としている。バンダラナイケの愚行が増えている間に、国が破綻している〉（『The Diaries of Donald Friend』Volume 4）

バンダラナイケとは、当時のスリランカの女性首相である。

六〇年代から二〇〇〇年に至るまで、三度にわたって首相を務めたリーダーだが、少なくともこの時、彼女の治世で国は疲弊していた。ジェフリーがバリ行きを決めた背景には、こうした国内事情もあったのだ。セイロンの国名が、彼女によってスリランカと改められたのは七二年のことである。

『Beyond Bawa : modern masterworks of monsoon asia』は、この年、一九七三年のことをバリモダンの建築史における「驚異の年」と表現している。

バリの村と民家を模したヴィラが点在するジ・オベロイ・バリ。

〈バワがセイロンと行ったり来たりしながらバトゥジンバのマスタープランを開発している時、ピーター・ミュラーはスミニャックで彼の村のコンセプトを開発するのに忙しく、ケリー・ヒルはバリハイアットのデザインの最後の仕上げをしていた。三人はいずれもフレンドとワォルントゥの仲間たちであり、彼らが彼らの間で生み出したアイディアは、その後の年月、繰り返し語られ続けることになる〉

ピーター・ミュラーもバリを去らなかったのだ。彼のスミニャックのプロジェクトとは、後のジ・オベロイ・バリである。

そしてもうひとり、「驚異の年」のバリにやって来た人物がいた。

当時は誰もがヒッピーの一人としか思わなかったであろう、シドニー生まれの若者、マイケル・ホワイトは、やがてバリ文化に深く傾倒し、マデ・ウィジャヤというヒンズーネームを名乗るに至る。そして、テニスのコーチや観光ガイドなど多くの職業を経て、バリモダンの建築家たちの作品を彩るトロピカルガーデンのデザイナーとなる。彼の最初の作品が、ミュラーのジ・オベロイ・バリの庭であった。

私がスリランカで取材をする時、いつも世話になっているコーディネイターの友人が「こんなものを見つけたんですけど」と、バトゥジンバと題された大判のパンフレットを送ってきてくれたのは、二〇〇九年のバリ取材に出発する直前のことだった。

それは、一九七三年、ジェフリー・バワがバリに来てまもなく出版された、言うならばバトゥジンバの別荘を販売するためのパンフレットなのだが、ジェフリー・バワ自筆の詳細な設計図、ドナルド・フレンドのスケッチ、バワの建築に多くの作品を提供したアーティスト、ラキ・セナナヤケのデッサンなどが収録された、それ自体がひとつの芸術作品といっていいものだった。後にバトゥジンバに関連する人たちに取材する時、大変なお宝として歓迎されることになる。

全体図には、サヌールビーチに面して一五棟の別荘が描かれている。左側、すなわちサヌールビーチの南側から順に番号がふってある。『Beyond Bawa : modern masterworks of monsoon asia』によれば、一五棟のうち、いくつかは既存の建物だったという。バワがまず着手したのは、プロット6（後にハウスAと呼ばれる）で、ここが別荘地のショールームになった。さらにドナルド・フレンドの家とスタジオだったプロット5に彼のコレクションを収蔵するミュージアムを設計する。そして七四年には、プロット11（後にハウスCと呼ばれる）を完成させる。

パンフレットを見ていると、あたかもすべての別荘がバワによって設計されたように錯覚するのだが、実は、そうではない。バワが手がけたのはバトゥジンバの一部に過ぎない。その中で代表作といえるのが、この三つの建物なのである。

二〇〇九年一〇月、私が初めて訪れたバトゥジンバの別荘がハウスCだった。エイドリアン・ゼッカの兄アレンが、一九八四年に購入したものである。以来、現在に至るまで、ハウスCはアレンの家族の別荘であり、いまも毎夏、ゼッカの一族が集まると聞く。ジェフリー・バワ研究の第一人者であるデイビッド・ロブソンをして、バトゥジンバのオリジナルの状態を最もよく保存していると言わしめるバワの代表作だ。ワォルントゥの一族が経営するカフェ・バトゥジンバの隣に別荘地の正面ゲートはあった。ホテルのようなサインがあるわけでなく、言われなければ奥に閑静な別荘地があるとはわからない。私は管理人の携帯電話に連絡をして、近くまで迎えに来てもらった。

一九七三年のパンフレットに記された初期の一五棟は、いずれも細長い敷地で、奥がサヌールビーチに面している。ハウスCは、設計図通りのレイアウトで、昼下がりの垂直に照りつける太陽の光の下、時が止まったように佇んでいた。

ベッドルームなどプライベートなスペースのある建物は白い壁のシンプルなもので、簡素な室内に置かれたバリらしい家具が印象的だった。天蓋《てんがい》付きのベッドは、アマンダリの二階建てのヴィラにあったものとよく似ている。中庭には浅い水路のようなプールがあって、ルヌガンガで見た黒い大きな壺がところどころにあしらわれている。泳ぐためのプールは、庭を隔ててビーチの近くにあった。

プールサイドには東屋《あずまや》があって、海から吹く風が心地よい特等席だった。

そのプールで泳いでみたくて、管理人の勧めるまま再訪して本当に泳いだことを、後でエイミに笑われた。バトゥジンバの住人の気持ちを味わいたかったのだ。

バトゥジンバのハウスCのプール。

ハウスCの中庭。アジアンリゾートの濃密な気配が漂う。

ハウスCは、ビーチ沿いにも小さな、そうと言われなければわからない入り口がある。二度目は、バリハイアットからビーチ沿いに歩いて行った。サヌールビーチは南北にボードウォークが整備されていて、散歩やジョギングを楽しむ人が多い。そうして行き来すると、あらためてバトゥジンバと、その北のタンジュンサリ、南のバリハイアットが、いかにサヌールの一等地であるかがわかるのだった。

ドナルド・フレンドが健康の悪化などを理由にバリから離れてゆくのは、一九八〇年頃のことである。その頃、バワが最初に手がけた建物のひとつで、フレンドがコレクションのミュージアムに使っていた家、プロット5に興味を持つ人物があらわれた。当時、香港でリージェントの経営陣に名前を連ねていたエイドリアン・ゼッカである。一九七九年七月二五日の日記に記述がある。

〈二日前、ウィヤがエイドリアン・ゼッカを連れて私に会いに来た。彼は、私がいつも気に入っている人物であり、チャーミングな妻がいる。エイドリアンは、磁器の大変なコレクターであり、以前は出版の仕事をしていた（『オリエンテーション』誌、それからポール・

ハムリンとルパート・マードックと多くのパートナーシップがある)。その彼が、いまはめったに使わない私の古い家を一〇年間リースしたいと言うのだ。私は、アティーリョに小切手が入ること、そうしたらすぐにそれを金塊に投資するよう打電した。

アメリカのカーター大統領が就任してからの政治と切迫した不況を理由にした金の価格上昇は、まだ続くと私は考えていた。私の判断が正しいといいのだけれど。

それはさておき、今日には出発するというエイドリアンと気持ちの晴れるような長いおしゃべりをして、ウィヤと唐突に昔にかえるのは楽しいことだった。彼は、いま出版業を離れて、ホテル業界の大物なのだとか。なんとまあ!〉(『The Diaries of Donald Friend』Volume 4)

金の投資を目論んでいたフレンドは、当初、エイドリアンの入金がなかなか入らないことからキャンセルしようとする。だが、催促するとすぐに入金はあった。エイドリアンとしても、フレンドの家が気に入っていたのだろう。

兄のアレンがハウスCを入手するより一足早く、エイドリアンはバトゥジンバの住人になったのである。もちろん普段は、香港で仕事をしている。バトゥジンバは、そうした忙しい日常から離れて休息する場所だった。

当時、ウォルントゥの娘婿として、バトゥジンバで隣のプロット4に住んでいたアンドレ・プーリィは、そんなエイドリアンのゴルフ友達だった。七四年にいったんバリを離れたアンドレは、アジア諸国をいくつか転勤した後、七七年から八一年までバリハイアットの総支配人を務めていた。

「五時半に起きて、六時からエイドリアンとゴルフをするのです。もちろん私は、その後、シャワーを浴びてハイアットに出勤するわけですが。イースターとか夏休みとか、休みになるたびに彼はバトゥジンバに来ていました」

香港のリージェントが開業するのが一九八〇年のことである。

ホテル業界で台頭するエイドリアン・ゼッカには、バトゥジンバの住人として、知られざるプライベートな時間があったのだ。そして、アマンリゾーツのアイディアは、少なからずここで熟成されたのではないかと私は考える。

なぜならエイドリアンは、後にアマンプリの建築家となるエド・タトルを呼んで、この家の改装を試みさせているからである。

さらに、バトゥジンバの住人から私が聞いたのは、あの衝撃的なアマンプリのブラックプールが、なんとここで試作されていた事実だった。

アマンリゾーツの原型は、確かにバトゥジンバにあったのだ。

しかもそれは、建築的な原型だけではない。後にアマンリゾーツが提供することになるライフスタイルそのものが、そこにはあった。

アンドレ・プーリィは、こう表現する。

「一言で言うならば、裸足のラグジュアリーです。裸足のままサロンを巻いて、リラックスして、人生をエンジョイする。朝は遅くまでベッドにいて。毎晩のようにパーティーがありましたから」

それは、アマンリゾーツの原型という以上に華やかな、いつまでも終わらないパーティーのようなものだった。


当時の様子を的確に表現した記事がある。

〈フレンドとワォルントゥとカーライル（彼がここにいた間）は、一五年余りにおよぶあったことも見たこともないようなスタイリッシュなプライベートパーティーの主催者だったのである。一九六八年から八〇年代中頃まで、部下や取り巻きを引き連れた裕福な者、有名な者、美しい者、才能ある者が、そして東南アジアの内部事情に通じた者たちが、サヌールに大勢押し寄せた。ここでは彼らは、パパラッチの覗き見から離れて、バトゥジンバという魔法の庭でベッドとプールを行き来し、タンジュンサリで飲み会をしてレゴンダンスを見物し、リラックスして戯れた。ビーチから一〇〇メートルのところでのことだ〉(「Revelling in Paradise(楽園でのお祭り騒ぎ)」『South China morning Post Sunday Magazine』二〇〇八年八月一七日)

記事は、さらにバトゥジンバとタンジュンサリに集《つど》った顔ぶれを列挙する。

〈君主や王族、バス一台がいっぱいになるほどの人数の貴族と資産家、たとえばデンマークのイングリット女王、ペルシャの前ソラヤ女王、イラ・フォン・ファステンバーグ王女、ベッドフォード侯爵夫妻、ジャッキー・オナシス、ロスチャイルド、ギネス、テナント、フォード、ゲッティ、ロックフェラー、アグネリスといった人たちが全盛期にあったバトゥジンバのさわやかな海岸に押し寄せた。

彼らが出くわす顔ぶれには、ジェームス・フェアフォックス、ルパート・マードックといったメディア王やオーストラリア首相のジョン・ゴートンやマルコム・フレイザーばかりでなく、レディ・ダイアナ・クーパー（著者注：絶世の美女といわれたイギリス人女優）やインドネシアの元ファーストレディのデヴィ・スカルノといった二〇世紀のアイコン、俳優のグレタ・ガルボやエリザベス・テイラーやジョン・ウェインもいた。さらにはクリエイティブな人たち、カルティエ・ブレッソン（著者注：写真家）、サルバドール・ダリ、ゴア・ヴィダル（著者注：アメリカ人作家）やパディ・レイ・ファーマー（著者注：イギリス人作家）、デイビッド・アッテンボロー（著者注：動物学者）、バックミンスター・フラー（著者注：「宇宙船地球号」の言葉を広めた建築家）、I・M・ペイ（著者注：ルーブル美術館のガラスのピラミッドを設計した建築家）もいた。

二〇世紀後半を代表する若い世代としては、サー・デビッド・フロスト（著者注：アメリカ人ジャーナリスト）、バリー・ハンフリーズ（著者注：オーストラリア人コメディアン）、ミック・ジャガー、ジェリー・ホール（著者注：ミック・ジャガーの恋人）、オノヨーコと息子のショーン・レノン、リチャード・ブランソン、デイビッド・ボウイと妻のイマン、エル・マックファーソン（著者注：オーストラリア人元モデルの実業家）、ジュリア・ロバーツ、ヨーク公爵夫人のセーラ・ファーガソン（著者注：英国アンドリュー王子の元妻）、香港のファッション・メイヴンのジョイス・マがいた。さらには、ビートルズのグルであったヨギのマハラシ・マヘーシュがひょっこり立ち寄ることもあった〉（前掲誌）

二〇世紀のありとあらゆる分野の有名人がそこにいた。

ドナルド・フレンドは、そうした日常を詳細に記している。

一九六九年九月二四日の日記にはこうある。

〈この数日間、ベッドフォード侯爵夫妻が四泊の予定でタンジュンサリに滞在している。同じ時にミック・ジャガーとその一行もやって来た。ジャガーはポピュラー音楽のグループのリーダーで、オーストラリアでは無礼な行動で悪名高いハンサムな若い男だ。彼と彼らの凶暴なグループのために開かれたパーティーでは、家具を打ち壊して、壁に卑猥な落書きをしたそうだ〉（『The Diaries of Donald Friend』Volume 4）

それは、ローリング・ストーンズのリーダー、ミック・ジャガーがやんちゃの限りを尽くしていた時代だった。一九六九年といえば、一九七二年の日本公演が中止になった理由である麻薬の不法所持で逮捕された年でもある。この時、ちょうど彼は、翌年に公開される映画『Ned Kelly』（邦題：「太陽の果てに青春を」）のオーストラリアロケを終えたところだった。ネッド・ケリーとは、オーストラリア人の国民的英雄でもある開拓時代の無法者である。ミックはマッチョなイメージで知られるネッド・ケリーを女装で演じるなどして物議を醸《かも》していた。

ちなみにベッドフォード侯爵夫妻とミック・ジャガーは、タンジュンサリを最も愛した顧客として『tandjung sari : A Magical Door to Bali』にも記されている。王侯貴族とロックスターが隣り合わせになる妙がそこにあった。

そして、スキャンダルの主人公もふらりとタンジュンサリを訪れた。ドナルド・フレンドは、スカルノ大統領が亡くなった直後のデヴィ・スカルノの姿も書き留めている。一九七〇年七月一四日の日記である。

〈有名な（悪名高き？）デヴィ、スカルノの日本人妻（未亡人？　彼女は離婚していないと断言している）が彼女の子供とスカルノの二人の娘と一緒にバリに来ている。彼女は、まだかなりの衝突を起こしていて、最近おきた攻撃についても無感覚にみえる。大統領が亡くなる直前、政府のある部署が彼女に対して、二〇〇〇万ドルの日本の戦後賠償金を彼が着服したことの裁判に出頭するよう要請したそうだ。

いずれにしても彼女は今朝、彼女の子供と義理の子供たちと六、七人のお付きをつれてタンジュンサリにお茶を飲みに来た。誰もがジャワ風のマナーにのっとり、とりすました顔をして政治の話はしない。デヴィは自信に溢れたスターとして振る舞う。彼女は、軽いおしゃべりと感じのよい単純な陽気さと彼女に関する好意的な興味だけで生きている、のんきでからっぽな人間の一人なのだった〉（『The Diaries of Donald Friend』Volume 4）

スカルノ大統領の死は、同年六月二一日のことである。

デヴィは自叙伝『デヴィ・スカルノ回想記』に〈私は、埋葬のあと、四〇日の法事までインドネシアに留まった〉とあるが、その間のことだったのだろうか。フレンドの冷静で辛辣《しんらつ》な視線が、デヴィ・スカルノの横顔を伝えている。

一九六八年からの一五年余りが、終わらないパーティーの日々だったとするなら、その宴が終焉《しゅうえん》しようとする頃、バトゥジンバにやって来た一人の日本人がいた。

鹿島建設の鹿島昭一である。

日本の建設業界のリーディングカンパニー、鹿島建設の中興の祖である四代目鹿島守之助の長男として生まれ、東京大学建築学科を卒業後、ハーバード大学大学院で建築を学んだ彼は、自身も建築学会賞を取ったほどの経歴を持つ建築家であり、待ち望まれた直系男子の後継者だった。

「最初にインドネシアに行ったのは一九六〇年代のことでした。ジャワ島のスラバヤに土木工事のプロジェクトがあったものですから。当時は、ジャカルタにもホテルのない頃で、ゼッカ家の長男アンドリューの家に泊まりました。というのもエイドリアン・ゼッカの兄、アレンの嫁になった名倉延子の弟が東京高等師範附属（現在の筑波大附属）の同級生だったのです」

日本の戦後賠償によるプロジェクトである、六四年にジャカルタで完成した二九階建て高層ビルの技術が、後に日本の霞ヶ関ビルにフィードバックされることになる。

「でも、バリには、なかなか行く機会がなくてね。ほら、仕事の案件もないでしょ。そりゃあ昔から行きたかったですよ。バリには文化がありますからね。それで一九八二年一二月、初めてバリに行ったのです。その時は観光でした。ホテルで観光ガイドのような人を頼んだんです。バリの民家が見たいと。寺院ばかり見てもつまりませんから。建築家というのは好奇心があるんでしょうな。地元の人がどんな家に住んでいるのかな、と思ったわけです。そうしたら連れていってくれたのが、バトゥジンバのワォルントゥの家でした。

ウィヤは心臓を悪くしてハワイに治療に行っていました。奥さんのタティエが迎えてくれてね。帰り際に売ってもいいというんです。心臓の治療でハワイに行くことになると思うからって。場所はすばらしいし、家もすばらしい。それと、絵や骨董もたくさんあってね、それもよかった。建築だけでは面白くありませんからね。結局、買ったのは一九八四年の三月だったと思います。翌年に隣の空き地も買いました。バトゥジンバではうちが一番大きかったと思います」

一九八四年は、鹿島昭一が社長に就任した年でもある。それからの約一〇年間、頻繁にバリに通ったという。バリとの蜜月は、社長就任の期間と日本のバブル経済をまるまる飲み込むかたちとなる。

「忙しかったけれど、月に一度は行っていましたよ。金曜日だけ休めばいいんです。土曜、日曜とバリにいて、日曜の夜のフライトに乗れば、月曜日には東京に帰れますから。バトゥジンバは夏のほうが賑わったけれど、私は春と秋が好きでした。夏は軽井沢も葉山もあるしね。それに南半球だから夏は海から吹く風が冷たいんです。サヌールは海沿いだからね。バリでは寝ているだけですよ。のんびりしているし、一番リラックスできる」

バトゥジンバの一番南側、一九七三年のパンフレットだとプロット1から3に相当する、通称「カジマハウス」だった。

バトゥジンバに「カジマ」の名前を見た最初は、ガーデンデザイナー、マデ・ウィジャヤの著書だったと記憶する。マデは、鹿島昭一のことを「タイクーン・カジマ」と描写していた。大物を意味する「タイクーン」は、外国人がかつて江戸の将軍を呼んだ呼称でもある。それがことさらに想像を膨らませたのかもしれないが、私は当初、鹿島のインドネシアでのビジネスを進めるためのゲストハウスだと思っていた。ここにビジネスパートナーや政府高官を呼んで接待したという想像である。

もちろんこの時代、鹿島昭一は、バブル崩壊後の一九九四年に消滅した子会社の東亜不動産などを通して海外での不動産開発プロジェクトを積極的に進めていたのだが、そうしたシリアスなビジネスの交渉は、もっぱら東京かジャカルタで行われたと、管理人のホスニは証言する。

「私以外はですね、鹿島建設のジャカルタ支店に勤める者も滅多なことではここには来られなかったですよ。私は出身がバリの隣のロンボクだったものですから、管理を任されるようになりました。家の改装は八五年から工事を始めて八七年に完成して、八九年からずっとここに住んでいます。ええ、いまもですよ」

商談が行われるわけではなかったが、友人やビジネスで親しくなった人が泊まりに来ることはよくあった。ハウスCのオーナーであるアレン・ゼッカの妻の弟で高校時代の友人、ドクター・ナグラも常連のひとりだった。亡命後のフィリピンのマルコス大統領の娘が来たこともあったし、スハルト大統領が滞在したこともあったという。

「カジマハウス」は、二〇〇九年に現在のオーナーであるインドネシア華僑の実業家に売却されたが、いまもホスニは、引き続き管理人としてここにいる。

「鹿島さんは家を切り売りしたり、ホテルにしたりするような人には売りたくなかった。だから相手を決めるのは慎重でした。最後は東京で本人と面接です。手紙を書いてアプローチしてきたオーストラリア人もいましたが、東京の面接で駄目でした。それでワスキトさんが買うことになったのです。イタリアのイリーコーヒーをインドネシアで販売したり、

バトゥジンバの通称「カジマハウス」。

広く事業をしている裕福な華僑のファミリーです」

いまも家は通称「カジマハウス」と呼ばれている。

「敷地は面積一万四二七〇平方メートル、長さは一三〇メートルあります」

数字を諳《そら》んじるホスニの表情は得意げだった。

広大な敷地には、バリ風のメインハウスのほか、ワォルントゥが建てた家がもう一棟と、鹿島のプライベートなベッドルームがある建物、隣接してVIPが泊まったゲストハウスがあった。メインハウスを除くそれぞれの建物は改装され、一部は二階建てになり、鹿島時代より部屋は拡張されている。しかし、雰囲気は昔と変わりないという。ルヌガンガにもあった、バワが好みそうな大木が枝を伸ばし、そのシルエットがバトゥジンバならではの陰影を作っている。

ベッドルームのある建物の先には東屋があった。

よくアジアンリゾートにあるような、だが簡素な造りの東屋からは、サヌールの海がよく見える。鹿島昭一のお気に入りの場所だったという。

クタが夕陽のビーチなのに対して、サヌールは朝陽のビーチである。

水平線から太陽が上り、あたりが黄金色に包まれる朝の美しさといったらない。よく早起きしてこの東屋に座っていたと、ホスニは懐かしそうにかつての主人の話をした。

「東京に行ったこともあります。イースト21東京に泊まりました」

「あのビル・ベンズレーのプールがある？」

「そうです。庭にあるこの噴水もビル・ベンズレーの設計です」

鹿島建設が手がけたそのホテルには、東京で随一の屋外プールがある。それが、アジアンリゾートの設計を多く手がけているビル・ベンズレーの設計であることを私はかねてから不思議に思っていたのだが、そういうつながりだったのか。ホテルイースト21東京の開業は一九九二年のことである。

一九九〇年に社長を退任し、創業以来初の非同族社長に後任を譲り、そしてバブルの崩壊を迎える。おそらく鹿島昭一の人生にとって、最も激動であった月日。彼は、唯一の心安らぐ場所として、サヌールのバトゥジンバを愛したのだろう。

太陽の光がいつしか消えて、白んだ空が藍色の闇に包み込まれる。

サヌールに静かな日没が訪れていた。

振り返ると、メインハウスがライトアップに照らし出されて藍色の闇に屹立《きつりつ》していた。神々《こうごう》しいまでの美しさだった。

「バースデーパーティーの夜のことを思い出します」

ホスニがぽつりと言った。

「鹿島さんの？」

「はい」

「毎年祝ったのですか」

「いいえ、一度だけ。一九八八年八月一二日の夜です。盛大なパーティーでした。日本からもジャカルタからもお客さんが大勢来ました」

一九八八年、日本では株価と土地の両方がバブル状態の数字を示していた。昭和天皇の容態が悪化し、自粛ムードが広がるのは秋以降のこと。八月、日本は、バブル経済の最中にあった。建設業界がまさにその渦中にあったことは言うまでもない。ウィヤとフレンドの終わらないパーティーの終焉から五年あまり、それはバトゥジンバにつかのま訪れた、ひとときの享楽の夜だった。

二〇年以上カジマハウスの管理人を務めるホスニは、バトゥジンバの顔だった。かつてエイドリアン・ゼッカが暮らしたドナルド・フレンドの家は、いま別のオーナーになっているが、管理人同士の横のつながりで敷地に入らせてもらった。

建築好きのワスキト夫人と改装時のインテリアデザイナーも同行する。

エイドリアン・ゼッカがここでアマンプリのブラックプールを試作した話を教えてくれたのは、ワスキト夫人だった。

カジマハウスを購入したのは最近だが、二〇年以上前から、賃貸でバトゥジンバを利用していたという。彼女の案内でバトゥジンバの敷地内を歩いた。

最近は、新興の金持ちが増えていて、醜い建物を建てると顔をしかめる。二〇〇二年にウィヤが亡くなってからは、バトゥジンバ・レジデンス・アソシエイションという住人同士のコミッティでいろいろなことを決めているという。それでもバトゥジンバの理想はだんだん遠くなり、一方、アジア経済の勃興もあいまって、バトゥジンバのブランド力だけは大きくなっている。

ワスキト夫人の美意識は、ウィヤとフレンドが愛した昔ながらのバリのスタイルをよしとするものだった。夫の趣味はもう少しモダンだというが、バトゥジンバの生活を愛する気持ちは妻以上で、毎週末必ずジャカルタからここにやって来る。そんな彼らだからこそ、鹿島昭一は、彼の愛したカジマハウスを託したのだと思う。

ワスキト夫人に誘われてバトゥジンバカフェでランチをすることにした。

ワォルントゥの一族が経営するカフェは観光客にも人気だけれど、別荘族のたまり場でもあるのだった。ワスキト夫人の友人が次々とやって来る。ジャカルタのハイソサエティの仲間たちである。

タンジュンサリの五〇周年のパーティーにも彼らの姿があった。

日本からぽつんと参加した私だったが、その輪に加えてもらってパーティーを楽しんだ。

プログラムの最後は、プールサイドがダンスフロアになった。ウィヤとフレンドによるパーティーが続いていた時代のオールディーズナンバーがかかる。

一九七六年のヒットナンバー、アバのダンシング・クイーンが始まったその時だった。フロアに「イエーイ」という声が広がった。振り向くと、黄金の衣装をひるがえして鮮やかなステップを踏むタティエ・ワォルントゥの姿があった。

そういえば鹿島昭一は、そっと秘密を打ち明けるように話してくれた。

「あの家には不思議な本が置いてありました。サヌールでおきたスキャンダルやら人間関係が書いてあった本でね。さあ、いまはどこにいったでしょうか」

サロンを巻いて裸足になって、誰もが心も体も解放されて、さぞかし秘密にしなければならない出来事もおきたに違いない。宴に遅れてきた彼は、その本からサヌールの夜の魔性を垣間見たのだろう。

誰かがふざけてプールに飛び込んだ。やんやとはやし立てる声。

ウィヤがいてフレンドがいて、女王のようにタティエがいたあの頃。プールサイドでのこんな大騒ぎは毎晩のことだったのかもしれない。

深々とした夜の海の闇と吹く風だけはいまも変わらない。

ステップを踏むタティエの手前には、スクリーンに映し出されるウィヤの笑顔があった。サヌールの終わらない夜がよみがえった瞬間だった。

第三章

三浦半島
ミサキハウスの休日

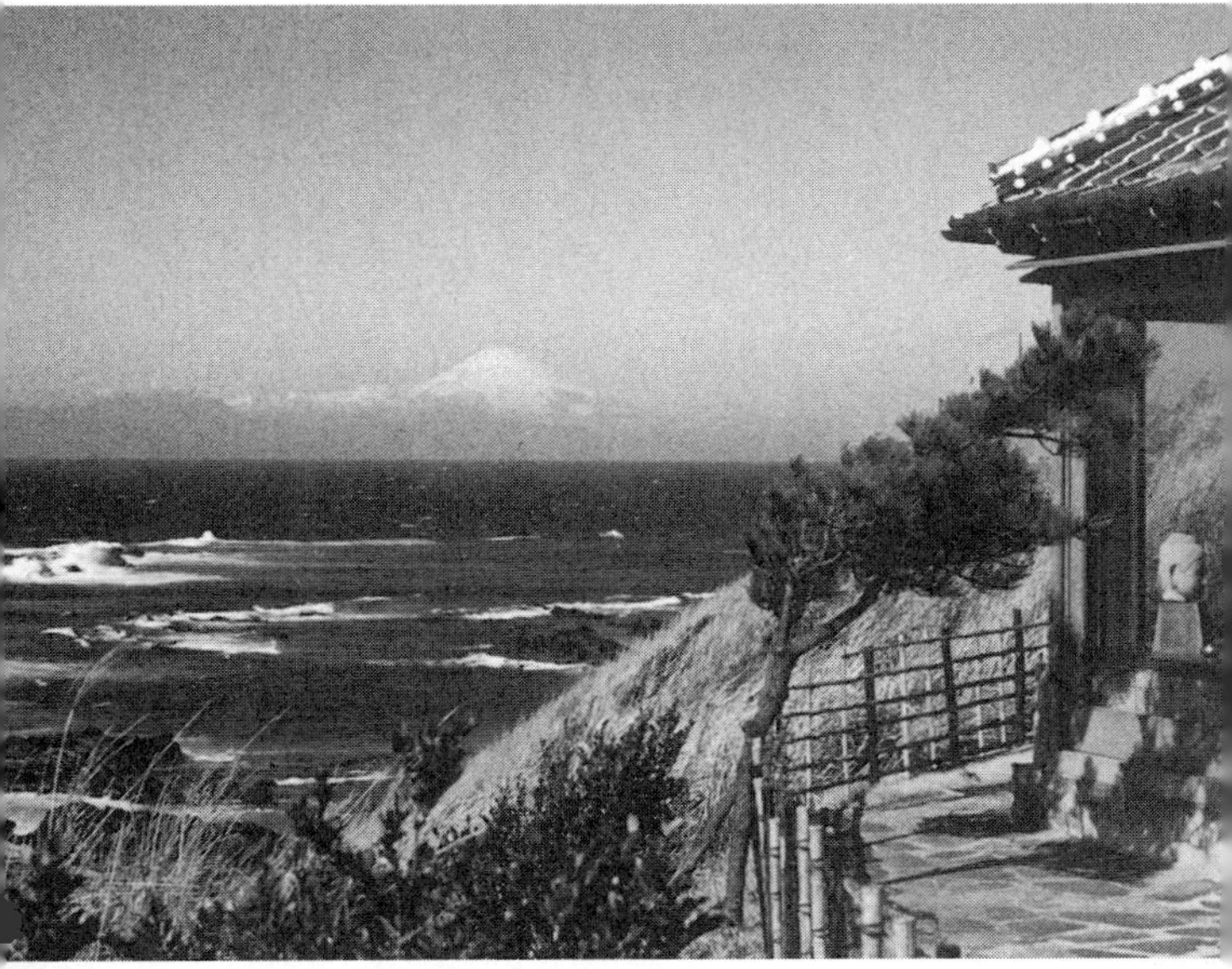

三浦半島浜諸磯にホレイス・ブリストルが建てた別荘。
相模湾越しに富士山も望める。若き日のゼッカが過ごした。©Horace Bristol

エイドリアン・ゼッカは、一九五五年を特別な一年だったと振り返る。

第一に、それはインドネシアという新生国家にとって節目の年だった。

まずは四月、ジャワ島のバンドンで開催されたのがアジア・アフリカ会議である。大戦後、独立を果たしたアジア・アフリカの二九ヶ国が集結。スカルノは「人類史上初の有色人種の会議」と位置づけ、提唱者である中国の周恩来、インドのネルー、エジプトのナセルらと会議をまとめ上げた。そして、スカルノの国際的な名声は確固たるものになった。冷戦構造が明確になっていた東西陣営に対する、いわゆる「第三世界」の概念が確立されたのもこの会議によってである。

次いで九月、第一回総選挙が実施される。一九四五年八月、日本の占領からまもなくして独立を宣言したインドネシアだが、それを認めないオランダとの独立戦争は、主権を獲得した一九四九年まで続いた。スカルノは、この間、ずっと大統領の地位にあったが、建国後初めて行われたこの選挙で、初めて民意により正式に大統領に選出されたのだった。

さらに、それはゼッカ家にとっても特別な年だった。

一九五五年七月、次男のアレンが名倉延子を伴って帰国、二人はジャカルタで結婚式を挙げた。ゼッカ家は一族に日本女性を迎え入れたのである。

延子は手記に当時のことを記している。

〈空港の建物の外にでると、オープンカーが二台。一台は、スカルノがパレードのときに使う車を借りてきたとのことで、私たちが乗ることになるスカルノの車は蘭の花で美しく飾られていて、恥ずかしいほど豪華な出迎えだった。

車の中の皆に一応の挨拶を済ませると、ゼッカ家まで三十分ほどのドライブが始まった。オープンカーのステレオからはガムランが響く伝統音楽が聞こえた。スカルノのオープンカーもこの音楽も、兄アンドリューの計らいだった。道路の両脇は、ヤシの木やブーゲンビリアの強い色彩に混じって、緑の葉には茶色い埃が皮のように貼りついている。道路はまだ一部しか舗装されていず、話し始めればたちまち土埃で口の中がざらざらになるほどだった。（中略）

ジャカルタのクラマット通りにあるゼッカ家の門を入ると、潮が引いたように喧噪が遠ざかり、いままで見てきた町の風景と雰囲気が一変した。

門を入って左側にバドミントンコート、平屋建ての母屋が奥にあり、アレンの両親らしいカップルが玄関のバルコニーに立っておられるのが見えた。玄関には四段ほど階段があり、大きな丸い白い大理石の柱が両側に立っている。
私が階段を昇ると、アレンの父が静かに手を差し出した。アレンの母は、美しい黒髪の女性で、中国服を着ている。にこにこして、私に「Welcome.」といった。
アレンの父が、私の緊張をやわらげるようにゆったりとエスコートして、私を邸内に導いた。天井が驚くほど高い。美しいステンドグラスをはめた大きな窓から、午後の日の光がとりどりの色になって差し込んでいる。ひんやりとした大理石の床が、身体のほてりを冷まして気持ちよかった。（中略）
お茶の時間を終えると、部屋に案内された。ベッドの上にはダッチ・ワイフと呼ばれる抱き枕が置いてある。ベッドの四方には金色の長い棒が立っていて、その上に蚊帳が吊ってあった。昨今の日本で「バリ風」と呼ばれている仕様である。薄く糊づけされ、アイロンがしっかりとかかったシーツの四方には、スイス製の美しいレースがついていた〉（『江戸っ子八十年　嵐の日々も　凪の日も』）
植民地時代と変わらない裕福な暮らしぶりが伝わってくる。華僑とヨーロッパの背景を持つゼッカ家だが、それでもインドネシアに長く暮らした一族であることを物語るのは、ベッドの上の抱き枕だろう。インドネシアではもともと「グリング」と呼ばれ、これが宗主国のオランダに伝わり、いわゆる「ダッチ・ワイフ」が生まれたと言われている。ちなみにスカルノは自伝の中で「われわれが世界で、ただ抱きしめるためだけの、特別の枕をもつただひとつの民族である」として、インドネシア人の愛情深さに触れ、自らの女性問題に対するエクスキューズとしている。

延子がゼッカ・ダディと呼ぶ父親は、戦争中、陸軍から華僑の経済部長に任命されたとのことで、親しい日本人もいる日本びいきだった。だが、母親は、シンガポールの従兄弟を日本軍に殺されたことから日本人に嫌悪感を持っていた。しかし、手紙のやりとりで結婚を納得していた両親は、温かく延子を迎え入れたという。

アレンの精一杯のプロポーズにもかかわらず、延子の両親は娘の国際結婚を認めず、花嫁側の出席者は誰もいなかったが、二人の結婚は、ゼッカ家によって盛大に祝われた。

手記には、五人兄弟が揃った結婚式の写真がある。

若き日のエイドリアン・ゼッカもそこにいた。

五一年から五三年までアメリカのコロンビア大学に学んだエイドリアンは二〇歳で帰国

するとジャカルタの地方通信員として、タイムマガジンとニューヨークタイムズの仕事を始めた。兄アレンの結婚式は、ちょうどジャーナリストとしてのキャリアを歩み始めていた時期にあたる。

「私は政治担当でした。その頃、アジアには報道の自由を認められたメディアがなかったことが、ジャーナリズムを目指した理由のひとつです。日本はどうだったかわかりませんが、私は日本語は読めなかったのでね」

エイドリアンの若き情熱は、その年、ひとつの事件をおこす。

「一九五五年にあったもうひとつの重大な出来事。それは、一一月に私がインドネシアを離れたことですよ」

エイドリアンは、悪戯《いたずら》っ子のような表情で笑いながら言った。

彼は、なんとスカルノのスキャンダルを書いたのだった。

第二夫人となったハルティニは子持ちの人妻だった。イスラム教では四人まで妻を娶《めと》ることができるが、糟糠《そうこう》の妻であるファトマワティは、人妻だったハルティニの存在を許すことができなかった。ハルティニをめぐる内情を書いた記事は、独立の英雄と言われた男を狼狽《ろうばい》させた。

一九五五年一〇月二四日号の『タイム』誌に掲載されたのが「あのソロの女」と題した記事である。署名はないが、当時、エイドリアンが同誌のジャカルタ通信員だったことを考えれば、彼の記事であることは間違いないだろう。

〈「あの女」とはヘリアティ・ハルティニ・スワンド、数年前、スカルノ大統領が密かに結婚した、しなやかな容姿の離婚女性だ。その女は、スカルノが子供がないという理由で最初の妻と離婚し、一九四二年にファトマワティを新しい妻にしたことを気にかけてはいなかった。ファトマワティは二人の息子と二人の娘を産んだ。そして国のファーストレディ（著者注：インドネシア語でイブ・ネガラ。国母ともいえる存在）となったのである。しかし、ハルティニはさらに別の存在だった。

スカルノがハルティニに会ったのは一九五三年、中央ジャワのソロを公式訪問したときだ。ずっと前から彼女に腹を立てている女性たちによれば、その頃、ハルティニは夫と五人の子供たちだけを気にかけていた。だが、それから数ヶ月すると、彼女は家を留守にするようになり、インドネシア社会は大統領の秘めたるロマンスのことを騒ぎ立てるようになる。一年前、国を代表する女性団体は、スカルノの結婚に関する手紙を女性たちのクラブに回覧した。そのことがあってからスカルノは一九五四年四月にハルティニを二番目の妻としたことを認め、彼女は彼と出会うずっと前に離婚していたと主張するようになった。すると、ハルティニの評判を疑う女性たちは、すぐに一九五四年四月までにハルティニの離婚が正式に手続きされていない事実を掘り出したのだった。イスラム法は、離婚した女性の再婚には、月経が三回経過することを求めていた。それに従って女性たちが計算すると、ハルティニはイスラム法を犯したことになる。それからまもなく彼女は息子を出産した〉

記事が暴き出したのは、ハルティニとの結婚がイスラム法を犯している事実だった。スカルノとしては、何としても隠しておきたいスキャンダルだったに違いない。

ちなみにハルティニの次の結婚相手になったのが、後のラトナ・サリ・デヴィ・スカルノこと、根本七保子である。

一九五七年末、旧宗主国、オランダ企業の国営化を進める政府に対抗し、インドネシアの諸島間の船舶運航を担っていたオランダ王立汽船会社は、その船舶をすべて周辺国に引き上げてしまった。海運ルートを絶たれたインドネシアは窮地に陥る。スカルノが急遽、支援を求めたのが、戦後賠償が懸案となっていた日本だった。

一九五八年五月、船舶の緊急輸入を落札したのは、木下商店という商社だった。まもなく木下商店ジャカルタ支店長の娘の家庭教師として、金勢咲子という女性がジャカルタに渡り、スカルノに引き合わされる。それに対抗するように、ライバルとなる東日貿易が送り込んだのが、デヴィこと根本七保子である。彼女が東京でスカルノと出会ったのは一九五九年六月のこと。金勢咲子は、後にデヴィの存在を知り自殺を遂げる。一方のデヴィは、スカルノの第三夫人となったのだった。

その後、第二夫人のハルティニは東側諸国との、そしてデヴィは日本をはじめとする西側諸国との窓口となり、利権を求める人々がそれぞれの夫人の宮殿を詣でたといわれる。

女性問題は、日本の戦後賠償の利権と共にスカルノの影の部分だった。

エイドリアンは当時を振り返って言う。

「そもそもスカルノは西側のジャーナリストを好きではなかったのですが、それにしてもということだったのでしょう。私は情報省に呼ばれました。謝罪しましたが、向こうはただ一言、休暇を取れと。どこに行けばいいんでしょう、と言うと、どこでもいいと。それで私はニューヨークに行くことにしたのです」

一九五五年一一月、いわば追放されるかたちで、エイドリアン・ゼッカはインドネシアを離れたのだった。

それから四年ほどして、ゼッカ一族もインドネシアに見切りをつけることになる。きっかけとなったのが、一九五九年の四五年憲法復帰の決定だった。これによりスカルノ大統領にすべての権限が集中することになり、政治は独裁の色を強めることになる。

名倉延子は、当時の状況を手記に書いている。

〈この年、政府は「全人口の三パーセントに満たない華僑が、インドネシアの経済を握っている」状況を打破しようとして、「華僑の農村居住禁止令」を発布、十三万人以上の華僑が中国への帰国を余儀なくされる。

こういった華僑の居住や活動を制限する法律から逃れる方法は、「インドネシア国籍をもつこと」だった。インドネシアに住んで四代になるゼッカ家は、申請条件が厳しくなった五五年以降でも、手続きさえすればインドネシア国籍を得ることができた。しかし、どんな政策が打ち出されても、ダディはインドネシア国籍になることを頑として拒否し、ゼッカ・ファミリーは長くインドネシアを支配していたオランダ国籍のままだった〉（『江戸っ子八十年　嵐の日々も　凪の日も』）

インドネシア国籍になることを頑なに拒絶する理由は何だったのか。彼らのアイデンティティは、あくまでも植民地としての蘭領インドシナだったということか。成功者の嗅《きゅう》覚《かく》として、インドネシアという新興国家を信用していなかったのだろうか。

やがて混乱は、彼らの富の象徴であったプランテーションの土地そのものにも及《およ》ぶようになる。そして、相続したプランテーションの土地に医科大学を建てるという兄アレンの夢も潰えてしまう。

〈刻々と変わるインドネシアの状況は、長兄のアンドリューからアレンに届いていた。アレンが相続したジャカルタの農村地帯のポロニア（スマトラ島の国際空港があるポロニアとは異なる）の広大な土地には縄が張りめぐらされ、国有地であることを示す看板が立っていると報告があった。しばらくして、アンドリューがその土地を見に行くと、何百人ものホームレスのような人々がテントをはって暮らしているという。この知らせを受けて、ただちにアレンと私は英美をつれてジャカルタに発った。

義兄が知らせてくれたその光景を目の当たりにして、私たちは茫然とした。土地を見たそのあと、アレンはしばらく無言だった。日本を発つときから、ある程度覚悟はしていたとはいえ、暗澹たる気持ちだっただろう。

政府に莫大なお金を払って、ホームレスの人々を立ち退かせ、アレン・ゼッカ所有の手続きができることがわかったが、アレンはそれを断念した〉（前掲書）

その後、アレンは米国を代表する化学会社、ユニオン・カーバイトに就職し、ビジネスマンとしての人生を選択した。

〈ゼッカ家の未来も安泰というわけではなかった。ダディは、今後さらに政府の華僑政策が厳しくなれば、シンガポールに居を移すことになるだろうといった。シンガポールでは、一九五九（昭和三十四）年六月に、マミィの親友の息子・李光耀《リ・クアンユー》が初代首相に就任したばかりだった。そんななりゆきもあって、三、四か月ほどして、ダディとマミィ、長兄一家はシンガポールに居を移す〉（前掲書）

スカルノをめぐる政治の混乱は、やがて一九六五年の「九月三〇日事件」となり、インドネシア全土を虐殺と粛清の嵐が吹き荒れることになる。それらの史実を考えれば、彼らの嗅覚は正しかったことになる。

そして、エイドリアン・ゼッカは東京にやって来る。

ニューヨークに渡った後、まず派遣されたのは、東西冷戦のさなか、カストロがゲリラ活動を開始する前夜のキューバだった。

「半年、いや七ヶ月ほどいたかな。その次に行ったのが東京です。一九五六年九月のことでした。東京に着いて最初に泊まったのは、丸ノ内ホテルです、昔のね。麻布十番の家が決まるまで滞在していました。一九五八年九月に日本を離れるまで二年間、東京に暮らしたことになります」

当時、タイムライフ社の同僚だった佐々木太刀夫は、若き日のエイドリアンについて述懐する。

「ゼッカの肩書きは、サーキュレーション・マネージャー（販売部長）です。彼はコロンビア大学を卒業し、タイム本社に入社して、そこから東京に派遣されてきました。当時、まだ二五、六歳だったんじゃないかな。とにかく頭がよくて、英語の交渉を聞いていても、話の進め方が殺気を帯びているくらいキレるんです。もちろん英語はペラペラで、当時から何をやっても将来成功すると思いましたね。

ゼッカは日本語も日常会話程度は話してました。態度も偉ぶったところは全くなく、親しみやすかった。桜の頃になると『佐々木サン、オ花見イキマショウ』とお堀端にみんなで花見に行ったこともあります。当時、相撲が人気でした。若乃花と栃錦が横綱で『栃若時代』と言われていたんですね。彼も相撲取りの名前を覚えて、『若乃花、今日、勝ッタネ』とか言っていました。日本食も普通に食べていたな。出前で『きつねうどん』とか食べていましたよ。

私は年齢に関係なく、人に惚れ込んだら尽くすんです。とにかくゼッカは若いのに仕事ができるので、ずいぶん彼を助けました。彼のために麻布の一軒家を見つけて世話しました。松方正義が持っていたこぢんまりとした家で、たぶん妾宅だったんじゃないかな。日本人のおばさんを一人雇って、食事や家事をやってもらいました」

一九五六(昭和三一)年の日本は、高度経済成長の先駆けである神武景気の真っ直中《ただなか》だった。時代を象徴する流行語が、経済白書に使われた「もはや戦後ではない」である。政治の世界では鳩山一郎が自民党の初代総裁に選出され、日ソ交渉の行方が新聞を賑わしていた。一九五六年は、石原慎太郎の『太陽の季節』が映画化され一大ブームを巻き起こした年でもある。慎太郎刈りにアロハシャツ、サングラスで夏の海に遊ぶ享楽的な若者たちは「太陽族」と呼ばれた。

ちなみに石原慎太郎は一九三二年生まれ、兄の作品で映画デビューを果たした弟の裕次郎は三四年生まれ。そして、エイドリアン・ゼッカは三三年生まれである。

彼もまた東京で、青春真っ盛りの季節を過ごしていたのだ。

だからなのだろう、東京時代の話になるとエイドリアンの表情は少年のようになった。

「白いMGMのスポーツカーを持っていました。それでいろいろなところにドライブしたね。当時は車が少なかったからよかった。箱根の富士屋ホテルにも行きましたよ」

MGMは一九五五年から製造が始まった二人乗りのイギリス製オープンカーである。クラシックな丸っこいボディの、時代を象徴するスポーツカーだ。

「独身で、よくモテていましたよ。女友達がたくさんいました。日本人も外国人も」と佐々木も当時のプレイボーイぶりを証言する。

そんなエイドリアンがことさら愛したのが、海に面した小さな別荘での休日だった。

「三浦半島の油壺《あぶらつぼ》です。私の家からは海洋研究所が見えました」

インタビューで最初にその別荘の話を聞いた時、私は特に気にとめなかった。ただ三浦半島といえば、私とゼッカ家を結ぶ糸となった曽野綾子の別荘があり、油壺ならば、そこからたいして遠くないはずだと思った。私自身も子供時代、油壺マリンパークという水族館に家族で出かけた思い出がある。彼の言う海洋研究所とは、マリンパークに近い東京大学三崎臨海実験所のことだろう。

エイドリアンにとって、その別荘での日々が深い意味を持つことを知らされたのは、彼と長年のビジネスパートナーであった日本人、森肇と会った時である。

森肇は、おそらく日本人で最もエイドリアンと親しく関わった人物と言っていい。

大学卒業後、西武百貨店に入社、文化事業部でキャリアを積んだ後、一九八七年、営業企画部のアジア課長となった。日タイ修好一〇〇周年にあたり、開催することになったのが「ロイヤルタイフェア」である。当時の西武百貨店では、その国の歴史、文化、ライフスタイルなどあらゆることを紹介し、関連企業全体で、その国一色に埋め尽くすようなフェアを実施していた。そのための情報を収集していた時、プーケットにすごいホテルができつつあるという話を聞きつける。そして、香港のアマンリゾーツに取材に行った。それがエイドリアン・ゼッカとの出会いだった。

翌年、アジア部長に就任した森は、セゾングループのインターコンチネンタル・ホテルズの買収に携わるが、一九九一年、堤清二のセゾングループ引退を機に退社。マーケティングおよびホテル開発のコンサルタントとして独立する。最初に手がけたホテルプロジェクトが、プーケット島沖に浮かぶナカノイ島の開発だった。

ロイヤルタイフェアを開催した際、フェアに招待した駐日タイ公使の一族が、プーケット島の南端にあるマイトン島を所有していたことから開発を依頼されたことがあった。アマンリゾーツとして運営しようと尽力し、承諾まで取り付けたのだが、日本側オーナーの意向で実現しなかった経緯があった。マイトンは、全日空の肝いりで当時、話題のリゾートとなったが、森には、その美しい島をアマンにできなかった悔いが残っていた。ナカノイ島は、マイトンと同じ一族が所有する島だった。再びここにアマンリゾーツを招聘しようとしたのである。結局、ナカノイ島も実現には至らなかったが、一九九〇年代、森は、日本国内を含むいくつものアマンリゾーツのプロジェクトに関わり、しばしばエイドリアンと現地に赴き、コンサルタントとして活躍した。

ちょうどその頃、森の記憶によるならば九二年頃、エイドリアンのたっての希望で油壺に同行したことがあったという。

私は、森が見せてくれた数枚の写真に引きつけられた。油壺の漁港だろうか、後ろに小さく見える建物がかつての別荘だという。

青春の思い出の地へのセンチメンタルジャーニー。森が案内役となったのは、周辺の地理に詳しかったからだ。

寒い季節だったのか、空はどんよりと曇り、海辺の明るさは感じられなかったが、写真に写ったエイドリアンの横顔は、視線の先にある別荘を見つめて、遠い記憶を辿っているように見えた。

森は曰くありげに「ここがアマンリゾーツの原点なんですよ」と言う。

「彼はオープンカーで毎週、違う女の子を連れていったと言っていました。この丘の奥に洞窟があるんですが、そこが秘密の場所だったと。あの家の中で体験したこと、過ごした人との思い出も含めて、彼はこの家を愛していたんですね。それをずっと温め続けていてアマンプリを造ったと、話してくれました。何もなかった油壺の漁村の景色。三浦半島でもあのあたりは静かなところなんですよ。海際の崖っぷちに建つ、小さいけれどなかなかよくできた家でね､それが彼のアジアンリゾートの原風景になったんだと思います。水辺。崖っぷち。ヴィラであること。そして自分が味わった甘い感覚を来た人に味わわせようというのがアマンリゾーツの原点なんですよ」

私は、インタビューで別荘と白いオープンカーの話をしてくれた時のエイドリアンの少年のように弾んだ笑顔を思い出していた。

森の話を聞いて、にわかに三浦半島の別荘があった場所を見てみたくなった。

地図で示してくれた場所は、東大三崎臨海実験所の真向かい、油壺湾と名向崎《なこうさき》をはさんで南にある諸磯《もろいそ》湾の先、小さな漁港のあたりだった。

京急久里浜線の終点、三崎口で降りてタクシーに乗る。

「このあたりは昔から有名人の別荘の多いところだよ」

タクシーの運転手はそう言ってスキャンダルめいた噂話を始めたけれど、五〇年近く前の、名もなき若いジャーナリストだった外国人のことなど、知るはずもなかった。

その先にもう道はないという海辺の突端で車を降りた。

浜諸磯という小さなバス停があり、海に面して小さな神社がある。タクシーの運転手が言うには、その神社はパワースポットだそうで、最近、女性に人気があるのだとか。だが、それを除けば何もない。神社の鳥居の先には、浜辺に干された昆布が見えた。

春浅き三浦半島。まして平日とあって、あたりはしんと静まりかえっていた。

だが、写真にあった曇天ではなく、その日は抜けるような青空だった。海から吹く風は冷たかったけれど、まっすぐに降り注ぐ太陽のまぶしさは、夏の海を彷彿《ほうふつ》とさせた。

地図に示されたちょうどそのあたりに、森の写真に写っていたのとほぼ同じ、オレンジ色の屋根と白い外壁の家が見えた。岩場の上に張りつくようにして建っている。玄関の脇には小さなボートがおいてあった。さぞかし眺めもいいに違いない。海を楽しむには最高のロケーションだ。

あたりの岩場を歩いてみる。凪《な》いだ海は思いのほか青く、澄んでいた。

湘南あたりの海よりもずっと美しい。

ごつごつした岩のある感じと静けさが、アマンプリのあるプーケットのパンシービーチにどこか似ている気がした。

通りすがりの老人に聞いても漁業組合の事務所に聞いても、エイドリアン・ゼッカなどという名前を知る人は誰もいなかった。ゼッカという名前に誰も反応しない寄る辺のなさ

現在の諸磯湾。

は、スカブミを訪ねた時と同じだと思い出す。

ようやくこのあたりに昔、外国人の別荘があったことを知る人に行き当たった。

彼女の口から出てきた名前が、ホレイス・ブリストルだった。

エイドリアン・ゼッカではなく、ホレイス・ブリストル。

あ、と私は思い出した。

インタビューでエイドリアンが別荘の話をした時、彼からも直接、この名前を聞いたことがある。確か『ライフ』の写真家だと言っていた。うっかり聞き流していたけれど、確かに彼はホレイス・ブリストルと言っていた。日本人の妻がいて、たくさんの別荘を外国人に貸していたと。そのひとつがエイドリアンの別荘だったのだ。

三浦半島から帰り、私は早速、ホレイス・ブリストルの写真集を買い求めた。

一九〇八年、カリフォルニア生まれのフォトジャーナリスト。エイドリアンが言っていたように初期の『ライフ』専属カメラマンとして活躍した。戦前の代表的作品にカリフォルニアの移民労働者をテーマにした一連の作品がある。当初、『ライフ』の雑誌記事として、ジョン・スタインベックと共に取材したこのテーマが、後に小説『怒りの葡萄』となる。第二次世界大戦勃発後は、同時代のフォトジャーナリストの多くがそうであったように戦争を撮った。そして一九四六年、占領下の日本にやって来る。その後、彼の日本滞在は、二一年におよんだのだった。

ホレイス・ブリストルは、写真家として戦後まもない日本のさまざまな情景を撮影すると同時に「イースト・ウェスト・フォトエージェンシー」を設立し、日本を含むアジア太平洋地域の写真の販売から出版まで手広く手がけるようになる。その東京オフィスは、エイドリアンがいたタイムライフ社のオフィスのちょうど向かいにあった。当時の外国人記者たちのネットワークは、限られた顔ぶれの密度の濃いものだった。その中で、長老格のブリストルと若いエイドリアンも親しくつきあったのだろう。

写真集『Horace Bristol : AN AMERICAN VIEW』に興味深い記述を見つけた。

〈彼は、彼の以前の通訳だった松方ハルにずいぶんと助けられた。彼女は、やがてハーバード大学教授でケネディ大統領の時代に日本大使となるエドワード・ライシャワーと結婚するのだが、彼女は通訳の職を離れてからもブリストルとその妻と親しかった。そして彼女は、東京の大使館が多くある地域に静かな池を望むでこぼこした小さな一区画の土地を見つける手助けをしてくれた。そこにブリストルは日本人建築家と共に質素なワンベッドルームの家をデザインした。それはティーンエイジャーの息子がアメリカの大学に進学してしまった夫婦には十分なものだった〉

エイドリアンの麻布の家は、ハルの祖父である松方正義のものだったという。

ハルは、外国人記者たちのソサエティにあって、何かと彼らの世話をしたのだろう。当時、占領軍の関係者は、日本の土地を購入することができなかった。そのあたりの抜け道もハルは見つけてやったに違いない。

そして、私はついにエイドリアンが愛した三浦半島のあの土地の名前をそこに見つけた。神社の前にあったバス停の名前、浜諸磯である。

〈数年後、ブリストルが浜諸磯という海辺の村の風に吹きさらされる絶壁の上の八エーカーの土地を取得したときにも松方は手助けをしてくれた。そこには、彼が生涯を通して建築とデザインに没頭した、日本の熟練した大工によって建てられた一四棟の家がある〉

彼は、日本の建築やライフスタイルに魅せられたということなのか。地元の大工を雇い、自らもデザインや設計にこだわって建てたという一四棟の家。その発想は、まるでウィヤ・ワォルントゥやドナルド・フレンドの理想郷、バリ島・サヌールのタンジュンサリとバトゥジンバではないか。

いやむしろそれらは、ジャカルタの外交官が休暇を過ごしたというジミー・パンディのバンガローのように、東京の外国人記者だけが休暇を過ごす、もっと限定的で閉鎖的な理想郷だったに違いない。サヌールでそうだったように、地元の人であっても彼らと関わりのない者にはその存在さえわからない、秘密の隠れ家だ。

そのひとつが、エイドリアンの愛した別荘だったのである。

ブリストルの写真集には、浜諸磯は「Hama Moroiso」とだけ綴られ、それが三浦半島の油壺にあることまでは記されていない。実際に浜諸磯に足を運んだ後でなければ、それがどこであったか見つけることはできなかったに違いない。

さらに浜諸磯には、ブリストルの人生に影を投げかける悲劇の物語があった。

一九五六年、最愛の妻、ヴァージニアの自殺である。

〈彼はカンボジアのシアヌーク殿下の戴冠式を撮った唯一の写真家だったし、インドネシアでも数ヶ月をスカルノ大統領と過ごした。ヴァージニアは、時々同行することもあったけれど、ほとんどは彼らが自宅だと思っていた浜諸磯に残っていた。

しかしながら、村の住民とブリストル一家と友人たちの間には、いわく言いがたい緊張が存在していた。質素な日本人たちは、彼らを退廃的なアメリカ人と見ていたのである。反感はヴァージニアの孤独を深めるだけだった。一九五六年、子宮摘出手術を受けた後、落ち込んでいた彼女は大量の睡眠薬を飲んだ。ブリストルは気を失った彼女を見つけると絶壁の上の家から下の村まで大急ぎで彼女を運んだ。しかし、医者にかかったときには、もうすでに息を吹き返すことはなかったのである〉

ヴァージニアの自殺にショックを受けたブリストルは、写真のネガのあるものは焼却し、あるものは箱に入れて封印した。そして、二度と写真家として仕事をすることはなかった。仕事でアジア各地を飛び回り、妻を孤独にしたことへの自責の念からだった。

だが、ヴァージニアの孤独の原因は、ブリストルの仕事の忙しさと同時に、浜諸磯の田舎暮らしの孤独でもあったはずだ。なぜブリストルは、その思いを自らの写真のキャリアにだけ向けて、日本人を、あるいは浜諸磯を恨まなかったのか。そして、浜諸磯の別荘を手放すのでなく、あるいは日本という国を離れるのでもなく、自らの写真を封印したのだろう。その心の中は謎である。

一年後、ブリストルは外国人記者クラブの図書室で働いていた日本人女性、ヤマシタマサコと再婚する。エイドリアンはブリストルのことを「日本人の妻がいた」と言っているから、マサコのことを知っていたのだろう。写真集に見る若き日のマサコは溌剌《はつらつ》とした若さと陽気さを感じさせる。同じく写真集に見るヴァージニアの繊細な美しさとは違うタイプの女性に思える。彼女と出会ったことで、ブリストルは再び生きる勇気をもらったのだろう。そして、また日本を愛し続けることが出来たのかもしれない。

ブリストルが日本を離れるのは、来日から二一年後の一九六七年。二人の間には長女のアキコが生まれていた。その後、暮らし始めたメキシコのコロニアル都市、グアダラハラで長男のヘンリが生まれる。さらに九年後、子供たちの教育のために家族はブリストルの故郷、カリフォルニアに帰国したのだった。

ブリストルが封印した写真は、ヴァージニアとの息子、ホレイス・ジュニアの手を経て日本に暮らすマサコの母親、ハルのもとに渡った。ブリストルは、それらを焼いて処分するように指示したが、ハルは大事に保管しておいた。後にそれらの写真を入れた箱は、再び海を渡り、カリフォルニアのブリストルの自宅に戻ってくる。

その箱の封印が解かれるのは、さらに時が流れた一九八五年のこと。ハイスクールの授業でスタインベックの『怒りの葡萄』を読んだ長男のヘンリは、家に帰って何気なく父親に「『怒りの葡萄』を読んだことがある?」と聞いたのだった。

末っ子のその一言が、写真家の誇りを思い起こさせた。言うまでもなくスタインベックの『怒りの葡萄』は、彼が共に取材した『ライフ』の記事が原点である。ブリストルが再び自分の作品を発表するようになるのは、その後のことである。

それにしても、ブリストルにとって、そしてエイドリアンにとって、浜諸磯の別荘とは何だったのか。

エイドリアンの別荘だった場所に建つ白い家は、素晴らしいロケーションではあったけれど、特に何かを訴えるものではなかった。かつてブリストルの別荘が建っていた土地の登記簿には、複数の日本人の名前があったけれど、何かを示唆するものでもなかった。

私は、ホレイス・ブリストルの名前と地名でインターネットの検索を続けた。

すると「Miura Peninsula」でいくつかの写真がヒットした。

「Horace Bristol's Misaki House」とある。

ミサキハウス。

ミサキとは岬ではなく、三崎口の三崎なのだろう。

その写真を見た瞬間、私は雷に打たれたような衝撃を受けた。

そこにあったのは、何と言ったらいいのだろう、アジアンリゾートそのものだった。

ディテールのひとつひとつは極めて日本的でありながら、全体の雰囲気は日本であって日本でない。少なくとも一九五〇年代の日本ではない。洗練された、そしてとても居心地の良さそうな空間だった。ブリストルが日本の大工を使い、こだわり抜いて建てたこと。エイドリアンに日本の思い出として最も強烈な印象を残した場所。それらのエピソードが腑に落ちた瞬間でもあった。

検索して出てきた写真は、まず「ミサキハウスと相模湾」と題された海を背景にした寄りの外観。これだけがカラー写真で、空の彼方に霞む富士山と海の青さが印象的だ。瓦葺きの屋根など純粋な日本建築としての佇まいを見せながら、大きなガラス張りの窓の内側には仏像の頭部がオブジェとして飾ってある。こうした感覚は、まさにアジアンリゾートである。

さらに内部の写真として「ミサキハウスのダイニングテーブル」と「ミサキハウスのインテリア」と題された写真が四枚あった。

正統な日本家屋の天井や障子を上手く生かしながら、畳ではなく椅子のライフスタイルの空間として完成されている。とにかく驚くのは、その感覚がまるで古びていないことだ。たとえばいま、「三浦半島に開業することになったアマンリゾーツのヴィラ」だと言われても違和感がない。

エイドリアン・ゼッカのアマンリゾーツには日本の影響があると、なかば都市伝説的に語られてきた。それは、彼の旅館体験であると想像する人が多かった。実際、若い頃から日本とは密接な関係を持ってきたエイドリアンは旅館に泊まった経験も少なからずあるだろう。だが、その真実は三浦半島の別荘であると森肇に断言され、最初は半信半疑だった私だが、これらの写真を見て、はっきりと確信した。

ミサキハウスはエイドリアンにとって、リゾートなるものの原点だった。

サヌールのジミー・パンディのバンガローがそうであり、タンジュンサリがそうであり、バトゥジンバがそうであったように。いや、二〇代半ばの遊び盛りの頃、週末ごとに白いスポーツカーの助手席にガールフレンドを乗せて訪れた浜諸磯のミサキハウスは、最も忘れがたい隠れ家だったのだ。

浜諸磯から岬を二つ隔てた、同じく海沿いの高台に曽野綾子の別荘がある。

夏、恒例の花火に呼ばれて、久しぶりに三浦半島に出かけた。

これ以上はないと言うほど、よく晴れた夕方だった。

「ミサキハウスと相模湾」の写真にあったように、水平線の彼方に富士山が見えた。

それぞれの別荘の建つ位置と方角からして、曽野綾子の家の庭から見る海の風景と、ミサキハウスから見るそれは、あまり変わらないはずだ。

この夏の夕陽をエイドリアンも見たのだろうか。

朝陽のビーチであるサヌールの静寂の夕暮れと比べて、富士山をシルエットにして燃えるように空が赤く染まる夏の三浦半島の夕陽は、周辺のひなびた漁村の佇まいとは裏腹に、何とも豪奢で妖艶な美しさだった。

第四章

リージェントの伝説
バブルの夢の結末

1980年に香港の一等地に開業したザ・リージェントのオーラは、現インターコンチネンタル香港にも確実に受け継がれている。現在、改装中だが、2021年に再びリージェントにリブランドされる

一九八八年、初めてアマンリゾーツを日本に紹介した田中康夫は、エイドリアン・ゼッカを〈香港のザ・リージェントのシェア・ホルダー〉と紹介した。バブル前夜の当時、海外のブランドやホテルに通じた人たちにとって、香港のザ・リージェントがそれだけ高い評価を得ていたからだった。

それは、伝説のホテルだった。

九龍半島の突端、ヴィクトリアハーバーを挟んで香港島と対峙する最高のロケーション。いくつかのリブランドを経て、いまはインターコンチネンタル香港として存在する。

エントランスを入るとロビー正面に、ヴィクトリアハーバーの絶景をそのままホテルに取り込むようなガラス張りのラウンジが視界に飛び込んでくる。ハーバービューの客室からも同じ絶景が眺められる。ラウンジと同じように大きなガラス窓のあるベッドルームでは、体を横たえたままの視線から香港島の夜景に抱かれることができた。

そこでは、いくつもの新しい設備やサービスが提供された。それまでの常識をくつがえすように広いスペースをとったバスルームには、いまではラグジュアリーホテルの定番となった独立したシャワーブースが初めて設けられた。バスタブは、給湯の水圧が高く設定されているので、あっという間にお湯を張ることができる。冷蔵庫の中にあえて水しか用意しないのは、飲み物のサービスはすべて人的に行うポリシーのあらわれだった。そのほかにも、高級車による送迎、到着時に届けられるお茶のサービスなど、リージェントが初めて導入したサービスは数多い。いまに続くラグジュアリーホテルのスタンダードが示されたのである。

だが、これらの仕掛け人は、エイドリアン・ゼッカではなかった。

ゼッカは、確かにシェア・ホルダーであったけれど、彼の担当はファイナンスであり、現場のオペレーションではなかった。

仕掛け人の名前は、ロバート・バーンズ。

リージェントの創業から関わった天才的なホテリエだった。

たとえば、ハワイのオアフ島でいまも圧倒的ブランド力を誇る二軒の老舗ホテル、ザ・カハラとハレクラニは、いずれもバーンズの手にかかったものだ。いまは奇《く》しくも、ザ・カハラはオークラ ニッコーホテルズ、ハレクラニは帝国ホテルと、日本を代表するホテルグループに加わっている。香港のザ・リージェントも含め、バーンズが魔術師のように生み出したそれらのホテルは、特にバブルをめぐる時代、シャネルやルイ・ヴィトンといった海外ブランドがそうだったように、日本人の夢と憧れの頂点にあった。だが、その裏舞台に日本が大きく関わっていたことを、多くの日本人は知らなかったのではないか。

私が、ロバート・バーンズ、いや愛称のボブと呼ぶ方がいいだろう、ボブ・バーンズの名前を最初に聞いたのは、まだ小学生の頃のことだ。彼とほぼ同時代のホテリエである父から、あるホテルの名前と共に聞いていた。

カハラヒルトンのボブ・バーンズ。

ワイキキのはずれの閑静な高級住宅街のカハラに建つ、香港のザ・リージェントと同じくいくつかのリブランドを経て、現在はオークラ ニッコーホテルズのザ・カハラとなった、あのホテルである。

一九七二年の夏、母に連れられて私はカハラヒルトンを訪れたことがある。

宿泊したのはワイキキのホテルだったが、庭のラグーンにイルカが泳いでいるユニークなホテルの仕掛けに興奮したことをよく覚えている。私は、そのとき、バーンズに会っていたと長く勘違いしていたのだが、インタビューであらためて彼の人生を聞いて、そうでなかったことが判明した。その二年前、バーンズは、リージェントに新たな人生を託すべく香港に渡っている。

ロバート・バーンズ。

だが、ホテル経営者の娘として育ち、父と同じく業界の噂に通じていた母は、カハラヒルトンの誰かと、新たな道を歩み始めたバーンズの噂話をしていたのではないだろうか。イルカに目を奪われていた九歳の私の後ろで、大人たちが「バーンズ」の名前を連発していたのかもしれない。

少なくともその頃、香港に移ったバーンズのことは、単なる一人のホテリエの転職を超えた、業界の噂になるような出来事だったのだと思う。一九七〇年代の当時、ハワイには、ほかとは一線を画する、特別な存在のホテルが二軒あった。ひとつは、アメリカの財閥ロックフェラーが開発したハワイ島のマウナケア、もうひとつがカハラヒルトンだった。そして、マウナケアがロックフェラーの、という枕詞で呼ばれたのと同じように、カハラヒルトンは、バーンズの、という枕詞で呼ばれたのだった。

二〇〇九年四月、私はバーンズのインタビューをするため香港に赴いた。

ザ・リージェントの伝説が始まった場所、九龍の対岸、香港島・セントラルの心臓部といっていいビルの一室に彼のオフィスはあった。

インタビューの約束は早くに取りつけていたのだが、いつもどこかを飛び回っているらしいバーンズのスケジュールが確定せず、月曜日の朝一〇時にオフィスで、という返事を秘書からもらったのは、直前の金曜日のことだった。

一九八一年三月発行の『Hotel & Resort Industry』という業界誌の表紙に、開業まもない香港のザ・リージェントの偉容を前に立つバーンズの姿が写っている。五〇代にさしかかる頃であろうか。腕組みをして、少し難しい顔をして、紺色のスーツに身を固めた男は、いかにも切れ者のホテリエらしい風貌をしている。

オフィスの応接間にあらわれたバーンズは、その頃の彼からすれば、年をとった印象は否めない。しかし、すっと背筋を伸ばして、ダンディにスーツを着こなし、いまだ現役のオーラを身にまとっていた。しかし、やわらかな笑顔は以前の印象にはないもので、それが年を重ねたことの意味なのだろうかと思った。

七月の誕生日がくれば八〇歳になると、その時、彼は言った。すなわち、エイドリアン・ゼッカの四歳年上ということになる。

バーンズとは、二回目の面会だった。

初めて会ったのは、二〇〇一年の夏である。

場所は、北イタリアのガルダ湖畔だった。長らくホテル業界から姿を消していたバーンズが彗星のごとくよみがえってホテルを開業したと聞いて駆けつけたのだ。

ヴェローナに近いガルダ湖は、イタリア最大の湖だ。しかし、風光明媚な景色とは裏腹に、第二次世界大戦中にはナチスの傀儡《かいらい》国家、イタリア社会共和国の本拠地がおかれた歴史がある。首相にまつりあげられたムッソリーニは、首都のおかれたサロと同じ湖の西岸にあるガルニャーノのヴィラで暮らしていた。

ムッソリーニの館は、ヴィラ・フェルトリネッリといった。木材商から出版業と書店経営で有名になったフェルトリネッリ家のヴィラは、知的な仕掛けのある実に美しい建物である。バーンズが満を持して開業したのは、イタリアの文化財でもあるこの館を改装したホテル、ヴィラ・フェルトリネッリだった。そこに集《つど》ったジャーナリストの一人として、私は、まだソフトオープンであったホテルに逗留《とうりゅう》したのである。

しかし、彼を伝説のホテリエと認識している人はあまりいなくて、もっぱら集まった者たちは、ヴィラそのものの美しさとムッソリーニの逸話に気をとられていた。

その時も彼のインタビューをしたのだが、正直なところ、当時の私は、彼に関して充分な知識を持っていたとは言えなかった。だから、私は子供時代の記憶を辿《たど》ってハワイの話ばかりしていた気がする。すると、バーンズは、にこやかな表情でカハラヒルトンに長逗留したという川端康成の話をしてくれたのだった。

一九二九年、ロバート・H・バーンズはニューヨークに生まれた。

父親は、かつて世界的な電気機器メーカーとして知られたウェスティングハウス社の創業メンバーの一人という経営者だった。裕福な名門家庭の出身といっていい。ホテルとの出会いは、コネチカット州ノーウィッチの予備校生だった頃にさかのぼるという。

「市民奉仕活動として農園の仕事をしなければならなくなってね。でも、農園なんか嫌だったから、代わりにホテルの実習をすることにしたんです」

その後、朝鮮戦争に従軍。退役後の一九五六年、ミシガン州立大学に入学する。専攻は、コーネル大学と並ぶ名門とされたホテル経営学科だった。そして卒業後、シェラトンのマネジメント研修生となる。

ちょうどその頃、シェラトンは、ハワイの船会社マトソンが所有するホテルを買収したばかりだった。マトソンは、一九二〇年代に米本土とハワイの間に豪華客船マロロ号を就航させ、ハワイに最初の観光ブームを作った会社である。一九二七年、客船でやって来る乗客のために開業したのがワイキキのピンクパレスこと、ロイヤルハワイアンである。

『The Pink Palace : Royal Hawaiian Waikiki』によれば〈三二年にわたるホテル経営の後、一九五九年六月、マトソン社は、シェラトンホテルチェーンに四軒のホテル（モアナ、ロイヤル、サーフライダー、プリンセス・カイウラニ）を一七六〇万ドルで売却した〉とある。

名門ホテルの取得によって、ハワイはシェラトンの重要な新規事業に位置づけられた。この偶然によって、研修生だったバーンズは、ハワイに送り込まれることになった。

こうしてアジアを含む環太平洋の中心地、ハワイにやって来たことが、後のバーンズの人生を決定づけたと言っていい。

ザ・リージェントの新しさは、サービスやハードの斬新さもさることながら、それが香港に拠点を置くアジアのホテルだったことも大きい。その後に続くアジアンリゾートブームの先駆けとして、ザ・リージェントは、世界のラグジュアリーホテルをリードするものとして、アジアの地位を確立したのである。その原点はバーンズのハワイとの出会いにあった。

戦争が終わり空前の好景気に沸いていたアメリカ。その豊かさを背景に一九五〇年代、それまでサトウキビとパイナップルの栽培だったハワイの主要産業が観光にとってかわられた。そうした時代の変化を背景にして、新しいホテルのプロジェクトが、ワイキキから離れたカハラ地区で始動する。バーンズは、その若きレジデンス・マネージャーとして迎え入れられたのだった。

一九六三年開業のそのホテルこそ、ハワイの観光産業に新時代を切り開いたとされるカハラヒルトンだった。程なくしてバーンズは、二人目の総支配人に抜擢《ばってき》される。まだ三四歳の若さであった。

しかし、カハラヒルトンは、あくまでもヒルトンという大企業の一ホテルである。バーンズがいかに早熟の天才であったとしても、なぜバーンズのカハラヒルトンと称されるに至ったのだろうか。そこにもうひとつの偶然があった。

「一九六四年、ヒルトンがヒルトン・インターナショナルを分離させたのです。そのとき、カハラヒルトンは、ヒルトン・インターナショナルの傘下となりました。同じハワイでもヒルトン・ハワイアン・ビレッジは、ヒルトン本体です。ヒルトンは全米に一〇〇あまりのホテルを展開する大チェーンですが、ヒルトン・インターナショナルはそうじゃない。一軒しかホテルがないのですから、私の考えで進めることができる。そう、カハラヒルトンは、私のホテルだったんですよ」

ハワイのホテル協会の会長に就任したり、ハワイ大学のイーストウエストセンターの設立に関わったり、ハワイ時代のバーンズの、明らかに一チェーンホテルの総支配人という枠をこえた活躍には、こうした背景があったのだ。

一九六八年、飛ぶ鳥を落とす勢いであったカハラヒルトンに、東京のヒルトンから一人の青年が転勤してくる。バーンズと同じミシガン州立大学のホテル経営学科を卒業し、一九六四年、東京開業の年にヒルトンに入社した松本富次である。後にリージェントの日本支社長となり、長くバーンズと共に人生を歩くことになる松本は、バーンズのカハラヒルトンをこう語る。

「最初の総支配人の頃は、従業員は白人ばかりでした。それをバーンズが全部、ローカルの従業員に変えたのです。日系人とかね」

ホテリエとしてのバーンズの鋭い勘は、早くも、アジア人のホスピタリティに気づいたのだろうか。特にバーンズは、日本贔屓《びいき》であり、松本に日本人客を誘致するよう促した。

川端康成のノーベル文学賞受賞は松本が転勤になった、ちょうどその年のことである。受賞後、イーストウエストセンターのプログラムでハワイに招かれた川端を、バーンズは心からもてなしたのだった。

バーンズがカハラヒルトンの総支配人となった一九六三年、彼が去ったハワイのシェラトンに再びの転機が訪れていた。所有する五軒のホテルのうち三軒、すなわちモアナ、サーフライダー（著者注：当時、シェラトン・モアナサーフライダーは別々のホテルだった）、プリンセス・カイウラニが、運営はシェラトンのまま、日本のキョウヤ（京屋）・カンパニー・リミテッドに売却されたのである。

京屋とは、小佐野賢治による国際興業のハワイ現地法人である。終戦から一八年、日本資本による初めての海外ホテル買収であった。

そうした背景のなか、バーンズのもとにアプローチしてきたのが東急の五島昇だった。後のリージェントの名声を知る人たちにも意外に知られていないのだが、リージェントの伝説は、東急の五島昇とバーンズとの出会いから始まった。

国際興業の小佐野がハワイのホテルを買収した一九六三年、東急はヒルトンとマネジメント契約を結び、東京ヒルトンを開業している。五島には、ホテル事業の海外進出を目論む野望があった。その右腕にと、バーンズに白羽の矢を立てたのだった。

後にリージェントの日本支社長となる松本富次が東京ヒルトンから転勤したように、東京ヒルトンとカハラヒルトンは、当然、同じヒルトン系列としてのつながりがあった。しかし、五島と個人的に結びつけたのは、ヒルトンというよりは、地元ハワイにおける人脈であったという。バーンズが当時を述懐する。

「五島さんが最初にアプローチしてきたのは、一九六〇年代のことだったと思います。もちろん、その頃は、私もカハラヒルトンを離れるつもりはなかった。でも、五島さんも、それをわかっていたようで、ただ、自分が世話をするから、日本に旅行に来ないかと言われたのです」

一九六〇年代の日本。地方の鉄道駅には、木製のベンチがぽつんとおいてあるような、のどかな田舎の風景が残っていた。バーンズは、東京や京都のみならず、松江などの地方にも足を伸ばしたと、当時の思い出を懐かしそうに語る。

その旅に同行したのが、東急の海外事業部長であった田中義男と、ハワイ大学・イーストウエストセンター副学長、日系二世の農学者、バロン後藤であった。イーストウエストセンターは、バーンズも旅行産業に関する講義をするなど、深い関わりがあった。

実録小説『小説東急王国』(大下英治著)にも、このバロン後藤を通じて、五島昇はバーンズをスカウトしたとの記述がある。同書によれば、バロン後藤は、東急の経営するハワイ白木屋の取締役であったという。

いわゆる白木屋事件により日本橋の名門百貨店・白木屋(一九九九年に閉店した東急百貨店日本橋店の前身)を買収した東急は、一九五九年、ハワイのアラモアナ・ショッピングセンターに白木屋を出店する。東急の白木屋は、国際興業のハワイ進出よりも早いタイミングだったことになる。

ちなみに余談であるが、バーンズと五島の関係を生むきっかけとなったイーストウエストセンターには、こんなエピソードもある。一九六〇年、ロシア語のクラスで、一組の男女の出会いがあった。女性は本土出身の米国人、男性はケニア人留学生。やがて結婚した二人の間に男の子が生まれる。その少年が、後のアメリカ合衆国第四四代大統領、バラク・オバマである。

異なる文化が出会い、新たな何かが生まれる。バーンズがいた当時のハワイには、確かに、そうした空気があったのだと思う。

リージェントのホスピタリティは、日本の旅館に原点があるとの噂が、しばしば都市伝説のごとく語られた。そこに明確な根拠があったかどうかはともかく、少なくともバーンズは、五島との出会いによって、日本を旅し、そこで〝旅館〟に出会い、強烈な印象を受けている。

「いつだったか、世界で最もすばらしいホテルはどこかと聞かれて、日本の旅館だと答えたことがありました。京都の俵屋だとね。柊屋《ひいらぎや》もいいですが。ええ、もちろん、それらの旅館には、何度も行っています。まるで魔法の絨毯《じゅうたん》に乗せられて、別世界へ誘われるような体験でした。日本式の風呂、日本料理。すべては魔法のようでした。伊豆の三養荘もよかった。あそこも好きな旅館です。東京でもこんなエピソードがありました。何かのミーティングで赤坂近辺のホテルに滞在していた時、通りを隔てた近くに旅館があったのです。

そこで一度、夕食をとったのですが、私はすっかりここが気に入ってしまった。ところが、入っていこうとすると、着物姿の女性従業員が、ノー、ガイジン、ノー、ガイジンと言って入れてくれないんです。そこで、私は、マネージャーを呼んでくれと頼みました。出てきた若い男性は英語を話す人で、しかも、なんと彼は私を知っていた。ゴルフが好きでハワイによく来ていた彼は、なんとカハラヒルトンの顧客だったのです。奇遇でした。すっかり意気投合して、一週間そこに滞在しました」

好奇心にあふれたバーンズは、いち早く、日本の旅館に目をとめ、そこに新たなホスピタリティのかたちを見いだしたのである。

バーンズの興味は、アジアにおけるホテル展開へと広がってゆく。

一方、五島昇には、海外へのホテル進出の野望があった。

二人が初めて具体的なプロジェクトの話をしたのは、ハワイのアラモアナ・ショッピングセンターにおけるホテル案件についてだった。白木屋が出店していたことから東急にプロジェクトの打診があったのだろう、五島はバーンズにアドバイスを求めた。

「私は、そのホテルは難しいと答えました。ロケーションもよくないし、そもそもハワイのホテルを日本の企業が運営するのは、いろいろ難しい問題も多いですから」

次に五島がバーンズに持ち込んだ提案は、彼自身の東急への招聘であった。

「一九六八年のことだったと思います。私は難しいと答えました。日本の企業風土でガイジンがやっていくのは無理だとね」

その二年後、五島は、新たな提案をバーンズに示す。それこそが、リージェントの基盤となる会社設立の提案だった。

「一九七〇年三月、雪の降る日でした。私は、東京の、当時、オープンしたばかりだった帝国ホテル新本館に滞在していました。そこに五島さんが訪ねてきたのです。そして、言いました。海外ホテルを運営するために、東急とは全く別の会社を設立しようと思っている、どうだろうかと。私は日本に行くつもりはありませんと言うと、会社は香港に設立するという。ならばいいでしょう、と私は彼の提案に賛同したのです」

そうして誕生したのが、リージェントホテルズ・インターナショナルである。東急が三分の二、バーンズが三分の一を出資した。

カハラヒルトンにいた松本によれば、当時、ハワイの名士であったバーンズの送別会は、それは華やかなものだったという。

そして一九七〇年六月、バーンズは香港に旅立った。以来、彼は、現在に至るまで香港を拠点としている。

一九七一年、正式に会社が設立されたその年、最初のホテルが開業する。ワイキキビーチに建つハワイアン・リージェントだ。ボストンの旅行会社ＡＩＴＳが手放した物件を取得し、七五億ドルを投資して新たなホテルとしたのだ。現在のワイキキビーチ・マリオット・リゾート＆スパである。

「初期のホテルとしては、ハワイアン・リージェント、そして、バンコクのインドラ・リージェント、リージェント・クアラルンプールの三つが成功を収めました。そして、もうひとつ、リージェント・オブ・フィジーも忘れてはなりません。これも成功でした」

一九七二年、南太平洋のフィジーに開業したザ・リージェント・オブ・フィジーは、カハラヒルトンの最初のオーナーだった人物が、国際空港のあるナンディに程近い、デナラウビーチという新しいリゾートエリアに手がけたホテルプロジェクトだった。ここのマネジメント・コントラクトを受託したのだ。

リージェントというと、香港が有名だが、私は、フィジー独特の文化が巧みに演出されているこのホテルが好きだ。後にスターウッドが買収、現在は、ザ・ウェスティン・デナラウリゾート&スパとして営業しているが、二〇〇五年から二〇〇六年にかけての大改装においても、ロビーまわりや客室は、基本的なコンセプトがほとんど変更されなかった。それだけ、ホテルとしてのグランド・デザインが完成されていた証だろう。

このほか、初期に手がけたホテルとしては、タイのリージェント・パタヤ（現在のモンティエンホテル）、ハワイ・マウイ島のカパルアベイ（現在のモンタージュ・カパルアベイ）、プエルトリコのドラド・ビーチ・ホテルとセロマー・ビーチ・ホテルなどがある。そのほか、マニラ、ソウル、ジャカルタ、シンガポール、さらにマネジメント・コントラクトでスイス・ジュネーブにもホテルがあったという。

だが、黎明期のリージェントは、必ずしもバーンズの理想を実現したラグジュアリーホテルばかりではなかった。たとえば、東急が手がけた最初の海外ホテル、グアム東急の運営をリージェントが請け負っていた時期もある。白砂のビーチに面したロケーションはよかったが、建物はひどいものだったと、バーンズは当時を振り返って言う。

伝説は、決して最初から伝説ではなかった。しかし、バーンズは、その中で、地道に、そして確実に、実績を積み重ねていったのである。

こうして軌道に乗っていったリージェントだが、やがて東急の五島とは袂《たもと》を分かつことになる。事業展開の方針において、バーンズと五島の意見が合わなくなったのだ。一九七三年のことである。

その後、東急は、海外進出ホテルのブランドをパンパシフィックホテルと改め、独自のホテル展開を行ってゆくことになる。五島がかねてより注目していた南太平洋パラオのパンパシフィック、出発点となったハワイでは、ハワイアン・リージェントを買収したほか、五島がそのロケーションに惚れ込んで開発したハワイ島・コハラコーストのマウナラニ・ベイを開業した。

そして、リージェントの新たなるステージが始まった。

五島の代わりにシェア・ホルダーとなったのが、まずジョージ・ラファエルだった。後にホテル運営においてバーンズの右腕となる彼は、ベルリン生まれでスイスのローザンヌホテルスクールを卒業。ハワイアン・リージェントの開業にあたり、ドイツ・デュッセルドルフのインターコンチネンタルから、バーンズ自身が引き抜いたホテルマンだった。

そして、もう一人、ファイナンスを担当することになったのがエイドリアン・ゼッカである。バーンズは、最初の出会いを振り返る。

「一九七四年のことではなかったかと思います。この頃、ゼッカはマリオットのプロジェクト開発に関わっていました。そう、マリオットのプロジェクトが、彼のホテルとの最初の関わりだったんですよ。当時、マリオットはアジア進出を目論んでおり、ゼッカは、シェア・ホルダーとして、そのためのプロジェクトを探していたのです。私が東急の五島とつながりがあることを知って、訪ねて来たのでしょう。それが彼と私の関係の始まりでした」

東京勤務の後、エイドリアン・ゼッカは、タイムライフ社を辞めて独立。香港で『Asia Magazine』という雑誌を創刊した。印刷は日本で行っていたため、頻繁に日本とも行き来していた。二〇ページほどのタブロイド判の週刊誌で、一般の書店では販売せず、日本のジャパンタイムズなど、アジア各国の英字新聞の日曜版に付録として入れてもらう。カラー印刷というのが当時としては、画期的な試みだった。

エイドリアンは「一九五〇年代にアジアの国はみんな独立を果たしましたが、お互いに隣の国のことは、ほとんど知らなかった。その頃は、みんな西洋の音楽や文学に興味がありましたから」と『Asia Magazine』を創刊した理由を語っている。

その後、一九七〇年には、後に出版界の大物になるルパート・マードックの出資を得て、雑誌『Orientations』を創刊する。『Asia Magazine』がアジアのニュースを扱ったのに対して、アジアの文化に焦点を当てた雑誌だった。これは現在も発行されており、いまもコンサルタントとしてエイドリアン・ゼッカは名前を連ねている。

その後、一九七二年から七四年まで、彼は出版の仕事から一時期、手を引いて人生の休暇を過ごしていた。趣味のスキー三昧《ざんまい》の日々だったという。彼の興味がジャーナリズムからビジネスへと本格的にシフトしていったのは、同世代であるルパート・マードックとの出会いが影響を与えたとの説もある。だが、それがホテル業となったのは、偶然のなせる業だった。エイドリアンはそのきっかけを語ってくれた。

「ある日、ワシントンDCで企業弁護士をしている友人からランチに誘われました。七三年の終わり頃だったと記憶しています。当時、マリオットは全米最大のホテルチェーンでした。創業者がモルモン教徒のコンサバティブな企業風土でね。そのマリオットが海外進出、特にアジアへの進出を目論んでいるというのです。人件費であるとか、アジアの事情を知る人を彼らは探してました。私はホテルの経験はないと言うと、ホテリエであればいくらでも知っている、でも、探しているのはアジアについて知っている人だと。あなたは、アジアで出版業をやっていたでしょうと。それでアドバイザーになってくれと言われました。悪くない話だと思い、引き受けることにしました。でも、その後、最初のオイルショックがありました。そう、七四年のことです。当時、マリオットは、ホテルのほかにレストランとエアラインのケータリングが経営の三本の柱でしたから、オイルショックの影響をもろに受けました。私が、ボブ・バーンズを訪ねたのは、そうしたタイミングだったのですよ」

バーンズと出会った一九七四年は、エイドリアンにとっても新たなステージが本格的に始まった年だった。

生粋《きっすい》のホテルマンであるバーンズやラファエルとは異なり、エイドリアンはおそらく異なる角度からホテルを見ることのできる人物だったのだろう。彼は新規プロジェクトを探し出す嗅覚とそれを獲得する交渉力に長《た》けていた。

そして五島に代わり、バーンズが四〇パーセント、ラファエルが三〇パーセント、ゼッカが三〇パーセントという比率で、彼らがザ・リージェントの新たなシェア・ホルダーになったのである。バーンズが主にアジアのホテル、ラファエルが、その後、数が増えた北米のホテルを見る。そして、ゼッカは、ファイナンスを担当して、新規プロジェクトの案件を探す。それが、三人の役回りであった。

香港のザ・リージェントの案件を見つけてきたのもエイドリアンだった。

七六年のある日、彼は投資銀行家の友人からランチに誘われた。友人が持ちかけたのは、香港のウォーターフロントで計画中のペニンシュラホテルの話だった。

「ペニンシュラは、当時はまだ倉庫しかなかったホルツワーフの土地を買収して新しいホテルを建設する計画でした。しかし、香港の経済状況が悪くなった。そのためロード・カドゥーリ、いまのオーナーのマイケル・カドゥーリの父親ですが、彼が計画は中止すると言いだしたのです。ホテル計画には、華僑の有力宝石商も半分出資していました。それで困っているというのです。そこで私は、解決法があるよ、と彼に言ったのです。それから六ヶ月、交渉を重ね、お金を集めました」

ザ・リージェントの魅力を決定づけたあのロケーションは、ペニンシュラが建っていたかもしれない場所だったのだ。そうした超一級の案件を見いだすネットワークと嗅覚と交渉力とが、エイドリアンにはあった。

一九八一年一月、前年のソフトオープンを経て、香港のザ・リージェントは、華やかなグランドオープンを迎える。当時、関係者に配られた冊子の最後のページを、バーンズは、感慨深げな言葉で締めくくっている。

「ザ・リージェントのグランドオープニングは、私たち、リージェント・インターナショナル・ホテルズの皆にとって偉大なることでした。しかし、少し寂しくもあります。それは、驚くべきコラボレーションと、二度とありえない、ふさわしい状況の積み重ねの終焉《しゅうえん》でもあるからです。香港でこれ以上の美しい敷地と完璧なロケーションに出会うことは難しいでしょう」

その後、ホテルは、一貫して「ザ・リージェント香港」ではなく、「ザ・リージェント」と呼ばれることになる。フラッグシップホテルの誕生であることの高らかな宣言であった。

「香港には行けなかったけれど」と前置きして、元日本ハイアット株式会社の中田昭男は、香港に続いて八三年にグランドオープンしたザ・リージェント・シドニーの思い出を語ってくれた。オペラハウスを望む絶好のロケーション。現在は、フォーシーズンズ・シドニーとなっている。

「あんなオープニングは後にも先にも初めてでした。四泊五日でしたか、カップルで招待状が来ましてね。フォー・ナイトのうち一日だけ休みがあったかな、毎晩、趣向を凝らしたパーティーがあるんです。羊の毛を刈ったり、コアラを呼んできたりというオージーパーティーがあって、ブラックタイのガラパーティーがあって。夜のパーティーがない日は、シドニー湾のクルージングがあって、途中、島に上陸するんですが、水上スキーのチームが皆様を歓迎してます、というので海上を見ると、やぐらを組んだチームが二つ、ぱっとリージェントの旗を広げてね。島に上陸すると、ウェイターがズラーッとシャンパン持って立っているんです。デキシーバンドのジャズ演奏があって。ブランド品のバッグをデザイン違いで七個も八個も持って旅する人を見たのも初めてでしたね。だから送迎にリムジンが必要なんですね。世界中のそういう客層に招待状を送って、あとは宣伝費なんかかけない。彼らのクチコミです。いや、凄いなと思いました。こういうホテルがあるんだなと思いました」

東急の五島昇の環太平洋ホテル構想に共感して東急に入社した中田は、バーンズが五島とスタートさせた黎明《れいめい》期のリージェントに関わった。その後、五島の撤退と共に東急ホテルに留まったが、この頃、リージェントに移る心積もりであったという。転職を決めた上での旅行だったというが、めくるめくような五日間が、最終的に彼の背中を押したに違いない。やがて彼は、日本リージェントの開発部長となる。

リージェントが確実にブランド力を身に付け、規模を拡大していった一九八〇年代。時代を象徴するホテルが、ハワイのハレクラニと、ザ・リージェント・オブ・バンコク（後のフォーシーズンズ・バンコク／現在はアナンタラ・サイアム・バンコク）ではなかっただろうか。

もともとハレクラニの場所にホテルがあった歴史は古い。「ハレクラニ（天国の家）」という名前をつけたのは、クリフォード・キンボール夫妻で、彼らが、北米の富裕層が好んで避寒に訪れるホテルの雰囲気とブランドを確立したといわれる。彼らの死後も家庭的な夫婦経営は受け継がれた。その場所を日本の三井不動産が買収したのが、一九八一年である。目指したのは、ハワイを代表するラグジュアリーホテルにすること。プロジェクトのマネジメント・コントラクトを結んだのが、リージェントであった。

カハラヒルトンのバーンズを知る人はあっても、ハレクラニもまた、彼のホテルであることを知る人は少ないのではないだろうか。ワイキキビーチに立地するハレクラニは、ある意味、カハラヒルトン以上に、日本人のハワイへの憧れを象徴するホテルである。

白亜の建物、風が吹き抜けるオープンスペースを生かした設計、蘭の花が描かれたプール。一九八三年九月、装いも新たに開業したハレクラニは、成功者の証として君臨した。そのブランドバリューは、バーンズのもうひとつのハワイのホテルと共に今も健在である。

新たなプロジェクトを手がける一方、急速にチェーンを拡大したリージェントは、多くの既存ホテルの買収もしている。それらをファイナンスの面から支え、交渉に当たったのが、エイドリアン・ゼッカだった。ザ・リージェント・オブ・バンコクは、そうした彼の力が、まさに発揮された買収劇であったらしい。バーンズは語る。

「あのホテルは、もともとスワイヤーホテルズの所有でした。それをマネジメントコントラクトでペニンシュラが運営していたのです」

開業は一九八二年。しかし、圧倒的なブランド力を持っていたオリエンタル以外、バンコクのホテルは苦戦していた。

「当時、タイでは、外国資本が五〇パーセント以上所有することができず、スワイヤーは四八、九パーセントの比率だったかと思います。残りは、タイ農民銀行が幅をきかせていました。ゼッカは、このタイ農民銀行に知り合いがいたのです。そして、劇的な買収となったわけです。一九八五年のことでした」

手に入れたホテルをリージェントの色に染めていくのは、バーンズの仕事であった。

一九八六年、駆け出しの業界誌記者であった私は、観光局のプレスツアーで、ザ・リージェント・オブ・バンコクに泊まっている。その日が偶然、誕生日だった私は、赤いバラの花束とチョコレートのプレゼントに驚かされた記憶がある。

『Hotel & Resort Industry』（一九八一年三月号）の記事によれば、「バーンズは、満足したゲストは、彼ら自身がホテルに戻ってくるばかりでなく、それを彼らの友人にも話してまわる、というホテル哲学を強調していた」とある。

その後、私は、すっかりザ・リージェント・オブ・バンコクが気に入り、プライベートの旅行で再び泊まったのみならず、その感動を大勢の人に話してまわっていた。いまさらながら私は、バーンズのホテル哲学の掌《てのひら》で踊っていた自分に気づかされる。


北米に拠点をおいたジョージ・ラファエルの活躍もあり、リージェントのネットワークは、北米、カリブ、ヨーロッパにも広がっていた。香港に代表されるアジア・パシフィックのモダンなホテル、というのがリージェントの典型的なイメージだったが、それとは異なるコンセプトのクラシックホテルもあった。

その一例が、ニューヨークのザ・メイフェアー・リージェントである。マンハッタン、アッパーイーストサイドの閑静な立地、東海岸のエスタブリッシュメントが好む典型的なヨーロピアンスタイルのホテルだった。同じくシカゴのザ・メイフェアー・リージェントも同じタイプのクラシカルなホテルである。

そして、西海岸では、ビバリーヒルズの象徴、ザ・リージェント・ビバリーウィルシャーの存在を忘れてはならない。現在のビバリーウィルシャー・ア・フォーシーズンズ。ホテルの存在をことさら有名にした映画『プリティ・ウーマン』は、一九九〇年の公開だ。それは、リージェント時代の栄光を飾る出来事だった。ここも、また歴史あるヨーロピアンスタイルのホテルである。

リージェントは、ザ・リージェント沖縄など、日本国内にも展開している。ただ日本では、開業に至らなかったホテルが多い。よく知られているのが、舞浜の、第一ホテル東京ベイとして開業した、現在のホテルオークラ東京ベイである。

日本リージェントの開発部長であった中田の記憶によれば、東京でも興味を示したホテルがあったという。具体的な交渉があったひとつとして、東急が所有していた旧東京ヒルトン（後のキャピトル東急）がある。テイクオーバー後の運営をリージェントが請け負いたいと打診したのだ。だが、結果的に交渉は実らなかった。浅からぬ縁のホテルをザ・リージェント・オブ・東京とするバーンズの夢は幻となったのである。

だが、こうした急速な拡大路線は、一方で、リージェントそのものの分裂を招く遠因にもなったのだろう。一九八六年、再びリージェントに変化の時が訪れる。

ジョージ・ラファエルとエイドリアン・ゼッカがリージェントを離れたのだ。

エイドリアンの記憶によれば、話し合いが持たれたのは一九八六年の夏、メルボルンでのことだったという。

「三人で会うのは、実に久しぶりのことでした。私はリージェントを売却したいと話しました。バーンズとサインを交わしたのは、それからまもなくのこと。八六年の七月四日でした。バーンズはシリアスな顔をしていたね。はっきりと日にちを覚えているのは、アメリカの独立記念日だったから。それにひっかけて、これであなたは独立できる、おめでとう、と私は言いました。ジョージがサインしたのは、もっと後のことです。一二月か、八七年の一月頃ではなかったでしょうか」

バーンズは、それぞれ三億ドルで、彼らから株を買い取っている。その利益によりジョージ・ラファエルが設立したのが、ラファエルホテルズであり、ゼッカが設立したのが、アマンリゾーツである。ちなみにラファエルホテルズは、後にマンダリン・オリエンタルと合併している。

エイドリアンはラファエルとは仲がよく、しばしば「ジョージ・ラファエルは素晴らしいホテリエだ」と評価する。だが、バーンズに対しては辛辣で、エイドリアンがホテル業界に関わるきっかけになった人物であるにもかかわらず、あまりよく言わない。ラファエルとエイドリアンの関係はその後も続き、二人はビジネスパートナーでもあり続けた。

いずれにしても、それは、三人体制によるリージェントの終焉であった。

そして、再び一人の日本人があらわれた。

「いったん、私がリージェントの株を一〇〇パーセント所有しました。その後、香港上海銀行が五パーセント持つことになり、次いで三〇パーセント持つことになったのがイ・アイ・イでした。そうです、高橋さん。彼はとてもいいボスでした。私たちは、世界中にホテルを展開しました。日本からたくさんのお金が流れ込みましたからね」

泡沫《うたかた》の夢を振り返るようにバーンズは言った。

日本のバブル経済の到来だった。

そのバブルの寵児《ちょうじ》ともいうべき人物、イ・アイ・イ・インターナショナルの高橋治則。彼がバーンズの次なるパートナーだったのだ。そして、リージェントの破竹の進撃は、バブル崩壊まで続いたのである。

ところで、イ・アイ・イの高橋とバーンズを結びつけたのは何だったのだろうか。それは、バーンズが手がけたホテルそのものだった。

一九八六年、高橋は、サイパンで初めてのホテルを買収した。ハイアット・リージェンシー・サイパンである。その最上階にあるスイートルームで、コバルトブルーの海を眺めながら彼は野望を膨らませた。環太平洋のリゾートを買いまくる夢である。環太平洋のリゾート構想。奇しくもというべきか、東急の五島昇が抱いたのと同じ夢だった。

当時、高橋には、長銀こと、日本長期信用銀行がついており、資金はいくらでも調達できた。戦後、吉田内閣の打ち出した金融機関の長短期分離により誕生した長銀は、後に経営破綻し、山一證券と並んで、バブル崩壊の結末を象徴することになる。

その長銀が破竹の勢いであった頃、高橋が、もう一軒、ハイアットを買収すべく降り立ったシドニーに、バーンズのザ・リージェントがそびえていたのである。

『【真説】バブル　宴はまだ、終わっていない』（日経ビジネス編）は、一九八六年、シドニーでの出来事を記述している。

〈リージェントはこのシドニー港に面した一等地に立つ。世界のホテルランキングでも当時、つねに最高級ランクに入っていた。

クルマがホテルの前の交差点で信号待ちをしている時だった。高橋が急にとんでもないことを言い出した。

「石さん、これにしよう。こっちのホテルの方がいいよ」(中略)

確かに目の前に立つリージェントはハイアットに比べると立地も格式も数段上だ。カネさえあれば、買収するにはいい物件だ。(中略)

ホテルの中に入ると、欧州調の内装に超一流の調度品が並んでいた。36階建ての建物は、中が3階まで吹き抜けになっており、明るい日差しが2階のレストランに差し込む。バイオリンの生演奏が流れ、優雅な雰囲気を醸し出していた。高橋は魅せられてしまった。

「このホテル、買いましょう」

側近たちに、ねだるように言った〉

この出来事が、結果として、バーンズと高橋の出会いとなる。同書によれば、同年一二月、約一三〇億円で高橋はホテルを買収した、とある。

リージェントの日本支社長だった松本富次は、バーンズの口から初めて「高橋」の名前が出た日のことをよく覚えているという。

「最初は、そんな名前は知らないと答えました。しかし、調査してみると、バックに長銀がついていることがわかった。そして、東京會舘で会うことになったのです」

一九八六年のことだった。イ・アイ・イの長銀との取引開始は、その前年である。日本経済にバブルの波が押し寄せようとしていた。

市場には、過去に例を見ない資金があふれ出していた。銀行は、競い合うように企業に融資。企業は、土地や株に投資した。当時、長銀では、これまでの投資家向けの経営方針を転換し、一般向けの不動産融資に進出する構想が打ち出されたこともあった。だが、押し寄せる時代の波に構想は却下された。国内向けの融資に出遅れた長銀は、優良な中堅企業の開拓、さらには、それを介した海外への投資に目を向けてゆく。そこに白羽の矢が立てられたのが高橋であった。しかし、なぜ彼だったのだろうか。

〈長銀との交渉過程で、もう一つ大きな力を発揮したのが、高橋の家柄と経歴だった。血縁に「長銀のドン」と呼ばれた杉浦敏介の、さらに先輩に当たる浜口巌根・元頭取がいる。先祖は長崎県の平戸松浦藩の直系との噂も聞こえてきた。しかも慶応卒で、日本航空に勤めたエリート経歴の持ち主だ。のちに高橋自身も認めているように、他の多くのバブル紳士たちとは違って「暴力団や総会屋とのつながりが一切なかったことも、私の与信力の一端になった」のは間違いない。中堅企業でありながら、既にいくつかの事業で実績を残し、家柄もいい〉（前掲書）

長銀がイ・アイ・イのメーンバンクになった直接のきっかけは、慶応人脈によるというが、時代背景を考えれば、必然の結果と言えるだろう。そして、リージェントは、長銀をバックにしたイ・アイ・イと結びつくことによって、日本のバブル経済の光と影に翻弄されることになる。

バーンズ自身は、あくまでも理想にかなった、いいホテルを造りたいだけだった。しかし、ホテルは金がかかる。そして、ホテルとは、事業家にとって、わかりやすい成功の証である。成功の証としてのホテルは、最高の城でなければならない。

ならば、一九八〇年代後半のアジア・パシフィックにおいて、最高のホテルの造り手であったバーンズにとっても、日本のバブルとの関わりは、必然だったのかもしれない。

リージェントとイ・アイ・イの関係は、一九八六年から九二年までの六年間であった。怒濤の時代を振り返るとき、バーンズの表情は、どこか感慨深げになる。

「高橋さんは、いい人でしたが、英語は決して得意ではなかった。いつも連絡をとりあうのはブンゴ（著者注：イ・アイ・イ海外事業部長の石崎文吾）でした。彼は、シカゴ出身の日系二世で、戦争中は、日本人の両親と共に日系人収容所に入れられ、志願して従軍した後、GIビルで大学に行ったと聞いています。高橋さんとは、何かのセミナーで知り合ったのだそうです」

次々とホテル計画が実行に移されてゆく。リージェントとしての大プロジェクトは、ニューヨーク、ミラノ、バリであった。

〈バブル末期の89年に取りかかった物件は、どれもスケールが大きいものばかりだった。すでに着工していたリージェントニューヨークは世界でも最高水準のホテルを目指していて、建設費におよそ600億円を投じる予定だった。他のホテル事業も（中略）リージェントミラノ180億円、リージェントバリ80億円と巨額なものばかりで、カネはいくらあっても足りなかった〉（前掲書）

プロジェクトのひとつ、ミラノの計画を振り返ってバーンズは言う。

「ミラノは、とても成功したプロジェクトでした。当時、ヨーロッパでベストのホテルだったのではないでしょうか。観光都市であるローマではなく、ビジネスやファッションの中心であるミラノという都市の選択もよかったと思います。モンテ・ナポレオーネ通りやドゥオーモに近い好立地のロケーションで、かつて修道院だった建物を、フレスコ画や円柱、チャペルなどを生かしながら、五年かけて改修しました」

ミラノ、パリ、そして、ニューヨーク、これらのホテルはリージェントとして計画されながら、フォーシーズンズのホテルとして、今はある。すなわち、現在のフォーシーズンズ・ミラノ、フォーシーズンズ・パリ・アット・ジンバランベイ、フォーシーズンズ・ニューヨークである。

フォーシーズンズは、イザドア・シャープによって一九六〇年に創業した、カナダ・トロントを本拠地とするラグジュアリーホテルチェーンだ。長年、主に北米でホテルを展開してきた。ヨーロピアンスタイルの中規模なラグジュアリーホテルというのが、そもそものコンセプトであった。そのフォーシーズンズにとって、世界進出への足がかりとなり、また現在に至るコンセプトが出来上がる、ひとつのきっかけとなったのが、一九九二年のリージェント合併だったのではないだろうか。そこには、バブル崩壊にともなう数奇なドラマがあったのだ。

飛ぶ鳥を落とす勢いであったイ・アイ・イに、陰りが見え始めたのは一九九〇年の後半である。同年一一月、資金繰りの悪化が表面化、長銀の管理下となる。巨額を投じたリージェントのプロジェクトも暗礁に乗り上げようとしていた。バーンズは、当時を振り返って語る。

「一九九一年のことでした。香港のザ・ワーフ・ホールディング・リミテッドの会長、ピーター・ウーからリージェントの株を買い取りたいと申し出があったのです。私たちは、お金を必要としていました。だからいい話だと思いました」

ワーフとは、バーンズの会長留任を条件にして、株式譲渡の交渉が行われていたという。しかし、長銀は決定を引き延ばす。

「三ヶ月後、長銀は拒否権を行使して、ワーフの申し出を拒否、六五パーセントを所有していた私の持分も含め、リージェントの全株式を取得してしまいました。さらに、その数ヶ月後、そうです、なんと、競合相手であるフォーシーズンズに全株式を売却してしまったのです。そのことに関して、私は、何の説明も受けないままでした」

バーンズは、今もこの件に関しては激しい憤りを隠さない。ビジネスパートナーであったイ・アイ・イの高橋に対して、というより、そうした取引の主導権を完全に掌握していた当時の長銀に対して、である。

当初、九〇年三月の段階で、イ・アイ・イが策定したリストラ策では、リージェントは主力事業として守っていく姿勢が示されていた。

〈3月に入って完成に近づいたその内容は、資産売却を嫌う高橋にしては、かなり大胆なものだった。世界各国のリージェントホテルを主力事業と位置づけ、それ以外の事業を売却対象にしたのだ〉（前掲書）

しかし、株価の下落は止まらない。三月下旬、大蔵省から不動産向けの融資を抑制するよう金融機関に向けて通達が発せられた。不動産会社に分類されていたイ・アイ・イとしては、いよいよ苦境に立たされる。

『【真説】バブル　宴はまだ、終わっていない』によれば、同年一二月一七日、高橋は、長銀の頭取に呼び出され、以下の文面にサインさせられたという。

〈一、私の行動、経営の意思決定は銀行団の指示に従います。
一、銀行団の支援による事業継続が円滑に進むよう、社員を一致協力させます。
一、私の身内、友人ルートに基づく貸借関係は、私の責任において清算します。
一、私、及び私の親族の保有するEIEグループ各社の株式は、すべて銀行団にお預けいたします〉

長銀は、おそらくイ・アイ・イの資産をなるべく高額で売却したかったのだろう。新たなリージェントが投下した資本に見合う利益をもたらすまで待つ余裕はなかった。ちょうどその頃、競合相手のフォーシーズンズから直接的な打診があったのだ。

創業者イザドア・シャープの著書『フォーシーズンズ』によれば、一九九一年の終わりに、ワーフ・ホールディングスがリージェントを買収すると知ったフォーシーズンズは、直ちに調査と協議に入り、イザドア・シャープ自ら、ロジャー・ガーランドと共に東京に飛んだ、とある。

〈ロジャーはうちの財務担当取締役副社長で、彼は当時の日本長期信用銀行を始めとするリージェントの取引銀行に近づきました。（中略）

「そちらは現在の困難な状況のリージェント・ホテルに十五億を融資されていますが、運営の決定権はおもちではない。もしもワーフ・ホールディングスがリージェントを取得すれば、彼らが決定権をもつことでしょう。ですが、そちらが第一先買権を行使して、一億ドルを出すことにしたらいかがでしょう？　そうすれば、リージェントを一〇〇パーセント所有することができます。つまり、あと一億ドルでそちらの十五億の資産の決定権を完全に手にできることになるのです。それに、当社とマネジメント契約をかわしてくださるのであれば、その一億ドルはわたしたちがお支払いしましょう。

それから、リージェントのホテルはもはや、そちらが出資された当時の価値はありませんから、そちらとうちの不動産の一部を統合して、そちらがこの融資について回収不可能とならないような契約を作りましょう。それに、それぞれが東半球、西半球の高級ホテルの代名詞であるリージェントとフォーシーズンズが提携するのですから、おたがいに強みが増すことになるはずです。さらに、世界規模の高級ホテル市場を支配できる真の意味でのグローバルな会社の一部として、資産価値もあがりますしね」〉（『フォーシーズンズ』）

こうして一九九二年八月、契約書は取り交わされたのだった。

バーンズのホテルは、結局、バブルの清算に使われてしまったといってもいい。そして、計画中だったホテルは、バーンズにとって、砂上ならぬ泡の上の楼閣となってしまった。しかし、日本のバブルマネーによって誕生した楼閣は、確かに次の時代のホテルのありようを示唆していた。だからこそ、リージェントやバーンズの名前を知らぬ人たちに評価されて、それらは一九九〇年代のホテルのメインストリームになったのではないだろうか。

一九九二年、この契約に伴い、バーンズはリージェントの会長を退任する。東急の五島昇との出会いから始まったリージェントの物語は、イ・アイ・イと長銀が演じたバブルの断末魔のなかで終焉を迎えたことになる。そう、リージェントとは、その始まりと終わりに、日本ときわめて密接な関わりを持ったホテルだったのだ。

もっともリージェントのブランド自体は、バーンズの退任と同時に消えたわけではない。よく知られるように、一九九七年まで、フォーシーズンズは、フォーシーズンズ・リージェント・ホテルズ&リゾーツという社名であった。もともとリージェントであったホテルは、リージェントの名称のままで営業を続けた。リージェントのブランド力と名声が健在であった証だろう。その後、フォーシーズンズは、リージェントブランドをカールソン・ホテルズ・ワールドワイドに譲渡している。

そして、リージェントが多額の資金を投入し、バーンズが新たな理想を積み上げたミラノ、バリ、ニューヨークの各ホテルは、フォーシーズンズの新機軸として、世間に知られることとなる。

ミラノは、ヨーロッパにおける展開、さらに歴史的建造物を改修したホテルとして、後のイスタンブールやパリ、ブダペストといったホテルにつながっていった。バリのジンバランベイは、現在のフォーシーズンズにおける、ひとつの顔といっていいアジアンリゾートの展開の先駆けであり、ジンバランの成功があってこそ、後にホテルランキングで高い評価を受けることになるフォーシーズンズ・アット・サヤンの成功もあったのだろう。またニューヨークは、それ以前のフォーシーズンズにはなかったモダンデザインの都市ホテルの先駆けとして、斬新な印象を与えた。

現在のフォーシーズンズのブランド力が、リージェントの合併なしにありえなかった、とまでは思わない。リージェント合併以前も、北米ではフォーシーズンズといえば、質のいいラグジュアリーホテルを有することで評価が高かった。だからこそ、バーンズもフォーシーズンズをライバルとみなしていた。しかし、もしリージェントのDNAが投入されなかったなら、フォーシーズンズは、現在のフォーシーズンズとは違ったイメージのブランドになっていたに違いない。

そして、リージェントの会長を退いたバーンズは、ホテル業界から「消えた」のだった。それは、リタイアしたからではなく、株式譲渡のやり取りのなかで、香港のワーフからバーンズに出された条件であったという。すなわち「四年間、ホテル業界の仕事に関わらないこと」である。ワーフは、この条件をフォーシーズンズとの契約に盛り込んでいたのである。

バーンズは、一九九二年当時、六四歳だった。普通ならばリタイアしてもいい年齢である。リージェントの株式の売却分で、それなりの資産もあり、悠々自適の老後を迎えてもいいはずだった。しかし、バーンズのホテルへの夢は消えなかった。根っからのホテリエだったとしか言いようがない。

約束の四年が過ぎ、バーンズは再び動き始める。向かったのは、人生の大半を過ごしたアジア・パシフィックではない。ヨーロッパ、北イタリアである。

ミラノのリージェントで果たせなかった思いがあったのか、あるいは、ミラノのプロジェクトを通してイタリアにネットワークがあったのか。冒頭で紹介したヴィラ・フェルトリネッリが、そのホテルだった。

バーンズが、裕福な友人に連れられて、このヴィラを初めて見たのは、一九九六年のことだったという。美しい建物を彼は一目で気に入ってしまった。

「友人に買えばいいじゃないかと言われました。実際、三五〇万ドルという価格は、建物の素晴らしさからすれば、破格と言っていいものでした」

文化財でもあった建物は、当初、ムッソリーニの孫娘が関わり、彼の博物館にするというプロジェクト案も浮上していた。しかし、博物館は別の場所に設けられることになった。当初の目論見どおり、ホテルに改装することに決まったのは、翌一九九七年である。リージェントのフォーシーズンズによる買収劇から、ちょうど五年の月日が流れていた。

「それから大改装が始まりました。エアコンや水まわりなど、歴史的建造物を快適なホテルにするための工事は費用も期間もかかりました。取得した金額は安かったのですが、結局、トータルでは三二〇〇万ドルもかかってしまいました」

廃墟のように荒れ果てていた館は、こうして、客室数わずか二〇室の、珠玉のように美しいホテルとして開業したのだった。二〇〇一年七月のことである。

その開業直前、かつてリージェントにいた日本人の一人で、当時、アマンリゾーツなどのPR業務を受け持っていた鹿野正道から、私はとっておきのニュースがあると耳打ちされた。鹿野は、バーンズがイ・アイ・イの高橋と最初に会ったとき、支社長の松本と同行した一人でもある。バーンズの復活にひときわの感慨があったに違いない。

私は、たまたまバーンズの名前を知っていたが、リアルタイムで活躍を知るには、少し遅すぎた世代になる。当時の若い編集者は、彼の名前など知る由もなかった。

しかし、鹿野が語る「業界から消えた伝説のホテリエ」というフレーズに心動かされるものがあったのだろう。彼が「消えた」理由もよくわからないまま、ただ「消えたホテリエの復活」にドラマを感じて、私はガルダ湖畔に向かったのだった。

ヴィラ・フェルトリネッリとは、彼の人生にとって、どのような意味を持つホテルだったのか。

リージェント時代から彼を知る中田昭男は、「夢」の実現ではなかったかと語る。

「ホテル経営者としてのバーンズが、ビジネスモデルとして志向したのは、香港のザ・リージェントがそうであったように、ある程度の規模があるホテルでした。彼は、ラグジュアリーホテルが利益を生むためには、ある程度の規模が必要だと考えていました」

彼のホテル哲学、そしてリージェントの存在そのものが、たとえばアマンリゾーツのような、いわゆるスモールラグジュアリーの系譜にも影響を与えたことは事実だろう。しかし、彼自身は、ホテルのスケールに関して、小さくあるべき、と志向していたわけではなかった。

だが、そうであっても、贅を尽くした小さなホテルを自分の目の届く範囲で運営するのは、ホテリエの誰しもが描く「夢」である。ヴィラ・フェルトリネッリは、ホテル経営者としてではなく、バーンズという一人の人間の「夢」の実現ではなかったかと、中田は言う。

確かにそうだったのかもしれない。「ここは私の家ですから」という台詞《せりふ》を、私は、何度となく彼から聞いた気がする。それは、まさにバーンズの「作品」だった。繊細な木彫刻の施された天井が美しいリビングルーム、湖の見えるオープンエアのダイニングルーム。膨大な資金を投入して最新の設備を施した客室は、クラシックでロマンチックな佇まいながら、最新の都市ホテル同様に快適で、当時、まだ目新しかった最新の薄型テレビが置かれていた。ふと漂うあたりの緊張感に気がついて後ろを振り返ると、そこに、いつもバーンズが立っていた。

あの夏、私自身もそうだったが、ヴィラ・フェルトリネッリには、世界中からジャーナリストが集まっていた。バーンズの記憶によるならば、およそ四五〇もの雑誌に、ヴィラ・フェルトリネッリの開業は紹介されたという。

ヴィラ・フェルトリネッリは評判を呼んだ。四月から一一月まで、年間七ヶ月の季節営業だったが、高い稼働率を誇った。

だが、ヴィラ・フェルトリネッリのビジネスとしての成功は、むしろ高い価格で売り抜けたことだったのかもしれない。独特のフォルムを持つ外観は、豪華な別荘やホテルの多いガルダ湖畔にあってもひときわ目立つ。二〇〇六年のある日、一人のロシア人が、興味をもって訪ねてきたという。

「最初のロシア人は、元自転車の五輪選手だったという若い男でした。湖畔を自転車で走っていて見つけたというのです。やがて、またロシア人がやって来ました。二番目のロシア人は、年配の男でした。彼の妻がここを気に入ったという。いずれもプライベートジェットで乗り込んできた大金持ちである点は同じでした。結局、私が売却することに決めたのは、二番目のロシア人でした」

現在、ヴィラ・フェルトリネッリは、バーンズが所有していた当時と同じスタッフで同じように運営されている。今もバーンズがお気に入りのホテルであることに変わりなく、記念日などに、ゲストとして訪れるそうだ。

リージェントでひとつの時代を画し、頂点を極め、そして、リージェントの株を売却した資金で、ホテリエの「夢」としての、小さな美しいホテルを造り上げた。ヴィラ・フェルトリネッリは、彼にとって、すごろくのゴールのようなものだったのだろうか。

しかし、フェルトリネッリの開業からロシア人に売却されるまでの間に、実は、知られざるもうひとつのドラマがあった。もしも、偶然のボタンがひとつ、かけ違えられていたなら、バーンズは、再び時代の主役に躍り出ていたかもしれないのだ。

運命の電話が、最初にかかってきたのは二〇〇四年のことだったと、バーンズは振り返る。

「ブンゴから久しぶりに電話があったのです。元気ですか、いや、元気だよ。話をしたいことがあるんだけど、僕たちが香港に行ってもいいし、それとも東京に来てくれるかな、と。私は、東京に行くと答えました。六本木の約束の場所に行くと、ブンゴと高橋さんが待っていました」

イ・アイ・イと共にリージェントが終焉して以来、クリスマスカードのやりとりはしていたと言うが、面と向かって会うのは、初めてのことだった。

「高橋さんは、私に切り出したのです。もう一度、リージェントを買い戻さないかと。私は、そんなことは、とうてい無理だと答えました。リージェントは、すでにフォーシーズンズとなっていましたし、さらにフォーシーズンズは、リージェントのブランドをカールソンに売却していました。もうリージェントは、昔のリージェントとして存在しない。すると、高橋さんは言うのです。新しい会社をたちあげて、新しいホテルを造ればいい。新しい会社の名前は、ロバート・バーンズ・ホテル・グループだよ、と」

高橋の話は「話」だけで終わらなかった。プロジェクトは動き始める。バーンズは、早速、新しいホテルの案件のため、アジア各地を走り回った。中国、ベトナム、シンガポール。リージェントの夢を再び描き始めた彼の胸には、さまざまな思いが去来していたに違いない。

そして、二〇〇五年五月二六日、新会社の華やかなお披露目が、香港のアイランド・シャングリラの宴会場で行われた。

『別冊宝島　日本経済「黒幕」の系譜』で、ジャーナリストの伊藤博敏は、このパーティーのことを次のように報じている。

〈名目は、香港に立ち上げたバーンズ・ホテルズ・インターナショナルの「設立準備パーティー」だったが、高橋氏が世界の友人に健在と復活をアピールする場であったのは明らかで、高橋ファミリーが顔を揃え、高橋氏が後継と定めた長男の〝お披露目〟も兼ねていた。

挨拶に立った高橋氏は、いつものようにトツトツと、だが大胆に宣言した。

「（会長の）バーンズ氏と20年前に始めたリージェントホテルでの事業展開は、バブル崩壊で中断してしまいましたが、今また再開できたことをバーンズ氏に感謝したい。3年後、5年後にはこのホテルチェーンを、30、50の規模にまでもっていくよう、皆さんと力を合わせてやっていきたい」

バブル期を上回る規模のホテルチェーンを持つ「リゾート王」への復活宣言である〉

高橋の動向を追いかけていた伊藤からすれば、バーンズのことは「名目」に映ったのかもしれない。だが、バーンズにとっては、高橋の復活である以前に、高橋が関わる前から育て上げてきたリージェントの復活であったに違いない。

しかし、運命は暗転する。

香港島にあるバーンズのオフィスの、秘書の机にある電話をさして彼は言った。私が、バーンズと会うアポイントの確認を電話したのと同じ、電話である。

「ブンゴから、電話がかかってきたのです。昨日、高橋が死んだ、と。ゴルフコースでプレイの途中に倒れたという。信じられなかった。だって高橋さんは、まだ五九歳でしたから」

二〇〇五年七月一八日。

復活を高らかに宣言した、あのパーティーの日から二ヶ月もたっていない。高橋の訃報を「信じられない」と思ったのは、バーンズだけではなかったはずだ。

「私は、とるものもとりあえず、黒いタイを携えて東京に向かいました。あんなに厳《おごそ》かで盛大な仏教のお葬式を私は見たことがなかった。いつものように、ブンゴが私のことを待っていてくれました。でも、高橋さんはいない。お葬式の後、数日間、滞在して、いくつかのミーティングをして。でも、高橋さんがいなくては、どうしようもありません」

つかの間の夢は、終わってしまった。

もっとも新しいホテルチェーンが始動していたとしても、リーマンショック以後の景気低迷で、バブルの時と同じ悪夢を見ていたかもしれない。それでも高橋の死によって永遠に潰えてしまった野望に、バーンズは激しい虚無感を覚えたのだった。

世界のラグジュアリーホテルの潮流を変えた伝説のホテルチェーン、リージェント。そして、その株を売却した資金で生まれたのがアマンリゾーツだった。そう、リージェントなくしては、ホテリエとしてのエイドリアン・ゼッカもまた誕生しなかったのである。

だが、バーンズのリージェントの夢は、なおも終わったわけではなかった。

二〇一〇年六月、台湾のフォルモサ・インターナショナル・ホテルズ・コーポレーション(FIHC)が、カールソン・ホスピタリティ・グループからリージェントのブランド、すなわち、ブランドの商標権、命名権(ネーミングライツ)、経営権などを六〇億円で買収したのである。バーンズの時代にザ・リージェント台北として創業、その後、フォーシーズンズ・グループの傘下に入ってからも「グランド・フォルモサ・リージェント　ア・フォーシーズンズ・ホテル」としてリージェントの名前にこだわり続けた台湾の企業による、満を持しての買収であった。

社長には、かつてエイドリアン・ゼッカと共にシンガポール・セントーサ島のザ・ビューフォートホテル、バンコクのスコータイなどを手がけ、後述するＧＨＭの設立にも携わったラルフ・オーリッツが就任した。

そして、バーンズは、名誉会長として迎えられたのである。

第五章

スズ鉱山の島からリゾートへ
プーケットの躍進

水道も電気もない僻地に誕生したアマンプリとブラックプールは、
瞬く間にセレブの間で人気となり、プーケットをリゾートの島に変えていった。

思えば偶然のことなのだが、最初のアマンリゾーツであるアマンプリが開業する直前、一九八七年の九月に、私はプーケットを訪れている。その前年、タイ観光年ということで政府観光局のプレスツアーに参加した際、これからの注目はプーケット島だと言われ、興味を持ったのだった。それまでもハワイやグアムに行ったことはあり、バンコクに駐在していた叔父を訪ねた時、パタヤに行ったことはあったけれど、自分から意識的にモンスーンアジアのリゾートを旅先に選んだのは初めてのことだった。

だから私は、旅の一部始終を鮮明に覚えている。特に忘れられないのは、到着した日の空の色だ。抜けるような青空があったのではない、全くの逆だった。

鉛色の曇天が重苦しく空を覆っていた。

ガイドからその理由を聞いた時の台詞は忘れられない。

「いまは雨季ですから」

熱帯は漫然と常夏なのではなく、モンスーンの風によって雨季と乾季の二つの季節が巡ることを、その時、私は初めて知ったのだ。プーケットは特に雨季と乾季の天候の違いが激しく、海の状況も大きく変化する。雨季には全く泳げなくなるビーチも少なくない。

それでも不幸中の幸いと言おうか、たまたま予約していた島の最南端にあったホテルは、雨季でも泳げる小島が近くにあった。滞在中、ついに青空を見ることはなかったけれど、ずっと雨が降っていたわけでもなく、私たちはビーチにいた漁師と交渉し、彼の漕ぐ屋根のない小舟で小島に渡り、魚釣りとスノーケリングを楽しんだ。曇天だったにもかかわらず、真っ赤に日焼けしてしまった。晴天でなくとも紫外線は強かったのだ。いまはすっかり観光地化されたその小島、コーラル島には、当時、漁師の妻が営む小さな食堂が一軒あるきりで、訪れる観光客もほとんどいなかった。

その後、スキューバダイビングのライセンスを取ったこともあり、私は南の島に足繁く通うことになるのだが、旅のスケジュールを立てる時は、雨季の時期を気にかけるようになった。この頃は、世界的な異常気象で雨季の時期もずれ込みやすいが、それでも雨季と乾季では空の色が全く異なる。

プーケットの雨季は、六月から一〇月にかけて、日本の夏にあたる時期である。

一方、バリの雨季は、一一月から四月、冬にあたる時期だ。

アジアンリゾートを代表する二つの島、バリとプーケットは、雨季の時期がちょうど逆なのである。戦前から独自の文化により欧米の文化人に注目されていたバリが、いち早くアジアンリゾートとして開発されたのは、ある意味、当然だったとして、プーケットが注目されたのは、バリとちょうど逆の季節にモンスーンが巡る、風の悪戯によるところが大きかったのかもしれない。

南の島を愛する者にとっては、たかが雨季ではなく、されど雨季なのだ。

少なくともバリ・サヌールのバトゥジンバに別荘を借りていたエイドリアン・ゼッカが、もうひとつの別荘をプーケットにしたのは、何よりも雨季が理由だった。バリとプーケットに別荘を構えれば、一年中、青い空と太陽を堪能できる。

言うまでもなく、この別荘が、後のアマンプリである。

私が恨めしい気持ちで仰いだプーケットの空に再び乾季が巡ってきたちょうどその時、アマンプリは開業したことになる。

リゾートとして世界に知られる以前、プーケットは、どんな島だったのだろうか。タイ政府観光局の知人から「プーケットの生き字引」として紹介されたのが、ウィチット・ナラノーンだった。島の北部、ナイヤンビーチに建つインディゴ・パール(現在はザ・スレート)というリゾートのオーナーである。

島の秘密は、リゾートのコンセプトとして表現されていた。

インディゴ・パールのレストラン。坑夫のオブジェが珍しい。

オーナーのウィチット・ナラノーンは「プーケットの生き字引」的存在。

それは、スズ鉱山である。

ホテルのメインカラーはグレー。ハンマー、ペンチ、ヘルメット、タイヤなど、およそリゾートとしてはあり得ないような無骨なアイテムが、スイミングプールやレストランで、ユニークな形で着地している。メインレストランは「ティンマイン（スズ鉱山）」、プールサイドカフェは「アンダーグラウンドカフェ」。ネーミングからして、直球である。

プーケットは、スズ鉱石のとれる島だったのだ。かつてタイは、世界で二位、三位を争うスズの主要輸出国であり、国内生産の七〇パーセントを占めるのがプーケットだった。

なかでも目を引いたのは「トンカー・ティン・シンジケート」というバーである。

エントランスには、スズ精製の炉で使用された木製の用具が、天井には工場にあった電動の扇風機が、そして、壁には事務所で使われていたそろばんが飾ってある。さらにバーカウンターの後ろには、一枚の古い顔写真が掛けられていた。聞けばウィチット・ナラノーンの祖父だという。そこにあったのは、バーの装飾であると同時に、スズ鉱山で栄えた島の歴史であり、それに関わってきた家族の歴史だった。

ナラノーン家は、約一〇〇年、五世代にわたって鉱山経営に関わってきた一族だった。母方は代々プーケットで、父方は、タイ南部の州、ナラノーンでスズ鉱山を営み、父の時代にプーケットにやって来た。ナラノーンの姓は、その州の名前に由来する。

一九七〇年代、プーケットのスズ鉱山がまだ盛況だった頃、ウィチットは、プーケットタウンで、ショッピングセンターを経営していた。そこには、プーケットで唯一の映画館があった。ウィチットは映画好きの青年だった。親たちからすれば、映画にうつつを抜かす道楽息子だったのかもしれない。

だが、その青年が、プーケットを世界的に有名にする大仕事をした。

もっとも有名にしたのは結果であって、その時、彼にプーケットをプロモーションしようなんて野心は毛頭なかった。ただ地元を映画の舞台にしたかった、世界的な俳優に来てほしかった、それは映画青年の純粋な夢でしかなかった。

「ジェームズ・ボンドをプーケットに呼んだのは私なんですよ」

悪戯っ子のような表情で彼は言う。

「呼んだって、あなたがですか」

「はい、私が招聘したのです。映画配給会社のユナイテッド・アーティスツのマネージャーと近しい関係にあったものですから、プロデューサーのブロッカリーに撮影の候補地として現場を見に来てもらえないかと頼んだのです」

ユナイテッド・アーティスツは、００７の作品を多く手がけていた。

「ブロッカリーは私の提案を受けてくれました。当初、一日の予定でプーケットにやって来たのですが、一日では時間が足りない。結局、予定を延期して三日間滞在しました。シンガポールでは、ブロッカリーが帰ってこないと大騒ぎになったらしいですよ。でも、その時、撮った写真が決め手となってロケ地に決定したのです」

映画『００７　黄金銃を持つ男』のロケ地に選ばれたのは、プーケットに隣接するパンガー湾だった。映画の公開は一九七四年のことだ。秘密基地として設定された島は、現在、ジェームズ・ボンド島と呼ばれ、プーケットの観光地として名高い。

「私はロケの間、コーディネイターとして彼らを案内しました。お金なんかもらいませんよ。だって私はプロのコーディネイターではありませんから。ただ撮影に同行できるのがうれしかった。そして、この映画でプーケットが有名になり、外国人観光客が少しずつ訪れるようになりました。でも、当時はまだリゾートホテルなんかありません。私が映画館のあったプーケットタウンのショッピングセンターに隣接してホテルを開業したのが七六年のことでした。名前はパールホテル。プーケットが東洋の真珠と呼ばれることから名付けたのです」

そして、一九七八年、ウィチットはプーケット観光協会の初代会長に就任する。彼が、プーケットに観光業を呼んだ男と言われるゆえんだ。

だが、こうして芽吹いた観光業が、注目されるタイミングが程なくやってくる。スズの国際価格の暴落だった。

「一九八〇年頃のことだったと思います。ブラジルが市場に参入してきたのです。それまでスズの価格には国際的な協定がありましたが、ブラジルはこれに入っていなかった。一気にスズの価格は暴落しました。多くのスズ鉱山は生き残ることができず、閉山に追い込まれました」

映画好きの青年がジェームズ・ボンドに賭けた夢が、結果として島を救ったのだ。

一九八一年には、空港の滑走路が拡張され、プーケットは一気に観光の島にシフトしてゆく。

一九八六年、パールホテルが宿泊客用のビーチとして所有していたナイヤンビーチにパール・ヴィレッジ・リゾートが開業する。二〇〇六年、このホテルを全面改装して誕生したのがインディゴ・パールである。

再生プロジェクトを担当したのは、スイスのホテルスクールに学んだというウィチットの娘だった。設計には、アジアンリゾートの建築家として名高いビル・ベンズレーを採用。ほかのどこにも似ていないリゾートということで、家族の歴史であり、島の歴史である「スズ鉱山」というコンセプトに行き着いたのだという。

パール・ヴィレッジ・リゾートが開業した一九八〇年代後半のプーケットから、後にアジアンリゾートを牽引する二つのリゾートブランドが誕生することになる。ひとつは、言うまでもなくアマンリゾーツであり、もうひとつがバンヤンツリーだ。

バンヤンツリー・グループの最初のホテルは、一九九四年開業のバンヤンツリー・プーケットだが、リゾートエリアとしてのラグーナ・プーケットが開発され、最初のホテル、デュシット・ラグーナ・リゾートが開業したのは一九八七年のことである。

ラグーナ・プーケットの誕生したバンタオビーチもスズ鉱山と無縁ではなかった。そこは、スズ採掘の跡地だったのである。

一九八三年、後にラグーナ・プーケットとバンヤンツリーを創業することになるホー・クォン・ピンは、別荘を建てるための土地をプーケットのバンタオビーチに購入した。ラグーナ・プーケットの敷地の南に隣接する小さな土地だった。そして、続く広大な土地が安い値段で売り出されているのを知る。

「たくさんの青いラグーンが点在していました。月のような風景が広がっていて、どこか違う惑星に迷い込んだみたいだった。しかし、程なく一九七七年に国連が出したレポートが、私が買った土地のことを〈どんな開発の可能性も見込めないほど、ひどく環境がダメージを受けている〉と報告されていたのを知るのです。後の祭りでした。ラグーンの青も、土地を浸食した毒素による色だったのです」

しかし、ホー・クォン・ピンは諦めなかった。不毛と烙印を押された土地の汚染された土壌と水をまるごと入れ替え、ラグーンを甦らせ、リゾート・コンプレックスを開発したのである。

「一九八一年に父が発作を起こし、家業に入ったのですが、当時、父から継いだファミリービジネスにあまり興味が持てなかった。それが理由のひとつです」

いまもホー・クォン・ピンが会長を務める一族の会社、ウォー・チャンを創業したのは、リ・クオ・チャン博士、彼の母方の祖父にあたる。科学者であると同時に実業家、中国で初めてレアメタルであるタングステンの実用化に成功した人物である。一九一六年、ニューヨークにタングステンの鉱石を中国から輸入、精製する会社として、ウォー・チャン・コーポレーションを創業。さらに同社は、中国とアメリカ間の貿易とエンジニアリングにおいてもリーディングカンパニーだった。鉱物、農業製品、機械、化学製品、鉄など、ありとあらゆるものの輸出入を扱っていた。

一九四七年、ウォー・チャン・コーポレーションは、タイにオフィスを開く。タイ・ウォー・カンパニーは、スズとタングステンをヨーロッパに輸出する会社だった。タイのスズ産業が興隆する時代、インディゴ・パールのナラノーン家と同じように彼らもタイのスズ産業に関わっていたのだ。

ホー・クォン・ピンが生まれたのは一九五二年。タイ・ウォー・カンパニーがタピオカ糊の製造と輸出に乗り出していた頃にあたる。家業に入る前の彼は、台湾の東海大学、アメリカのスタンフォード大学、そしてシンガポール大学で学び、シンガポールのテレビ局でプロデューサーを務め、香港のファーイースタン・エコノミック・レビューという経済誌で経済記者を務めるジャーナリストだった。祖父と父が築き上げたのは、確かに一時代を画した多角的なファミリービジネスだったが、クォン・ピンの目には、魅力的な仕事には見えなくなっていたのかもしれない。

バンヤンツリー・プーケットのプール付きヴィラ。

バンヤンツリーの創始者、ホー・クォン・ピン。

一九八七年、クォン・ピンの弟、クォン・シャンがスーパーバイザーとなり、タイを代表するホテルグループ、デュシタニが運営するデュシット・ラグーナ・リゾートが開業する。八三年から兄の事業に関わり始めたクォン・シャンは、その後、グループの建築デザイン部門を担当している。

続いて九一年にラグーナ・プーケット・リゾート、九二年にシェラトン・グランデ・ラグーナ・プーケット（現在はアウトリガー・ラグーナ・プーケット・ビーチリゾート）とラグーナ・プーケット・ゴルフクラブ、さらに九三年にアラマンダ・ラグーナ・プーケットが開業する。当初の予定では、エリア全体で五軒のホテルが計画されていた。その最後に残された敷地に開業したのが、バンヤンツリー・プーケットである。

ディベロッパーとしてラグーナ・プーケットを開発していたクォン・ピンは、なぜ独自のホテルブランドを立ち上げることにしたのだろうか。その質問に彼は再び同じ答えを返した。

「外国のビジネスパートナーを相手に国内で製造業を営むというファミリービジネスに将来性が感じられなかったのです」

一方で当時、急速に成長しつつあったプーケットをはじめとするアジアンリゾートに大きな将来性を感じたのだろう。観光業の主役にアジアが躍り出ようとしていた。

「もうひとつの理由は、最後に残った敷地がビーチに面していなかったことです。いくつかのホテルに打診しましたが、色よい返事がなかった。そこで問題を分析することにしました。ビーチがないという問題をどうすれば解決できるか。バンヤンツリーのコンセプトであるトロピカル・ガーデン・スパとプライベート・プール・ヴィラは、その問題を解決するために生まれたイノベーション(革新)だったのです」

独自のホテルブランドを立ち上げた背景が、問題のある立地だったというのが興味深い。ロケーションに徹底的にこだわるアマンリゾーツとは対照的である。

アマンの選び取るロケーションも、従来の価値観からみれば不便だったり、未開発だったりする。しかし、少なくとも開発者であるエイドリアン・ゼッカの価値観において、彼の琴線にふれた、ふさわしい土地を慎重に選んでいる。一方、バンヤンツリーは、そもそも不利な条件を克服することから生まれたリゾートだったのである。

「リゾート感覚あふれるスパがあれば、ビーチに行かなくても満足してくれる。そうしたニーズから誕生したのが、従来のヨーロッパ型のスパとは一線を画したトロピカル・ガーデン・スパです。また、すでにシェラトンなど大型のホテルは同じ敷地に開発していましたから、客室はすべてヴィラにしました。私たちの以前に誕生したアマンプリもヴィラですが、彼らはプール付きではないけれど、立地が崖の上にあって、いくつかは海の眺められるヴィラがある。でも、私たちの土地は全くの平坦でした。そこで、それぞれのヴィラにプライバシーの保てるプールをつけることにしたのです」

こうしてバンヤンツリーが問題解決のために生み出したイノベーションとしての二つのコンセプトは、その後、アジアンリゾートを特徴づけるものとなってゆく。

バンヤンツリーは、決してアマンプリの模倣ではなかったが、しかし、そのブランドコンセプトを決定づける比較対象であったことは事実だ。もし、ラグーナ・プーケットの南に隣接する崖の上にアマンプリが誕生していなかったら、アジアンリゾートの姿は、いまとは違ったものになっていたかもしれない。

パンシービーチの崖の上に建つアマンプリの土地をエイドリアンが最初に見つけた時のことを語ってくれたのは、開業まもないアマンプリの総支配人に抜擢されたアンソニー・ラークだった。

「一九八四年のことだと思います。ミスタ・ゼッカは妻と共にプーケットに休暇にやって来て、パンシーリゾートに滞在していました。後にGHMのチェディ・プーケットになったホテルです。彼はずっと別荘の用地を探していたけれど、なかなか見つからなかった。二人でビーチを散歩していた時のこと、大きな岩があるところにさしかかると、彼は、いきなり指さして、ここが私の家の場所だ、と言ったそうです。そして、早速、香港に帰って、土地を手に入れようと画策を始めました。でも、その場所には道さえ通じていなかった。そこでいくつもの小さな区画を買って、道を切り開いたのです」

崖の上にあるアマンプリからビーチに降りると、ちょうどそこに大きな岩がある。

その独特の風景は、私もはっきり覚えている。

三浦半島の浜諸磯にあったミサキハウスと重なる。

ビーチから崖の上を見た瞬間、脳裏に遠い青春の日がよみがえったのだろうか。

エイドリアンの証言によれば、七〇年代からプーケットの存在は知っていて、冒頭でふれたように、別荘のあるバリと季節が逆になる美しい島に注目していた。だが、当初は空港などのインフラが整っていなかった。エイドリアンが理想の土地を発見したのは、空港の拡張も終わり、アクセスが便利になった頃だった。

だが、その土地には、道路もなければ、水もない、電気もなかった。

特にお金がかかったのが、水の供給を確保することだった。そのため、ほかにもヴィラを建てて、友人に売却することにした。エイドリアンは言う。

「ほかにもヴィラがあれば、誰かが面倒をみなければならない。ならば、小さないいホテルにしようと思ったのです」

その経緯を彼は、しばしば「アクシデント」と表現する。ジョークを飛ばす時にいつも見せる、宝物を披露する少年のように得意げな表情を浮かべながら。

だが、当時の彼には、リージェントの株を売却した資金があり、別荘のための土地がリゾートになったなりゆきはアクシデントだったにしても、それなりの計画はあったのだと思う。それを裏付けるのが、アンソニーの証言だ。

「当初のアマンプリには、全部で四人の出資パートナーがいました。まず一組がエイドリアン・ゼッカと古くからの彼の友人である投資家のアニル・タダニ。もう一組がハイアットの会長だったブライアン・ブライスとスイスのジェット・アビエイションの創業者であるカール・ヒルシュマン。ジェット・アビエイションというのは、世界で最初のプライベートジェットの会社です。それぞれ五〇パーセントずつ資金を提供していたのですが、一年後に後者の一組が抜けたのです」

建築を担当したのが、エド・タトルである。

一九四五年、米国・シアトル生まれの建築家。アジアでそのキャリアをスタートさせたが、そのひとつが、バリハイアットのインテリアデザインだった。その後、アマンキラ、アマンジウォなど、多くのアマンリゾーツを担当することになる。

エイドリアンとの出会いは、第二章でふれたようにサヌールのバトゥジンバにあった別荘の改装を担当したことだった。そこのプールで実験的に試みられた黒いタイルを敷き詰めたブラックプールのアイディアは、謎めいた隠れ家リゾート、アマンプリの象徴として採用されたのだった。


アマンリゾーツのPR担当のエグゼクティブ・ディレクターとして長くエイドリアンの右腕を務めるトリーナ・ディングラー・エバートが、出産後の育児休業から再びフルタイムの仕事に戻ったのもアマンプリの始動とほぼ時を同じくする。

「エイドリアンのもとを久しぶりに訪ねたのが八六年のことでした。私は七五年から八〇年まで、リージェントのPR担当として彼のもとで働いていましたから、リージェントに戻ろうかと思ったのですが、社内にいろいろな事情が生じていた時期だったんですね。

八六年の九月から別の仕事をしていましたが、エイドリアンに呼ばれてアマンプリの仕事を始めたのが、八七年の七月だったと思います」

トリーナの記憶によれば、アマンプリの最初の総支配人は、サイード・アルシャハドというイスラム系マレーシア人で、クアラルンプールのザ・リージェントで総支配人をしていた人物だと言う。

「プーケットは、イスラム教徒の多いエリアです。そのためコミュニティとの調整には彼のような人が必要だったのだと思います」

イスラム教徒の多いインドネシアのジャワで育ち、アジアをよく知るエイドリアンならではの采配といえるだろう。トリーナ自身もそうであるが、アマンプリの立ち上げには、リージェントの人材を巧みに駆使していたのである。

開業の六ヶ月後、その後を引き継いで抜擢されたアンソニー・ラークもまた、リージェントの出身だった。アジアの事情に通じた経験豊かな総支配人に地域との地ならしをしてもらった上で、新たな顔に据えたのは、まだ二七歳の若者だった。

東急からリージェントに転職した中田昭男が、その決心を固めるきっかけとなったザ・リージェント・シドニーの華やかなオープニング。その時、フロントクラークとして、興奮した面持ちでエイドリアン・ゼッカやボブ・バーンズ、ジョージ・ラファエルら、錚々《そうそう》たるホテリエたちのチェックインを行ったのがアンソニーだった。

「その時、私は二一歳でした。ジャズバンドが演奏する会場に、西洋料理、日本料理、タイ料理なんかが並んで、本当に素晴らしいパーティーだった。オーストラリアであんなに完璧なインターナショナルホテルが誕生したのは、全くもって初めてのことでした」

ザ・リージェントに入社する前は、オーストラリアの別のホテルでベルボーイやバスボーイ（配膳係）をしていたという。叩き上げでキャリアを積んできた若者にとって、それは目映《まばゆ》いばかりの光景だった。

その後、アンソニーは、西オーストラリアのパースにあるホテルに転職し、エイドリアン・ゼッカはリージェントを離れた。だが、ザ・リージェントの総支配人と連絡を取り続けていたことが幸いした。ある日、エイドリアンから連絡があったのだ。

アマンプリの元支配人、アンソニー・ラーク。現在は彼自身のリゾート、トリサラを運営する。

「私に総支配人になってくれと言うのです。その時、まだ二六歳ですよ。全くの子供ですよ、ほんのベイビーだった。私は、彼はクレイジーだと思いました。酔っ払っているのですか、とたずねました。するとミスタ・ゼッカは、いいや香港から飛んできたばかりで飲んでいないよ、と真顔で答えたのです」

なぜエイドリアンは、まだ経験の浅いアンソニーを総支配人に抜擢したのだろう。

「私も全く同じ質問を彼にしました。実際、総支配人になってからも、あの子供は誰だとよく言われましたから。すると、私は何か違うことをしたかったんだと言われました。君は、まだハイアットやヒルトンのやり方に洗脳されていない、だからこそ、君の考え方はオープンだし、私たちは、新しいアイディアを共に造りあげることができる、とね」

アンソニーの抜擢にもアマンプリの新しさは、象徴されていたのだ。

その後、彼は、続くアマンダリやアマヌサなどの開業も手がけ、黎明期《れいめい》のアマンリゾーツを支える戦力となる。プーケットとバリを二週間ずつ、往復したこともあったという。

そして、一九九九年にアマンリゾーツを離れた後、プーケットに彼自身のリゾート、トリサラを立ち上げた。誰よりもアマンプリを知る彼は、そのDNAを受け継ぎつつも、アマンにはなかった要素を巧みに採り入れた。

トリサラとは、仏教の教えで「三番目の天国」という意味のサンスクリット語だ。仏陀は瞑想の末、天国には七つの段階があることを悟った。その教えによれば、三つ目の天国に至ったとき、そこに美しい庭があったという。だから、トリサラは「天国の庭」という意味でもある。庭が自慢でもあるリゾートのロケーションやデザインともつながる、複合的な意味を持つこの名前を彼はとても気に入っている。そして、それはまた、アマンが誕生した後、多く生まれた似た響きのホテル名とも一線を画すると彼は言う。

アマンとは、サンスクリット語で「平和」を意味する。

アマンプリとは、「平和の場所」という意味だ。

だが、アマンリゾーツが誕生するまで、サンスクリット語をホテルの名称に使うなんて、誰が思いついただろう。ホテルの名前というのは、たとえアジアにあろうとアフリカにあろうと、固有名詞はともかく、英語やフランス語で命名するのが常識だった。リージェントもアジア発のホテルだったが、名称は英語だった。

トリサラは確かにアマンにはない新しさを持つリゾートであり、その響きは、アマンとは異なる。しかし、サンスクリット語のエキゾティックな名称であるという意味において、アマンが切り開いた潮流の上にあるといえる。

こうしてアマンプリは始動した。

ラグジュアリーホテルとは、リージェントがそうだったように大型ホテルであることが条件だと信じられていた時代、わずか二〇室の小さなホテルは、伝説めいた評判を呼んで大きな成功を収めた。小規模であることがラグジュアリーの条件であるという常識もまた、この時、始まったと言ってもいい。

だが、そうは言っても小さなホテルだ。開業して六ヶ月もするとPR担当のトリーナの仕事はなくなってしまった。この時、アマンプリはまだ会社でさえなかった。アマンリゾーツが設立されるのは、アマンダリ開業の後である。

彼女が「もう私は必要ないでしょう」と言うと、エイドリアンは「まだ何かやろうと思っているから」と言って引き留めた。

アマンプリの成功だけで満足しなかった理由をアンソニーは語る。

「それは、彼がホテリエではなかったからです。彼は、ホテルに対する非常によい趣味と感覚を持ったビジネスマンだったのです。だから、ホテルを育てることよりも新しいものを計画することに飢えていた。極端な言い方をすれば、ひとつのホテルだけでは、面白くなかったのです。その頃、パートナーのタダニは必死にエイドリアンを止めていました。

駄目だ、駄目だ、まずここをナンバーワンにすることが先だよって」

だが、エイドリアンは制止を振り切って走りだす。

次に目指したのは、もともと別荘があり、「我が家」とも呼ぶバリ島だった。その結実がアマンダリなのだが、実は、その前に二軒目のアマンが開業している。

南太平洋、フランス領ポリネシアのボラボラ島。

地球上で最も美しいとも言われる島の老舗リゾート、ホテル・ボラボラの買収だった。

その時、ホテル・ボラボラの総支配人だったのがモンティ・ブラウンである。彼はエイドリアンの要請でアマンに留まり、アマンリゾーツを支える幹部の一人となる。

「私は、もともとハワイの出身で、デンバーのホテルスクールを卒業した後、ハワイでホテルの仕事をしていました。でも、ポリネシアの民族が南太平洋をカヌーで大航海して、最後にハワイに至る歴史に興味があってね。ビショップ博物館のプロジェクトなんかにも関わってたんですよ。タヒチにやって来たのは、その足跡を辿ってのことでした。

ライアテアによく行っていて、それで隣の島、ボラボラにも足を伸ばすようになったのです。ホテル・ボラボラは一九六一年に開業したホテルです。ハワイから来た私にとって、パーフェクトなポリネシアのホテルでした。当時のハワイには、自然と一体化した茅葺きのコテージなんてありませんでしたから。すると、ここで働かないかと誘われたのです。最初は躊躇《ちゅうちょ》しましたが、結局、申し出を受けて決心しました。一九七四年のことでした。そして、七六年に総支配人になりました。

「私がミスタ・ゼッカと最初にボラボラで会ったのは八七年のことだったと思います。彼は、南太平洋で一番美しい島であり、ホテルだと、気に入っていた。それからまもなく彼はホテルを買収しました。それが八八年です。以来、私はアマンで仕事をしてきました」

アマンプリが開業する前年のプーケットに続き、これも不思議な巡り合わせなのだが、一九八八年の春、私は、アマンに買収される直前のホテル・ボラボラを訪ねている。日本からの直行便が就航する前のプロモーションとしてのタヒチ取材だった。その時、案内してくれたのが、モンティ・ブラウンと共にアマンに入り、長く日本におけるPR担当を務めたデイビッド・中野だったと思う。

ボラボラが世界で最も美しい島と言われる理由は、急峻な山のそびえる火山島の美しさと珊瑚礁のラグーンの青さと、その二つを兼ね備えている点だろう。たとえばハワイは火山島であり、モルディブは珊瑚礁のラグーンである。数多くの美しい島があるフレンチポリネシアでも、この二つの条件を満たす島はほかにそうはない。オテマヌ山を頂く本島の周囲にコバルトブルーのラグーンが広がり、モツと呼ばれる小島が周囲を囲むように点在する風景は、まさに楽園だ。

ホテル・ボラボラは、本島の南端、島で最も美しいマティラ岬の手前に位置する。マティラ岬のラグーンが目の覚めるようなコバルトブルーなのに対して、ホテル・ボラボラを囲むラグーンは、もう少し深みのある青だった。案内された水上コテージのテラスの下には、魚影の濃い豊かな珊瑚礁があった。

八八年当時、本島にしかリゾートはなかった。だが、現在のボラボラはすっかり変貌して、周囲のモツやラグーンにもラグジュアリーリゾートがいくつもある。でも、やはりホテル・ボラボラのあるマティラ岬周辺が、いまもなお島の一等地だと思う。

世界で最も美しい島の最も美しいホテル、ホテル・ボラボラは、リノベーションのため休業して以来、もう何年も再開していない。休眠したプロジェクトになっている。

ホテル・ボラボラは、素晴らしい選択ではあったが、ついに名前がアマンボラとならなかったことが象徴するように、独自の歴史とスタイルがあった。

アマンのブランドイメージの確立には、やはりエイドリアンの中でプーケットと対をなす島、バリの存在が不可欠だった。アマンプリが「アクシデント」とするならば、アマンダリは必然だったのかもしれない。

第六章

バリの原風景
ウブドの魔性

アマンを世界的なホテルグループに押し上げる原動力となったアマンダリ。
しかし、開業するまでの経緯には隠された秘密があった。

二〇〇九年一〇月、アマンダリは開業二〇年の祝賀に沸いていた。

開業記念の大きなパーティーを中心に、一ヶ月にわたってさまざまなイベントが計画された。その中にバリにまつわる古い映像を上映する「クラシック・フィルム・イベント」があり、そのひとつにラインナップされていたのが、一九三一年の映画『悪霊の島（Island of Demon）』だった。

バリ島を訪れる観光客の多くは、バリらしさを体感する観光として、バリダンスを鑑賞する。なかでも人気が高いのがケチャ・ダンスではないだろうか。

半裸の男たちが円陣を組んで座り、「チャ、チャ、チャ」と激しく体を揺らし、両手を天高く差し出して唱和する。その輪の中で、ヒンズーの長編叙事詩、ラーマヤナ物語に題材をとった舞踊が演じられる。物語において、男たちは猿の軍団とされる。モンキーダンスとも呼ばれる理由である。

バリ観光の象徴として有名になったケチャの原型と言われるのが、実は、この映画の中に登場する、魔女ランダの呪いを払拭《ふっしょく》する儀礼である。ドイツ人のヴィクター・フォン・プレッセン監督の依頼により、映画製作に全面的に協力したのが、ウブドに居を構え、訪れる外国人たちの水先案内人となったドイツ人アーティスト、ヴァルター・シュピースだった。

『バリ、夢の景色　ヴァルター・シュピース伝』(坂野徳隆著）によれば、シュピースは、映画製作の前年、すでにケチャのアイディアを温めていたという。

〈ブダ・ウル王伝説と遺跡群のあるブドゥルは、昔から強いトランスパワーが宿る地として有名だった。〝三者が集まる〟という意味のサムアン・ティガ寺院やゴア・ガジャでは、頻繁に悪魔祓いのサンギャン・ドゥダリやサンギャン・ジャランが行われている。(中略）

ウブドゥから近いこともあり、シュピースはブドゥルのサンギャンを見に以前から頻繁に訪れていた。そこではトランス状態に入った者がガラスの破片の上を歩いても怪我をしなかったり、火を食べても平気な顔をしているところを何度も目撃した。また二十歳の青年イ・ワヤン・リンバックの踊りには時間の経つのを忘れて見入った。彼は四年前から少年によるサンギャン・ジャランのリーダー役をしていた。(中略）

翌朝、シュピースは村人たちと話し合い、儀式ではないケチャの合唱を伴奏にした舞踏劇ができないかと相談を持ちかけた。サンギャンやケチャのカテゴリーでは前代未聞のことだったが、バリ人にとってはダンスにルランパハン（ドラマ）を挿入することは普通のことだった。

この提案に興奮したのはリンバックだった。話し合いの末、『ラーマーヤナ物語』のラーマとラワナの戦いがもっとも適しているという結論に達し、合唱はラーマを助けに来たスギリワの猿の軍団を表現できるのではないかということになった。

ケチャのメンバーは、儀式では二十数名のところをその倍の五十名ほどに増やした。円座したサークルの中心をアリーナにして松明《たいまつ》を燃やし、ラーマーヤナ舞踏劇を展開させるのである。シュピースは自ら振付けを担当し、リンバックが踊りのリーダー役となってアイデアを出し合った〉

映画『悪霊の島』に登場するケチャは、昔からいまあるかたちで存在した伝統芸能ではなく、彼が再構成したものだったのだ。そして、映画というメディアを通して、広く人々に知られることとなった。もしシュピースがいなかったら、バリのいまあるケチャは存在しなかったことになる。

いやケチャだけではない、音楽家であり画家でもあったシュピースは、バリ絵画にも大きな影響を与えている。シュピースがいなかったら、バリは、世界中の観光客を魅了する、いまのようなバリではなかったのかもしれないのだ。

一九三〇年代、最初の観光ブームを迎えていたバリ。チャーリー・チャップリンや文化人類学者のマーガレット・ミードとグレゴリー・ベイトソンなど、人々はバリに着くと何はともあれウブドのシュピースのもとを訪れたという。

そうした人々の中にメキシコ人アーティストのミゲル・コバルビアスと『グランド・ホテル』で知られるアメリカの女流小説家ヴィッキー・バウムがいた。一九三七年に彼らは、それぞれバリ島に関する本を出版し、評判を呼ぶ。コバルビアスの『バリ島』は、初めて一般読者を対象に英語でバリ文化について書かれた本であり、バウムの『バリ島物語』はオランダ軍によるバリ征服をテーマとした長編小説だった。どちらもバリの音楽、舞踊、絵画、演劇などについて、詳細な情報が網羅されていた。それらをサポートしたのもシュピースであった。当時、バリの文化を系統立てて理解し、外国人に説明のできた人物は、ほかにいなかった。彼は、欧米にわき起こったバリブームの立役者でもあったのだ。

シュピースとは何者だったのか。そして、彼はなぜバリの、それもウブドにやって来たのだろうか。

一八九五年、ヴァルター・シュピースはモスクワに生まれた。両親はドイツ人。父親は、ドイツ企業の代理店や建設資材運搬会社をおこすかたわら、名誉副領事を務めていた。革命前、世紀末のロシアには、音楽やバレエなど、華やかな貴族文化があった。彼の芸術的才能の基礎は、そうしたロシアでの少年時代に育まれたものである。

そして一九一四年、第一次世界大戦が勃発する。ドイツ国籍であったシュピース一家は、敵性外国人として過酷な扱いをうけ、ヴァルターは中央アジア、ウラル山脈の麓に抑留された。だが、戦争に翻弄されたこの運命が、結果的にシュピースの芸術的感性に決定的な影響を与えたのである。

〈何よりも彼を楽しませたのは、素朴な現地人たちとの交流だった。バシュキュールの木こりや遊牧民たちは彼に民話を語り、伝承文化について話し、木々を渡る鳥の名前や、雪上に残る動物の足跡に関する知識を披露した。彼はキャンプファイアを囲み、民謡を歌ったり、土地の老人が語る伝説や、牧笛《クラーイ》の演奏に耳を傾けたりした。やがて彼らの民謡に興味を持ったシュピースは、曲を採譜し歌詞の翻訳に没頭するようになる〉（前掲書）

その後、抑留生活から解放されたシュピースは、一九二〇年代のベルリンで映画や絵画などの創作活動に携わった。一九二三年には、オランダのアムステルダムで絵画の展覧会を開催し成功を収めている。そして、その年の夏、シュピースは、インドネシア、当時のオランダ領東インドに旅立ったのである。

〈「ウラルの山々で三年間の抑留生活を過ごし、そこで本当の生活とは何なのかを知り、感じ、見てきた僕にとって、ヨーロッパで寛《くつろ》ぐことは不可能なことでした。ここにいるべきだという感覚を得るためには、自分を成立させているすべてのものを譲り渡さねばならなかったからです。自分自身を売り渡さなくてはならなかった。けれどそれはできませんでした。そのかわり、僕はすべての友人たちと別れを告げ、自分自身を見つけることのできる新しい家を探しに出ねばならなかったのです」（シュピースの手紙より）〉（『バリ島芸術をつくった男　ヴァルター・シュピースの魔術的人生』伊藤俊治著）

ヨーロッパに拠るべき根を見つけられなかったシュピースは、ウラル山脈の土着的文化の中に初めてアイデンティティを見出した。再びヨーロッパで生活するうちにその事実を再認識したのだろう。彼が言う「新しい家」とは、本当のところ、どこでもよかったのかもしれない。だが、展覧会が成功した場所がオランダだったことが、彼の人生を決定づけたのである。

シュピースが最初に落ち着いたのは、ジャワ島のバンドンだった。

当初は、もっぱらピアノを演奏する仕事についたが、それでも生活には充分な報酬だったという。その後、古都ジョクジャカルタに移り、スルタンから宮廷楽団の指揮者になってほしいと依頼される。彼は、ここでガムラン音楽に初めて出会い、従来、譜面のなかったガムランの採譜を行い、それをピアノで鮮やかに弾いてみせた。ウラル山脈での抑留生活で、民謡を採譜したり、ピアノで再現したりした能力が役立ったのだ。さらに彼は西洋音楽とミックスさせた新しい曲の創作に取り組み、コンサートを主催した。スルタンに雇われた初めての白人として、シュピースは充実した生活をおくっていた。

そのスルタンと親しい間柄にあったのが、バリ島内陸部、ウブドの領主だったチョコルド・グデ・ラコー・スカワティだった。一九二五年、シュピースは、このスカワティの招きで初めてバリ島のウブドを訪れたのである。

ラコー・スカワティは、ジョクジャカルタのスルタンと同じく、植民地におけるエリートだった。すなわち支配者と敵対するのではなく、植民地政策に協力することで、自らも相応の利益を受けた領主だったのである。

早くから植民地であったジャワ島と異なり、バリ島がオランダの植民地支配に組み込まれたのは一九〇八年のことである。もともと島内には複数の王国があり、オランダは政治力と武力を用いて、ひとつずつ支配下に入れていった。一九〇六年、最後まで抵抗を続けたバドゥンが、降伏を拒み短剣を手にオランダ軍に突入、集団自決したのが「ププタン（終焉の意味）」である。バウムの『バリ島物語』はこの悲劇に題材をとったものだ。ププタンは、さらにクルンクンにおいても繰り返され、この二つの事件によって、バリ島の植民地化は達成された。一方、早くから植民地政策に協力することで、自らの勢力を拡大させたのが、ラコーの父、チョコルド・グデ・スカワティだった。

一八九九年、その父の次男として生まれたラコーは、小学校を卒業するとジャワ島に渡り、植民地エリートとしての教育を受けた。堪能なオランダ語を操り、西洋文化に親しんだラコーは、長男夫妻が早くに亡くなると、父の跡を継いでウブドの領主になる。西洋音楽にも通じていたラコーは、ジョクジャカルタのスルタンがそうだったように、シュピースに音楽を教えるよう依頼したのだった。

バリの自然と文化、そして人々の営みは、シュピースの心を強烈に揺り動かした。ヨーロッパを離れた時に夢見た理想郷をついに見つけたと確信する。最初のバリ行きから二年後の一九二七年、シュピースは、ジョクジャカルタのスルタンに辞任を申し出ると、バリのウブドに居を移したのである。

シュピースは、まずはスカワティ家の王宮に落ち着き、しばらくすると近所にアトリエを借りた。最初の頃、ウブドにはピアノがなかったため、彼の興味は自ずと絵画に向かった。やがて、シュピースのもとに絵を描くバリ人たちが訪れるようになる。

もともとバリには「芸術家」という概念がなかった。踊りにしても絵画にしても、儀式に必要なものとして生活の中にあった。バリが芸術の島と言われる理由でもあるのだが、絵画も寺院や祭りの装飾として宗教的題材を描くものだった。そうしたバリ人の画家たちに日常の風景を自分の好きなように描く発想をシュピースは教えたのだ。

シュピースがバリに住むようになった三年後、ラコー・スカワティは、もう一人の画家、オランダ人のルドルフ・ボネをウブドに招聘する。シュピースの試みは、一九三六年、シュピースとボネが中心となったピタマハ画家協会の設立につながる。映画『悪霊の島』がバリダンスを新たなパフォーマンスとして再構築したものだとすれば、ピタマハの活動は、西洋的な芸術の考え方を持って、バリ絵画に新たな風を吹き込んだルネッサンスだった。

一九三〇年、シュピースは、王宮のあるウブドの中心地から西の外れに位置するチャンプアンに土地を借り、家とアトリエを建てた。多くの外国人が「シュピース詣で」をしたのは、このチャンプアンである。

〈チャンプアンとは〝ふたつの川が交わるところ〟という意味で、バトゥール湖から流れてきたウォス川とチュリッ川が合流していた。八世紀にジャワからやってきた仏僧ルシ・マルカンディヤがこの渓谷の美しさに惚れ込み祠《ほこら》を建てた後、従者たちが残ってグヌン・ルバ寺院を建立し、村を築いていったというウブドゥの発祥地である〉（『バリ、夢の景色　ヴァルター・シュピース伝』）

シュピースは、その土地にゲストハウスを含む四軒のバンガローを建てた。自宅にゲストハウスを併設し、バリ文化の水先案内人となる。それは、後にサヌールのジミー・パンディやウィヤ・ワォルントゥが果たした役割と全く同じだった。シュピースのチャンプアンは、バリで最初に外国人に開かれた扉だったのである。

一九三一年、パリの植民地博覧会に出展したオランダ館で人気を博したのがバリの展示だった。シュピースは、この時、計画されたバリを紹介する書籍で写真撮影を担当している。同年公開された映画『悪霊の島』は大ヒットし、三〇年代後半には、先に紹介したようにミゲル・コバルビアスやヴィッキー・バウムの作品が話題を呼んだ。

バリが知られるにつれて、シュピースの名前は有名になり、さらに多くの外国人がバリに来て「シュピース詣で」をするようになる。だが、おそらくシュピースは、サヌールに一時代を築き上げたタンジュンサリのウィヤ・ワォルントゥのようには、社交性がなかったのかもしれない。「シュピース詣で」をされることに、やがて嫌気がさしてくる。

一九三七年、より静かな環境を求めて、シュピースは、聖なるアグン山の麓に第二のアトリエを構えた。チャンプアンと東海岸沿いのチャンディダサとの中間あたりに彼の最後の桃源郷、イセはある。

だが、ナチスドイツの台頭、日本の中国大陸侵攻と、時代は次第に戦争に傾いてゆく。

平和な楽園であったバリ島にもその影響が押し寄せる。同性愛者に対する弾圧が始まったのである。同性愛者に寛容な文化的土壌ゆえ、多くのバリを愛した芸術家がそうであったように、シュピースもまた同性愛者だった。

〈同性愛者への締めつけが突然厳しくなった背景には、内外の急速な変化に対応できないオランダ植民地政府の焦りと混乱があった。東インド内で沸騰寸前にまでなった民族運動に対し何もできず、限界に近づいた彼らのフラストレーションは、民族運動を煽ると考えられていたいわゆる〝不良外国人〟に対して向けられたのである。（中略）チャンプアンのシュピースの家はベッドの下まで調べられ、少年たちとの性的行為がなかったかどうか証拠探しが始まった。しかし同じ立場にいたボネは逮捕されず、なぜシュピースだけが捕まったのだろうか。（中略）

これまでならばシュピースの犯す些細な法律違反（居留延長の届け出などを彼はよく怠った）、あるいは自宅がホステルとなる前から噂されていたチャンプアンの風紀の乱れなどは、官吏に友人が多くいたため、大目に見られてきた。しかしここにきてシュピースのツキは落ちる。友人の官吏たちが次々と異動でバリを去るのである〉（前掲書）

一九三八年一二月、逮捕されたシュピースは四三歳になっていた。

収監されてもシュピースは、絵を描き続けた。彼の代表作ともいえる「風景とその子供たち」と「金管楽器のためのスケルツォ」は、この時代に描かれたものである。

一九三九年九月、シュピースは解放された。だが、彼が刑務所を出たちょうどその日、ドイツ軍のポーランド侵攻が始まる。人生において、どれほどの年月も母国では過ごしていなかったが、しかし、シュピースはドイツ国籍であった。翌四〇年の五月、ドイツ軍はオランダを占領する。かつてロシアでそうだったように、また敵性外国人という立場に置かれてしまったのだ。彼は、再び逮捕され、収監されたが、それでもなお、創作意欲は衰えなかった。

だが、一九四一年一二月八日、日本の真珠湾攻撃によって、戦火はいよいよバリに迫る。シュピースの運命を最終的に葬ったのは、実は日本軍だった。

翌四二年一月、東南アジアを進撃する日本軍が上陸する前に収容所のドイツ人たちは、スリランカ、当時のイギリス領セイロンに送られることになった。捕虜を乗せた輸送船は、船団を組んで出発した。その洋上、日本軍による爆撃が一隻の船に命中、沈没する。それが、たまたまシュピースの乗っていた船だったのである。
それからまもなくの四二年二月、日本軍がサヌールに上陸する。バリ島沖の海戦で敗退したオランダ軍と戦闘はないまま、四年間にわたるバリ島の日本統治が始まった。

〈舞踊や儀礼の観客は日本兵となり、芸術は神の代わりに日本軍に捧げられるようになる。バリ・ホテルは日本軍将校クラブとなり、ニ・ワヤン・チャワンなど日本軍お気に入りの踊り子が踊った。彼らに非協力的なバリ人芸術家の運命など知れていた。ルドルフ・ボネはセレベス島（スラウェシ島）マカッサルの日本軍収容所へ抑留される。もしシュピースが国籍をオランダに変えていたら、同じ抑留を経て、戦後の一九四六年にボネのようにウブドゥへ戻っていたかもしれない。しかしシュピースは行方不明のまま、ベルリンの家族には戦死通知が届く〉（前掲書）

日本軍の進撃による混乱の中、晩年のシュピースの傑作のほとんどは行方不明になってしまった。これだけバリを愛し、バリを描き、バリの芸術の発展に尽くしながら、現在、バリで見ることのできるシュピースの作品は、わずか一点しかない。

チャンプアンの家は、一九七〇年代になってスカワティ家の管理となり、現在のホテル・チャンプアンとなる。ホテルにはいまも「ヴァルター・シュピース・ハウス」というスイートがあるが、『バリ、夢の景色　ヴァルター・シュピース伝』によれば、往年のアトリエに模して建て直されたもので〈当時の雰囲気に近い部分といえば一階のテラスに敷かれた赤茶色のコンクリートの床と、黒光りした梁くらい〉だという。それでも、そこは、シュピースとウブドの関わりを記憶する数少ない場所になっている。

ウブドが芸術の村として有名になった背景には、植民地支配にいち早く順応して外国人を招聘した領主のスカワティ家とシュピースとの巡り合わせがあった。本来、芸術はバリのいたるところにあったのだが、それを芸術として顕在化させ、再構成したのがシュピースであり、その舞台がウブドだったのである。

シュピースが戻ることはなかったけれど、彼のまいた芸術の種は、戦後のウブドでも継承された。ルドルフ・ボネのほか、多くの外国人アーティストが定住するようになり、かつてシュピースが手ほどきをしたバリ人画家たちも創作を続けた。ボネとシュピースが設立したピタマハは、設立当初のかたちで復活することはなかったけれど、ボネはその理想を引き継いで、一九五六年、ウブドで最初の美術館、プリルキサンを開館した。

一九三一年、パリの植民地博覧会に派遣されたプリアタン楽団は、ウブドを代表する舞踏団グヌンサリとなって、バリダンスの中心的な役割を果たしている。

だが、少なくとも七六年に電灯が灯るまでのウブドは、観光開発とは無縁の山村であり続けた。バリ絵画のギャラリー巡りや舞踏団の公演が人気を得るようになっても、ウブドに滞在する観光客はごく一部だった。宿泊施設といえば、ホテル・チャンプアンなどホテルは数える程で、ロスメンと呼ばれる簡素な民宿が大半だったからである。

それが、スモールラグジュアリーホテルのショーケースのような現在のウブドに変容したきっかけは、一九八九年に開業したアマンダリだったと言える。


シュピースの愛したチャンプアンから南北に続くアユン川沿いは、ウブド周辺でもひときわ美しい一帯だ。北へ上がればクデワタン、南に下がればサヤンとなり、クデワタンにはアマンダリ、サヤンにはフォーシーズンズ・リゾート・アット・サヤンがある。

シュピースがチャンプアンにいた頃、彼以外にも、この渓流沿いの風景に魅せられて居を構えた人たちがいた。

フォーシーズンズとアマンダリの中間あたりに、タマン・ベベックというリゾートがある。ランドスケープ・デザイナーのマデ・ウィジャヤが一九八三年に買い取って自宅兼オフィスとしたもので、その後、彼の運営するリゾートとなったが、もともとはカナダ人音楽家のコリン・マックフィーが住んでいた。著作『ア・ハウス・イン・バリ』に描かれた彼のバンガローは、いまもタマン・ベベックの「ロイヤル・ヴィラ」としてある。

そしてもう一人、クデワタンに暮らしたのが、シュピースを招聘したチョコルド・グデ・ラコー・スカワティだった。一九三一年、パリの植民地博覧会にプリアタン楽団の団長として参加した彼は、パリでフランス人女性と恋に落ちて結婚した。

〈できすぎた話だが、博覧会会場で行われたバリ人舞踏団を迎えるセレモニーでラコー・スカワティに花束を渡す係に選ばれた女性が彼女だった、と彼らの子供は語っている。ジルベルト・マリー・ヴァンサンと名乗るこの女性は、ラコー・スカワティとともにバリに戻り、結婚した。結婚式はバリの慣習にしたがって行われ、彼女はバリ式の服装で式にのぞんだ。アナッ・アグン・ビアン・ラコー・スカワティと彼女は名前をかえ、これがラコー・スカワティの最後の結婚となった〉（『バリ島』永渕康之著）

パリに赴いた頃、ラコーにはヒンズーの伝統に従い五人の妻がいたが、以後は彼女と生活を共にする。この結婚は、弟たちとの確執を深めることになったという。

〈「フランス人の母《イブ・プランチス》」とバリ人から呼ばれていたこの女性との生活をはじめるにあたって、ラコー・スカワティは住居を新築した。現在、高級ホテルが建つクデワタンがその場所に選ばれた。ウブドに近く、アユン川を見おろす眺めの美しいこの場所にシュピースがヨーロッパ風の建物を設計し、二人の新居となった〉（前掲書）

「高級ホテル」とはアマンダリのことだろうか。新居があった場所がアマンダリの立地そのものかどうかはわからないが、「アユン川を見おろす眺めの美しいこの場所」と言えば、まさにアマンダリのロケーションである。

戦後の内戦において、ラコー・スカワティは、独立派と対峙する植民地政府寄りの立場で政治に関わった。親オランダ派のＮＩＴ（東インドネシア国／ヌガラ・インドネシア・ティムール）の大統領になったのである。オランダは、英連邦のようにオランダを頭とする連邦の中にいくつもの国を擁立しようと考えたのだ。ＮＩＴは、その中で最も成功したひとつだった。

その後のラコー・スカワティは、バリを離れてジャカルタでひっそりと暮らしていた。フランス人の妻と子供たちは、オランダ政府の援助でオランダに渡ったという。

パリの植民地博覧会で出会ったラコー・スカワティとフランス人の妻。シュピースの設計した家。戦争と戦後の混乱ですべては忘れ去られたけれど、クデワタンは、バリが世界に知られることとなった一連のムーブメントと深い関わりのある因縁の土地だったのだ。

それから数十年の後、再びクデワタンにヨーロッパ人女性がやって来た。

イタリア人のガブリエラ・テギアである。

一九六五年にイタリア人の夫と共にインドネシアにやって来た彼女は、夫のビジネスが成功を収めると、やがてパーティーを企画してはホステスとして評判を得るようになった。芸術に対する興味も手伝って、生活の主軸をバリに移すようになり、クデワタンにヴィラを建てようと土地を購入したのだった。

建築家のピーター・ミュラーは、そのガブリエラの友人だった。

〈一九八七年の一一月、イタリア人の友人、ガブリエラ・テギアが、シドニーのブロントビーチにある私たちの家、ブロントハウスに私と妻のキャロルを訪ねてきた。数年来、彼女はウブドの西にあるクデワタン村に小さな一区画の土地をリースしており、すでに私は家をひとつ、彼女のためにデザインしていた。計画では、あと二つ建てたいという。
ガブリエラは、彼女の土地に続くもう少し広い区画を入手して、ラグジュアリーなヴィラを建て、バリやあるいは海外に住んでいる友人に売れば、もっと彼女の土地を有効に開発できるであろうことに興味を持っていた。私は、そこをラグジュアリーリゾートホテルとして経営して、投資家には、一ヶ月は自分たちで利用してもらい、残りは貸し出すことで、毎年、投資額の八パーセントの利益還元を約束できるのではないかと考えた。私たちは共同で彼女のためにファンドを用意し、南に隣接する土地を取得する準備を始めた。
ガブリエラは、驚くべきエネルギーでもって、インドネシア人に話し、不屈の精神で、またたく間に約四ヘクタールの土地を地元の村の農夫から獲得したのだった〉（『Amandari, design and building』）
ミュラーは、彼がバリに関わるきっかけとなった、ウィヤ・ワォルントゥとドナルド・

フレンドが計画した幻のホテル、マタハリの夢が再び実現できると興奮した。一九七〇年にマタハリのためにデザインした図面を取り出して、彼は決意する。

一方のガブリエラは、この頃、夫と離婚していた。クデワタンの土地を単なる趣味的なヴィラではなく、リゾートにしようという思いが、マタハリの夢をあきらめきれないミュラーとガブリエラの間で重なったのだろう。

〈ガブリエラは、サヌールに住み、ヌサドゥアでホテルを経営しているもう一人のイタリア人の友人、ルディ・ガスティを誘い、彼は私たちの三番目のパートナーとなった〉(前掲書)

こうしてピーター・ミュラーと妻のキャロルは、ガブリエラともう一人の友人との四人で、単なる建築家ではなく、共同出資者の一人として、プロジェクトをスタートすることになったのである。

〈ミュラーはこのホテルを「ヴィラ・アユ」と命名した。アユとは、形状的にだけでなく、道徳的に、また内面的に美しいという意味だった〉（『Architecture Bali』）

この「ヴィラ・アユ」こそが、後にアマンダリとなるプロジェクトだった。

一九八七年の立ち上げから「ヴィラ・アユ」のファイナンス・アドバイザーとして関わっていたのが、後にアリラ・ホテルズ&リゾーツを創業することになるマーク・エディルソンである。

彼は、シティバンク出身のファイナンスの専門家でありながら、ユニークな経歴の持ち主だった。ベトナム戦争の最中、兵役を逃れるために、彼はアメリカ版の海外青年協力隊であるピース・コップスに参加する。稲の品種改良などの農業ボランティアとして、六八年から三年間、マレーシアで生活したのだった。その時、最初の休暇でバリを旅したことがエディルソンの脳裏に強く焼きついた。さらにラオスで英語教師をしたり、各地を旅して、彼の東南アジア滞在は五年間に及んだという。その後、帰国し、オハイオ大学で国際関係学の博士号を取得。彼は、どうすれば東南アジアに戻れるかを考えて人生設計をした。まだアジアに関連した仕事のある会社など少なかった時代のこと、七四年に入社したのがシティバンクのアジア太平洋部門だった。フィリピン、南米のコロンビアなどを経て、八〇年、念願のインドネシアにやって来る。周囲の反対を押し切ってシティバンクを退職、独立し、ジャカルタで企業のファイナンス・アドバイザーとして仕事を始めたのが八三年のことである。そして、製造業からサービス業まで幅広い業種に関わるなか、友人の紹介で「ヴィラ・アユ」の仕事を受けたのだった。

「オーストラリア人が二人、イタリア人が二人、小さなホテルをウブドに建てたいと言ってきました。でも、彼らにはホテル経営の経験がなかった。私はプロジェクトにはもっとお金が必要だし、もっとホテルに経験のあるパートナーが必要だと言いました。すると、イタリア人の一人であるガブリエラ・テギア、彼女はなかなか面白い女性だったのですが、香港のエイドリアン・ゼッカを知っていると言い出したのです」

こうして最後のパートナーとして浮上したのが、エイドリアン・ゼッカだった。

アマンプリの開業は、たまたまの「アクシデント」だったと、エイドリアンも彼の周囲の人たちも言う。それは、確かに事実なのだろうが、アマンダリに関しては、決してそういう言い方をしない。若い頃から頻繁に訪れ、バトゥジンバに別荘も借りていた彼のバリに対する思いは、プーケットよりずっと大きかった。「バリは特別、なぜなら私の家だから」と彼は言う。そのバリに上質なブティックリゾートを建てたいという思いは、早くからエイドリアンの中にあったようだ。

エイドリアンの古くからの友人であり、アマンリゾーツの文化アドバイザーを務める愛称アジこと、ソエダマジ・ダメイスは証言する。

「ある日、新しいコンセプトのホテルを作りたいと思っているんだ、と彼は言いました。客室は最大四〇室くらい。小さいけれども、すべての施設が整っていて、よくデザインされていて、いいサービスを提供する、そんなブティックホテルをアジアに作りたいと。リージェント・シドニーが開業した直後のことだったと思います。世界には、いつでも、どこへでも行く、そしていくらでも金を払う金持ちがいる。彼らのためのホテルだとね。彼が言うようなブティックホテルは、ヨーロッパにはありました。インとかオーベルジュ、イタリアならばアルベルコですよね。ポジターノとかアマルフィとかいったリゾートに行けば、そうしたホテルがたくさんあります。でも、サービスならばアジアのほうがいいですから、なるほどと思いました」

ヨーロッパにある小さなホテルの伝統をアジアに着地させせる、彼のこの証言は、そのまま『tandjung sari : A Magical Door to Bali』に収録されたエイドリアン・ゼッカの言葉にも見ることができる。

〈タンジュンサリや後のアマンダリなどのようなブティックホテルは、実際のところ、ヨーロッパのインにおける、とてもパーソナルで特別なサービスの伝統から来ていると、私は思います〉

事実、アマンダリ以前にもエイドリアンは、バリでリゾートのプロジェクトを計画したことがあったという。

〈一九七八年、彼はケリー・ヒルにジンバランベイのビーチに新しいホテルをデザインしてほしいと依頼してきた。一九七八年、ジャカルタで四年間働いた後、ヒルはシンガポールに事務所を立ち上げたところだった。翌年、彼はジンバランベイホテルのデザインに時間を費やした。それは、バリ・オベロイとは異なるホテルで、バリの王宮の建築や水の庭園、ティルタ・ガンガの蓮池にインスピレーションを受けた、段々になったどっしりとした土台に浮き上がるような屋根が載った、ジンバランベイに吹くそよ風をつかみ取ろうとするような建物だった〉（『Architecture Bali』）

「段々になったどっしりとした土台に浮き上がるような屋根」と聞いて、私は、ある建物を連想した。それは、エイドリアン・ゼッカのバトゥジンバの別荘だ。ドナルド・フレンドがアトリエとして使い、エド・タトルが改装をして、アマンプリのブラックプールの原型を造ったという、あの建物である。

エイドリアンが別荘をリースしたのが七九年。幻のホテル計画が進行していたのが七八年から七九年のことである。バトゥジンバの別荘には、幻のホテルに対する思いも重なっていたのだろうか。エイドリアンがリゾートを計画したジンバランベイのその土地には、十数年後、インターコンチネンタル・バリが開業する。

バリのリゾート、それはエイドリアンにとって積年の思いの実現だった。

プロジェクトの当事者であった建築家のピーター・ミュラーは、エイドリアンと接触した経緯を次のように証言している。

〈一九八八年二月、私はエイドリアン・ゼッカとコンタクトをとりました。彼と初めて会ったのは、エイドリアンがまだジャーナリストだった一九七三年、カユ・アヤ（著者注：後のジ・オベロイ・バリ）でのことでしたが、その頃、リージェントの株を売却して、アジアでスモールラグジュアリーなリゾートチェーンを始めたと聞いたからです。彼は、ちょうどアマンプリという最初のホテルをプーケットに開業したところでした。デザインをしたエド・タトルとも一九七三年、ハイアットホテルの建設中、彼がホテルの家具のデザインに取り組んでいた頃、クタで会ったことがありました。私たちは、エイドリアンがヴィラ・アユの四分の一のパートナーとして参加することに興味を示してくれればいいなと思いました。彼がこのプロジェクトを完成させるために必要な二五万ドルを負担してくれることを期待したのです。すると、彼は興味があると言い、数日間、私たちをアマンプリに招待してくれたのです。八八年の二月五日から七日のことだったと記憶しています〉（『Amandari, design and building』）

そして、一九八八年五月、ミュラーは、エイドリアンから手紙を受け取る。ミュラーとルディにバトゥジンバの彼の家（ドナルド・フレンドの古い家）にディナーに来ないかという誘いだった。

〈エイドリアンとは、サヌールの彼の家で七時に会ったのですが、彼は、私たちの申し出を受け入れて、ヴィラ・アユの四番目のパートナーになると言うのです。そして、すぐに四分の一のパートナーシップを担保するための二五万ドルを支払うと言いました。彼は私が設計図を説明し終えると、とても満足したように見えました。そして、彼が金融機関から貸し付けを受けるのが容易になるように、経費の計画書と工事のタイムスケジュールをリクエストされたのです〉（前掲書）

こうしてエイドリアンは、ヴィラ・アユのプロジェクトに加わることになった。

ミュラーは、プロジェクトの一部始終を『Amandari, design and building』に記しているが、資金難の問題もあり、四人のパートナーの間には、さまざまな思惑が交錯するようになる。特にルディが自分の関連する会社とマネジメント契約を結びたいと言い出したことは、大きな問題となった。

アマンプリの総支配人だったアンソニー・ラークは「一九八九年の一月だったと思いま

す。ガブリエラがアマンプリに来て、盛んに言い争いをしていたことがありました」と証言しているが、ミュラーの『Amandari, design and building』を読むと、それはルディの問題が持ち上がっていたタイミングであることがわかる。

〈次の日、ガブリエラは朝食に来て、エイドリアンとバンコクで会い、その後、エイドリアンの招待でアマンプリを訪問した話をしました。エイドリアンがガブリエラに要求したのは、いかなる状況にあろうとも、彼が持ち込むマネジメント契約のサインはしないこと、だが、彼がパートナーであることは歓迎するし、もし彼が彼の持ち分を売却したいのなら、私たちはそれを買い入れると。それは、私にとっては、最初からはっきりしていたエイドリアンの戦略でした〉

そして、最終的には、ルディが自分の持ち分を売却して、パートナーから抜けるというかたちで着地したのだった。

〈ガブリエラは、私たちパートナーにこんな手紙を送ってきました。

エイドリアン、ピーター、ルディ、そしてマークへ

八八年一二月二八日付けでルディからファックスを受け取った後、私たちは、昨日、長い話し合いをして、彼は自分の持ち分を売却する意思を固めたと私に確認しました。（中略）私はルディに、彼の勇気とこの状況を大変協力的に、また友情ある方法で早く解決してくれたことに感謝したいと思います〉（前掲書）

そして、この頃から、プロジェクトは、エイドリアンの影響力が強くなってゆく。そのことをミュラーは〈彼は、もはや〝静かな〟パートナーではありませんでした〉と複雑な心境を綴っている。

年が明けて、バリには雨季が巡ってきていた。

アマンリゾーツでエイドリアンの右腕を務めたトリーナ・ディングラー・エバートは、バリに雨季が来た頃、アマンダリのプロジェクトが本格的に始動したと証言している。

「雨が降るとバトゥジンバからウブドに向かう道が悪くなって大変でした。靴が泥だらけになったこともありました。でも雨に洗われた棚田の緑がそれは美しかった。アマンダリ

の周囲に存在するものは、すべてがとてもスピリチュアルだったことを覚えています。すでに建築は始まっていましたが、建築家のピーター・ミュラーは大変才能がある人で、この世で最も美しい建築のひとつと言えるものでした。ピーターには、バリの文化の真価を見極める能力があった。そのことをエイドリアンもわかっていました。それは、バリのルネッサンスであり、再生でした。だから、私たちは、設計の青写真をほとんど変えなかった。ただホテルとしてオペレーションするにはどうすればいいか、を考えていました」

だが、ピーター・ミュラーの目には、アマンリゾーツのチームの到来は、エイドリアンに対して感じるのと同じ戸惑いが重なった。

〈アンソニーとトリーナと共に、すべてのヴィラを彼らがラグジュアリーと分類されるレベルに持ってくるのは大変な日々でした。彼らは「ラグジュアリー・ヴァレービュー」とか「スーパーラグジュアリー・ヴァレービュー」とか、そして谷の見えない部屋には「ラグジュアリー」とかいう言葉を使うのです〉（前掲書）

オープニングの総支配人には、アマンプリからアンソニーが着任することになり、当初、ガブリエラが決めた支配人候補の女性はバリを去った。

二〇一二年七月に出版されたミュラーの『Amandari, design and building』を知るまで、私は、何度か関係者にアマンダリ開業の経緯を聞いたことがある。ケリー・ヒルには一言「ピーター・ミュラーに聞きなさい」と言われた。そして、奥歯にものが挟まったような言い方で言葉を濁したのが、アマンダリで会ったアジだった。

「結局のところ、エイドリアンはビジネスマンで、ガブリエラはアーティストだったんだよ」

今になって、その言葉の意味がよくわかった気がした。

まさにその通りだった。

複数の、多分にアーティスティックな感覚のオーナーたちが集まったプロジェクトは、リージェント時代から生き馬の目を抜くホテルビジネスを手がけてきたエイドリアンにとっては、「甘く」見える状況もあったのだろう。アマンダリを開業させるには、エイドリアンのビジネスの才覚が必要だったし、彼の言うことは正しかった。だが、プロジェクトを立ち上げたガブリエラたちにしてみれば、複雑な思いがあったに違いない。

一九八九年一〇月二二日、さまざまな経緯のあったクデワタンのリゾートは、アマンダリという名称で開業する。アマンダリとは「平和な精霊」を意味する。

それまで別個に存在していたアマンプリとホテル・ボラボラをまとめ、アマンの名称を冠して、アマンリゾーツが会社としてスタートするのは、アマンダリ開業後のことである。アマンプリの「アクシデント」からスタートしたエイドリアン・ゼッカの新しい試みは、アマンダリをもって本当の意味でスタートしたのである。

ピーター・ミュラーの『Amandari, design and building』は、開業までの日々を克明に記している。

一〇月四日の夕方には、大きなカクテルパーティーが開催され、友人や地元の人たち、顧客が招かれた。さらに、二二日の開業前のスタッフのトライアルとして試泊を行った。八日の日曜日、オーナーミーティングが無事終了する。アマンダリのマネジメントは、彼のマネジメント会社、アマンリゾーツが行うというエイドリアンの申し出は、非常に好ましい事柄として承認された。

そして、開業を六日後に控えた一〇月一六日、ピーター・ミュラーはバリを離れ、ヨーロッパに旅立ったのである。

『Amandari, design and building』は、「後記」として次の文章で締めくくられている。

〈キャロルと私、そしてガブリエラは、ヘンリー・フリンク・オブ・グローバル・リゾート・グループという米国のテキサスにあるホテルブローカーの会社に依頼し、アマンダリを実際に旅して詳細な記述を用意し、現在のホテルの市場価値を分析してもらうことにしました。私たちは、これまで経験してきたアマンリゾーツとの困難な関係から、私たちのアマンダリにおける持ち分の半分を売却する決心をしたのです。私たちの合意事項に従い、エイドリアンに最初の提案をするように求められました。ヘンリー・フリンクは、私がそれを建てるのにどれだけかかったか、アマンダリの価値を三回にわたって算定しました。私たちのエイドリアンに対する要求は、その価値評価に従ったものです。

エイドリアンは、実際にプロジェクトを建てるのにかかったコストの額でしか、私たちの持ち分は買い取らないと、これを拒絶しました。彼の拒絶は、私たちが市場で売却をする自由を得たものと判断しました。そこで一九九〇年、クリス・カーライルから紹介されたジャカルタのプライベートバンクにフリンクの価値評価に従った額で売却しました。そして、彼らは、アマンリゾーツのオーナーシップを半分取得したのです〉

こうしてガブリエラとピーター・ミュラーと妻のキャロルは、アマンダリの経営から完全に手を引くことになった。だが、当然のことながら、ピーター・ミュラーが建築家としてアマンダリの設計者である事実は残った。一方のガブリエラは、謎めいた存在として語り伝えられることになった。彼女の名前に、周囲の人々がことさら微妙な反応を示した理由である。

その後、ガブリエラは、自分の理想とするリゾートを実現する。それがジャワ島のロサリ・コーヒー・プランテーション・リゾート&スパである。その後もバティックの製造をサポートする財団を立ち上げるなど、生涯、彼女はこよなく愛したインドネシアに関わり続けた。

そして、いずれにしても、アマンダリが価値あるホテルであることは、誰もが認めるところだった。

林立する椰子の木を水面に映して、緑色のタイルを敷き詰めたプールは、一枚の絵画となる。アマンプリのブラックプールも神秘的だが、アマンダリの緑に溶け込むインフィニティプールもこの上なく美しい。

ウブドの森の中にあるアマンダリには、神秘的な雰囲気が漂う。

ウブドは、アジアンリゾートの典型であるビーチリゾートではないけれど、アマンダリのプールサイドが、アジアンリゾートを象徴する風景のひとつであることは間違いない。ジェフリー・バワがスリランカで発案したインフィニティプールは、アユン渓谷という最高の借景を得て、世にも美しい造形になった。

プールのエッジには、水の上に浮いたように見える東屋がある。毎夜、夜の帳《とばり》が下りると明かりが灯され、ガムランの演奏が始まる。

私が初めて滞在したアマンリゾーツがここ、アマンダリだった。

八月、バリは、清涼な気候の乾季だった。

アマンダリの村の、すなわちクデワタンの寺院で祭りがあると言われて出かけたことを思い出す。スタッフがサロンを着付けてくれたこと、祭りのハイライトだったカエルの踊り、白い制服を着たドライバーが、雑踏から魔法のように私たちを探し出してくれたこと。話題のアマンリゾーツとはどんなものかと思って泊まったのに、なぜか記憶に残っているのは、村の祭りのことばかりなのだ。

だが、映画『悪霊の島』が上映された夜、それが、アマンダリを象徴する体験であったことを私は再確認した。

夕闇が迫る頃、バーでカクテルが始まった。

特に華やかな飾り付けがあるわけでもない、日常の延長線上のようなパーティーだったが、アマンダリの庭をデザインしたマデ・ウィジャヤなど、バリ在住の文化人たちが集まっていた。昼間、エイドリアン・ゼッカの話をしてくれたアジもいる。映画の上映は、パリのアーカイブスに所蔵されたフィルムだったが、その仲介をしたのが彼だったのだ。

映画は、アマンダリのどこかで上映されるのかと思っていたら、クデワタンの村の集会場が会場だという。何台もの車が玄関に並び、ピストン輸送でゲストを会場に運ぶ。

集会場は細い路地の先にあって、暗闇の中、小さなランタンが道沿いに並んでいた。

モノクロームのスクリーンに一九三〇年のバリが映し出される。ストーリーよりも何よりも、時間旅行をするような感覚が心地よかった。たとえば、これをパリや東京で見ても、そうした感覚にはならなかっただろう。ここがバリのウブドの外れにある、クデワタンだからこそ、そう感じたのだと思う。

映画が終わると、集会場は、アマンダリから来たゲストの何倍もの人数の村人たちに埋め尽くされていた。あの祭りの夜のように、彼らは、正装していた。そして、八〇年前の自分たちの土地の風景に、ケチャの踊りに興奮していた。その笑顔を共有できたことが、嬉しかった。

アマンダリは、クデワタンの村と共にある。

クデワタンの少女たちは、通過儀礼のようにゲストを迎えるフラワーガールになり、そして大人の女になってゆく。その時間軸を共有することこそ、アマンダリに滞在することの意味なのだ。あのクデワタンの寺院の祭りの夜も、その日、そこにいたことが最高の贅沢であり、アマンダリに泊まることの意味だったのだと、私は、今さらながらに再確認していた。

第七章

ライフスタイルの創出とアマンジャンキー

アマンジャンキーの間でも人気のあるバリ島チャンディダサのアマンキラ。
アマヌサ、アマンダリと共にバリの三大アマンのひとつ。

二〇一一年六月、エイドリアン・ゼッカは上海にいた。

ILTM（インターナショナル・ラグジュアリー・トラベル・マーケット）アジアというラグジュアリートラベルの国際会議で特別功労賞を受賞し、その授賞式に登場したのである。

エイドリアンは、インタビュー嫌いであると同時に、そもそも滅多に公の場所に姿をあらわさない。だから、その日も本当に彼が壇上に姿を見せるのか半信半疑でいた。そこにスーツ姿のエイドリアンが登場したのだった。

二〇〇九年一一月にインタビューをした時は、確か青いセーターを着ていた。数少ないメディアに姿を露出した写真でも、たいていラフな格好をしている。スーツ姿のエイドリアンを見るのは、たぶん初めてだった。

たとえばヴァージングループのリチャード・ブランソンが先駆けかもしれないが、ある種のセルフプロデュースとして、スーツを着ない経営者がいる。ホスピタリティ産業では、日本の星野グループの星野佳路《よしはる》がそうだ。いつも黒っぽいTシャツを着てバックパックを背負って、すたすたと歩いている。

だが、エイドリアンの場合は、そうしたセルフプロデュースとも違っている気がした。こうして珍しく公の場に姿をあらわす時はスーツを着ているのだし、ただ彼の心地よいとするライフスタイルが、普段の彼をそうさせているのかもしれない。

そう、素顔の彼は、驚くほどの自然体で、そのことを自分でもわかっているから、公の場に出ることを好まないのかもしれない。あるリゾートホテルの総支配人は、「ミスタ・ゼッカはいつも黄色のTシャツを着て、プラスチックの袋を下げてプールサイドを歩いているんです」と言って笑った。

リゾートのロケーションはどうやって選ぶのかと司会者が質問すると、悪戯っ子の少年がとっておきの秘密を明かすような表情をして答えた。

「自分の胃袋に聞くんだよ」

人を煙に巻くような返事をして、得意げに大声で笑う。インタビューの時もそうだった。何度もこんな瞬間があった。そしてひと呼吸おいて、また話す。

「その場所に五分もいれば、アマンにふさわしいかどうか、私にはわかるんです。私の内臓が私に教えてくれるからね」

エイドリアンのその答えが、まんざら嘘でもないと思ったのは、かつてアーバンコーポレイションでアマンリゾーツと共にリゾート開発に携わった松崎和司の話を聞いた時だった。同社は二〇〇八年に経営破綻し、アマンリゾーツの開発も立ち消えになった。松崎にとっては苦い過去に違いないのだが、エイドリアンと日本各地、世界各地を飛び回っていた話になると表情が華やいだ。そして、あるエピソードを話してくれた。

「石垣島の近くにある、琉球王朝の子孫が持っているという無人島をリーマンブラザーズから紹介されたことがありました。海がきれいで汚されていない、アーバンで何かできませんか、と言う。私はアマンができたらどうだろうと思ったんですね。リーマンの方でルートがあり、ゼッカに来てもらうことになりました。それが、アマンとのつながりの最初でした。島に来ると、彼はいきなり服を脱いで海に入ったんです。そしてノーと言った。まず第一に海流があやしい。ゲストが流されて死んだら困る。第二にビーチから西表島の朱色の鉄骨の橋が見えたんですが、それがよくないと。その時、彼は土地選びの天才だと思いましたね」

その土地がリゾートにふさわしいかどうかを自分自身の五感で感じ取り、それを瞬時に判断するのは、本当だったのだ。

彼の行動は、ビーチに行っても水着にもならず、スーツに革靴で、分厚い報告書に難しい顔で見入っているようなビジネスマンとは一線を画している。それでいて、自分自身の体をアンテナにして感じ取った情報を分析する、その感覚は、冷徹なまでに優秀なビジネスマンなのだ。それが、エイドリアン・ゼッカという男の資質であり、その結果が、アマンリゾーツという、これまでにないリゾートのかたちだったのではないか。エイドリアン自身は、たぶん服を脱いで海に入っていくことも、頭の中で情報を分析することも、そのどちらもが自然体なのであり、一連の行動をいつも彼は、面白がって、楽しんでやっているのだと思う。

受賞のスピーチで彼はまず「私はホスピタリティ産業ではなく、ライフスタイルビジネスをしているのです」と自分自身を語った。

それは、私がインタビューをした時も最後に強調したことだった。

「アマンリゾーツはライフスタイルの創造なんです。ライフスタイルとはとても複雑なものです。活動的なライフスタイルもあれば、受動的なライフスタイルもある。文化的なライフスタイルもあれば、パーティーライフスタイルもある。私たちが試みてきたことは、そうしたライフスタイルの要素をカクテルすることなんです。文化的なライフスタイルであればアマンダリやアマンジウォに行けばいい、パーティーライフスタイルであればアマンプリに行けばいい。アマンとは、ライフスタイルのコレクションなんですよ」

そして、いくつものライフスタイルを頭の中で認識するだけでなく、自分自身が好奇心のアンテナを張り巡らせて、あれこれと首を突っ込み、面白がって楽しむのが、エイドリアン・ゼッカという男自身のライフスタイルなのだろう。

インタビューの時、エイドリアンの目が最も生き生きと輝いたのは、遊んで楽しかった話を語る時だった。たとえば、そのひとつが、ジャーナリストとして日本にいた頃、週末を過ごしたという三浦半島の思い出だ。その記憶が後のアマンリゾーツにつながったのは、第三章に書いた通りである。彼の語るライフスタイルは、いつも具体的な自分自身の体験と直結していた。

エイドリアンの人生には、いくつかの節目があった。

ジャーナリズムの世界からリージェントに入る時、そして、リージェントを退いてアマンリゾーツを立ち上げるまで。それぞれに空白期があり、その時、何をしていたのかと問うと、彼は決まって「スキー三昧だったよ」と答えるのだった。半分はこちらを煙に巻いていたのかもしれないが、半分は本当だったのだと思う。なぜならスキーの話をする時、彼は本当に楽しそうだったからだ。

「一九五五年一一月にインドネシアを追放になった直後の冬も、クリスマスとニューイヤーは、オランダ人のガールフレンドとオーストリアのスキーリゾートで過ごしました。年が明けて一月には、イタリアのコルチナダンペッツォで冬季オリンピックがあって、私は見に行くことにしたんです。トニー・ザイラーがアルペンのメダルを独占した、あのオリンピックです。私はその時、ミラノに滞在していましたが、どこに行っても人がいっぱいだった。ところが、レストランに行ってもオペラに行っても、なぜか私は大歓迎されたのです。おめでとう、おめでとうと皆が抱きついてキスをしてくる。私のことを、銀メダルをとった猪谷《いがや》千春だと間違えていたんですね。彼は、アジア人で最初にメダルをとったオリンピックスキーヤーでした」

どのように人々が自分を祝福したか、身振り手振りを交えて表現してみせては、いつまでも彼は笑い転げた。

だが、よく考えてみれば、一九五五年の冬、ミラノのレストランやオペラ座に物慣れた様子で姿をあらわしたアジア人の若者なんていなかったからこそ、成り立つ笑い話だった。エイドリアンは、猪谷の二つ年下だった。当時、日本人の快挙は、地元を大いに沸かしていて、その日本人に間違えられた経験が、あるいは、後の日本に対する親近感を育《はぐく》んだのかもしれない。

バリとプーケット、雨季が逆になる南の島にそれぞれ別荘が必要だったように、スキーも彼の人生には不可欠なライフスタイルだった。

そう考えると、一九九二年、フランスのクールシュヴェルにル・メレザンを開業したのは、偶然でも気まぐれでもなかったことがわかる。

九二年に冬季オリンピックが開催されたフランスのアルベールヴィル、ここを玄関口とするのが、クールシュヴェルを含むトロア・ヴァレーと総称されるスキーエリアだ。イタリア国境に近いサヴォアアルプス。トロア・ヴァレーとは、文字通り、三つの谷という意味であり、メリベル、ヴァルトランス、クールシュヴェルのことを指す。若者が多い体育会系のヴァルトランス、ファミリーが多いメリベル、そしてヨーロッパでも有数の高級リゾートがクールシュヴェルである。

ヨーロッパにはいくつもスキーリゾートがあるが、羨望の眼差しを向けられるようなステイタスのあるところは限られる。たとえば、スイスのダヴォスやサンモリッツがそうだが、戦後になって開発され、オリンピックで有名になったクールシュヴェルは、そうした老舗のリゾートともまた違った。ル・メレザンの前身となるホテルにやって来たエイドリアンは、ひと目でここを気に入ったと言うが、クールシュヴェルには、どこか新興のアジアンリゾートにも通じる雰囲気があったのかもしれない。

ヨーロッパアルプスのスキーエリアは広大だ。滑っている途中で国境を越えてしまう、なんていうこともある。だから、必ずしも技術向上といったことではなく、スキーヤーはモニターと呼ばれるインストラクターと滑るのが一般的だ。普通は、最初の一日か二日か、モニターと滑って地理を把握するのだが、クールシュヴェルのモニターはわけが違った。金持ちたちは、シーズンまるごと彼らを雇い、必要な時だけ呼び出すのだ。そして、ストックより重いものは持たないのよ、といった風情のマダムたちのスキー板を担いで、バトラーのように後ろを歩く。ほかの谷のモニターは、決してこんなことはしない。サウジアラビアの王様が車を買い、帰る時にモニターにあげてしまった、なんて景気のいい話もよく聞いた。それが、クールシュヴェルという土地柄だった。

二〇〇〇年一月、取材でクールシュヴェルを訪れた私は、ル・メレザンを見に行ったことがある。ホテル・ボラボラでもそうだったが、その時もル・メレザンが目的ではなく、同じ九二年に開業した別のホテルに泊まっていた。ただ、こんなところにもアマンリゾーツがあったのかと興味を引かれたのだった。

アマンプリと同じエド・タトルが担当した建物とインテリアは、スキーリゾートらしい温もりと居心地の良さを感じさせながら、モダンなスタイリッシュさがあって、ヨーロピアンスタイルが多いほかのホテルと比べて確かに異彩を放っていた。

フランスでは、九三年にもう一軒、ワインの産地ボージョレに近いシャトー・ドゥ・バニョールをチェーンに加えているが、ここは後に離脱している。しかし、ル・メレザンは、いまもアマンリゾーツのひとつとして健在である。

ちなみに九八年、北米で初めて開業したワイオミングのアマンガニも、その位置づけは、やはりスキーリゾートだった。アジアンリゾートとカテゴライズされるホテルチェーンの中で、これだけスキーリゾートがラインナップされているところはほかにない。

ル・メレザンの開業と同じ九二年、アマンリゾーツは、アマンリゾーツのブランドイメージを確立することになる二軒のリゾートを開業する。

チャンディダサのアマンキラと、ヌサドゥアのアマヌサ（現在はアマンヴィラズ・アット・ヌサドゥア）である。

三段式のホライゾンプールが特徴的なアマンキラ。

どこか古代遺跡を彷彿とさせるアマヌサのデザイン。

それらを実現するために右腕となって働いたのが、アマンダリのプロジェクトを通して知り合った、後にアリラ・ホテルズ&リゾーツを創業するマーク・エディルソンだった。

「バリでもう一軒のホテルを交渉しようと思っていると彼に言われたのは、たぶんアマンダリが開業する前のことだったと思います。政府との調整や書類を揃える必要があるから、一緒にジャカルタに行ってくれないかと言われました。そうです、それがアマンキラでした。プロジェクトの土地を持っていたのは、インドネシア華僑のミスタ・フランキーという人物でした。私は政府との交渉とファイナンスの調整を手伝いました。

やはり同じ頃、サンフランシスコで会社経営をしている私のシティバンク時代に仲のよかった友人がいたのですが、彼がヌサドゥアに土地を持っていました。チャック・フィニーといって、デューティーフリーショッパーズの創業者です。とても裕福な人物でした。その土地にまずゴルフ場をオープンしました。ヌサドゥアのバリ・ゴルフ&カントリークラブです。すると、隣接地にリゾートも建てたいと言う。彼は以前、香港にいてエイドリアンのことを知っていて、アマンを建てたいと言う。もちろん手伝いましょうと、私がまた政府との交渉とファイナンスを担当しました」

アマンキラの設計を担当したのはエド・タトル、そして、アマヌサは、ケリー・ヒルが手がけた最初のアマンリゾーツとなった。二つのリゾートは、それぞれの建築家の名声を確立すると同時に、建築やインテリアにおけるアマンならではのスタイルやテイストをより明確に印象づけた。それは、たとえばシンメトリーにまとめられたベッドルームであるとか、カメラのファインダーに美しく収まることが計算されているような、視覚的に完成されたリゾートということである。

アマンキラのあるチャンディダサは、バリの東海岸に位置する漁村だ。ヌサ・ペニダ、ヌサ・レンボンガンといったダイビングポイントとして知られる島々の対岸に位置し、ダイバーやクタの喧噪を嫌うバックパッカーが泊まる格安な宿はあったが、少なくともアマンキラが開業するまで、リゾート地ではなかった。アマンの登場がその土地のイメージを変えたという点では、ウブドのアマンダリと同じかもしれない。

アマンキラとは「平和な丘」を意味する。

その名の通り、海を見下ろす丘陵地に建つリゾートを象徴するのは、傾斜地の立地を生かし、海に向かって段々に続くインフィニティプールだろう。チャンディダサという土地自体が海と共にあるように、アマンキラは水との関わりをテーマにしている。

そして、「平和な島」を意味するのがアマヌサだ。

「ヌサ」とは、より具体的には、リゾートの立地する「ヌサドゥア」地区を指している。スハルト政権下の一九七四年、BTDC（バリ観光開発会社）によって開発が始まったリゾートエリアで、一九八三年に最初のホテル、ヌサドゥア・ビーチ・ホテル＆スパが開業した。バリの歴史として、もっぱらサヌールやウブドのことを書いてきたが、観光地としてのバリを飛躍的に発展させたのは、観光地として囲い込んだロケーションで、大規模リゾートが多く計画されたヌサドゥアの功績が大きい。空港にも近く、便利なロケーションは、アマンダリやアマンキラと比較すると、ともすればアマンらしくないともいえるが、ゴルフコースが隣接する立地は、ひとつのライフスタイルの提案だったし、ビーチクラブのある少し離れた白砂のビーチには、絵に描いたようなリゾートの風景が広がっていた。

さらにアマヌサの真骨頂は、アマンキラと同様、どこを切り取っても絵になる建築の美しさだろう。巨大なスイミングプールを囲んで、古代遺跡を彷彿とさせるどっしりとした建物がそびえる様は、アジアンリゾートに新たな一ページを切り開いたと言っていい。そのアウトラインは、一〇年あまり前、エイドリアンとケリー・ヒルがジンバランベイに描いた青写真にも似ていて、アマヌサが彼らの夢の結実であったことを再確認するのである。

さらにもうひとつ、九二年にスタートした新規事業がGHM（ゼネラル・ホテル・マネジメント）だ。

エイドリアンと共に創業者となったのがスイス人ホテリエのハンス・R・イエニである。ローザンヌ・ホテルスクールを卒業後、ロンドンのドチェスターホテル勤務を経て、香港のペニンシュラホテルズ入社をきっかけにアジアにやって来た。以来、後にシャングリ・ラとなるクオークホテルズ、マンダリンオリエンタルと、黎明期にあったアジアのラグジュアリーホテルでキャリアを積んだ。そのイエニがGHM誕生の経緯を話す。

「アマンリゾーツで成功したエイドリアン・ゼッカは、その頃、新たなことを始めるためにホテリエを探していました。彼がリージェントにいた頃、私も香港にいて、お互いに若い頃から知っていたんですね。GHMは、アマンが一泊七〇〇～八〇〇ドルだった当時、一泊三〇〇～四〇〇ドルで、ホテル全体の規模は大きくし、同じ体験とサービスを提供することをコンセプトとしていました。ホテルとしての哲学は全く同じです。最大の違いは、ホテル開発におけるサイズだと考えてください」

アマンリゾーツで成功したホテル哲学を、やや手頃な価格帯で、より広いマーケットに拡大していこうと意図したのがGHMだった。

アマンプリに隣接する旧パンシーホテルをエド・タトルが改装したチェディ・プーケットが最初のホテルになるが、実質的なフラッグシップとなったのは、九三年、マレーシアのランカウイ島に開業したザ・ダタイである。設計はケリー・ヒル。ビーチからジャングルに至る細長い立地に展開される独特の空間は、彼の代表作と言っていい。

〈七〇〇ヘクタールの敷地は、珊瑚礁のリーフに守られた円を描くような白砂のビーチと沼のような湿地、そして森に包まれた丘陵地からなっていた。建築家は、ビーチの隣にホテルを建てるようにと言った投資家のリクエストに抵抗した。代わりに彼らが打ち出した戦略は、メインホテルを海から四〇メートル程高い森の縁に置くことで、三つの環境をそれぞれに抱擁することだった。土台の上に載ったヴィラが、谷間の村のように散らばり、沼地にはスパが隠れていて、そして、砂浜の縁にはビーチクラブが加えられた。メインのパブリックスペースは、アマヌサと同じように巨大な石の土台の上にあって、モニュメントのような階段が滝のようにジャングルを抜け、さらにボードウォークにつながって、沼地を抜けビーチまで続く。それらは、密林の中の失われた文明の遺跡を思い起こさせた〉(『Beyond Bawa』)

ＧＨＭのハンス・イエニ。

ＧＨＭのフラッグシップホテルだったランカウイ島のザ・ダタイ。

ザ・ダタイのコンセプトは、熱帯雨林のリゾートであることだ。

もちろん細長い敷地の先にはビーチがあるのだが、あえてそこにメインの建物を置かなかった英断が、リゾートに唯一無二の個性を与えた。ホテル棟もヴィラも沼地と森の中の圧倒的な緑の中にある。野生のサルが遊び、セミをはじめ、さまざまな種類の虫が一日中、うるさいほどに鳴く。「ダタイ」とは、ホテルが立地する土地の名前であり、それは、まさに土地の豊かな自然をそのままに体現したリゾートだった。

またザ・ダタイは、マレーシアを代表するリゾートアイランド、ランカウイそのものの象徴ともなる。タイとの国境に近いアンダマン海に浮かぶランカウイ島は、マハティール首相の出身地だったことから、マレーシア政府の肝いりで開発されたが、そのイメージと知名度を広げる代名詞となったのがザ・ダタイだった。

「マレーシア政府観光局は、この数年、トゥルーリー・アジア（本当のアジア）というキャッチフレーズでプロモーションをしていますが、本当のアジアがマレーシアのどこにあるかと言われて思い浮かぶ風景がなかったんですね。唯一、当てはまるのがダタイだった。そうした経緯があって、マレーシア政府が買収することになったんです」

二〇一一年、マレーシア政府の投資部門であるデスティネーション・リゾーツ&ホテルズが新しいオーナーとなり、運営も新会社が行っている。ＧＨＭは株主の一人という立場だという。そのことが意味するのは、少なくともマレーシアの観光にとって、ザ・ダタイがそれだけの役割を持つリゾートだったということだ。

タイのプーケット、そしてインドネシアのバリに続き、エイドリアン・ゼッカはマレーシアのランカウイにも確かな足跡を残したのである。

マーク・エディルソンは、八七年にエイドリアンに出会ってから、瞬く間に五年間が過ぎたと証言する。気がつくと、彼の仕事は、いつしかホテルにシフトしていた。

九三年、彼がシティバンクを退社して一〇年の月日が流れたその年、エイドリアン・ゼッカとアマンキラのオーナーであるミスタ・フランキー、エディルソンと彼のシティバンク時代の友人との四人は、二つの会社を設立した。

ひとつは、ヌサ・パシフィックというホテルの開発会社、そしてもうひとつが、ホテル運営会社のＧＨＭインドネシアである。

ＧＨＭインドネシアは、インドネシア国内のＧＨＭを運営するために、ヌサ・パシフィックが四九パーセント、ＧＨＭが五一パーセント出資して誕生した会社だった。

その後、ヌサ・パシフィックは、五つのホテルの開発に携わった。

すなわち、GHMのチェディ・バンドン（ジャワ島）、チェディ・ウブド、ザ・セライ（バリ島・チャンディダサ）、ザ・レギャン（バリ島・スミニャック）とジャワ島・ボロブドゥールのアマンジウォである。九三年に開業したスンバワ諸島、モヨ島のアマンワナはその少し前のタイミングの開業ということになる。

そして、ヌサ・パシフィックが手がけたもうひとつの事業が、マンダラスパだった。

バンヤンツリー・プーケットで「トロピカル・ガーデン・スパ」という、それまでのヨーロッパ的なエステティックとは異なる、熱帯リゾートならではのコンセプトのスパが誕生したのが一九九四年のこと。マンダラスパのスタートは九五年だった。

「ヌサドゥア・カントリー・クラブの出資者であったチャック・フィニーの会社にいた友人が、何か新しいビジネスができないだろうかと話を持ちかけて来たのです。フィニーの会社は、サンフランシスコにヘルスクラブを持っていて、彼は個人的にナパヴァレーの小さなスパに投資をしているという。バリでスパというアイディアはどうだろうと彼は言いました。それはいいアイディアだ、ということで、最初にヌサドゥア・ビーチ・ホテルにスパを開業し、その後、友人が家族とバリにやって来て会社を始めたのです。九五年のことでした。マンダラスパとしての第一号は九六年のチェディ・ウブドになります。その後は、インドネシア国内だけでなく、タイにも子会社を作りましたし、マレーシアのダタイにも開業しました。その頃は日本マーケットが一番いいお客さんだったので、日本人の多いグアムにも進出しようと、パシフィック・アイランド・クラブにも店舗を設けました。PICもフィニーのグループだったのです。さらにハワイ、ラスベガスと、どんどん出店していきました。二〇〇〇年には資生堂グループがパートナーに加わりました。ちょうどスパビジネスが急激に伸びている頃でした。でも、資生堂は保守的な会社で、大規模な投資には慎重でした。そうしたこともあり、二〇〇一年、シュタイナー・レジャーというマイアミのクルーズ会社にマンダラスパを売却したのです」

日本人にとって、マンダラスパのブランドに馴染みがあるのは、こうした背景のある会社だったからなのか。スパビジネスが最も躍進した時期、マンダラスパがアマンリゾーツの本流から外れたところでフェイドアウトしてしまったことで、結果として、アマンリゾーツがスパの分野において、やや後れをとってしまったことは否めない。しかし、アジアンリゾートの潮流をなしたマンダラスパもまた、アマンリゾーツがなければ生まれなかったのである。

元アーバンコーポレイションの松崎がそうであったように、エディルソンもエイドリアンとの日々を懐かしく語る。

「ミスタ・ゼッカと一緒に新しいホテルのサイトを探して回るのは、本当に面白かった。たとえばアマンワナでは、ヘリコプターで島に乗りつけて、セーリングボートに乗って、ダイビングをして、素晴らしい時間でした。私は、彼との関係をとても楽しんでいました。エイドリアン・ゼッカは、ホテルのイノベーターであり、クリエイターであったばかりでなく、才気があって、歴史にも政治にも芸術にも興味があった。彼がリージェントにいたことは重要なことでしたが、ホテルスクールを出た、サービスはわかっているけれども視野の狭い従来のホテリエとは違って、視野が広かった。ええ、今でもいい友達ですよ」

その後、二〇〇一年にマーク・エディルソンは、自身のホテルブランド、アリラ・ホテルズ＆リゾーツを創業した。いつしかホテルビジネスの面白さにとりつかれてしまったのだろう。ヌサ・パシフィックでエイドリアンと共に手がけたプロジェクトのうち二つ、すなわちチェディ・ウブドとザ・セライは、いまアリラが運営する。すなわち現在のアリラ・ウブドとアリラ・マンギスである。そして、ザ・レギャンは、同じ名前のまま、夕日の美しいスミニャックにいまもある。ただし運営は二〇一六年より、ＬＨＭ（レギャン・ホテル・

マネジメント）が行っている。

エイドリアン・ゼッカと共にアマンリゾーツの開発に関わった者は、そのプロジェクトが実現しなかったとしても、夢見心地で楽しい日々だったと語る。

私自身がエイドリアンに面と向かったのは、インタビューで会った数時間だけであり、そこから彼の人間性を推し量るのは難しいが、それでも、ふっとした拍子に自分の発したジョークや昔話に笑い転げた、その表情が何ともチャーミングであったことを思い出す。彼には、確かに人を引きつける天性の明るさのようなものがある。

そうした魅力は少なからず、アマンに泊まるゲストたちも巻き込んで、それまでの堅苦しい高級ホテルとは異なる居心地の良さを生んだのではないだろうか。アマンリゾーツの新しさは、そうした独特の雰囲気にあったのではないかと思う。そして、エイドリアン自身のライフスタイルがそうであるように、何に縛られることもなく、何の決まり事もなく、好きな時間に起きて、好きなところで好きなことをする。

結果、アマンリゾーツには、多くのリピーターが生まれた。

そして、いつしか彼らは、「アマンジャンキー」と呼ばれるようになった。

ジャンキーとは言うまでもなく、麻薬中毒者の意味である。そこから転じて物事に熱狂的に傾倒する人という意味もあるが、本来、あまりいいニュアンスの言葉ではない。私は、長いこと「アマンジャンキー」という単語自体は知っていたが、オフィシャルには使わない、隠語のようなものだと思っていた。だが、アマンリゾーツの関係者とインタビューを重ねるにつれ、ごく当たり前に使う単語であると知った。

上海の授賞式の会場でもエイドリアンは、真面目な顔をして言っていた。

「いま世界中に二五万人のアマンジャンキーがいます」と。

だが、考えてみれば、「ジャンキー」なんて言葉で、自分たちのリピーターを呼ぶ感覚こそが、いかにもアマンであり、またエイドリアンなのかもしれなかった。

長年、アマンリゾーツのPRを担当してきたトリーナは、一〇〇パーセント正しいかどうかわからないけれど、と前置きして、アマンジャンキーが使われ始めた経緯を話してくれた。

「アマンプリでのことだったと思います。ゲストとの会話の中でアマンジャンキーという単語が出てきたと記憶しています。最初の数年は、内輪の話でだけ使うようにして、オフィシャルに外で使うことはありませんでした。しかし、だんだんにジャーナリストが使うようになりました。最初はアメリカだったと思いますが、日本でも早くから使っていましたね。それでいつしか普通に使うようになったのです。

あれは、一九九七年のクリスマスだったと思います。アマンプリでは毎年、同じゲストが顔を合わせるのですが、何か思い出に残ることをしようと考えて、アマンジャンキーのTシャツを作ることにしたんです。アマンジャンキーという単語をオフィシャルに使ったのは、たぶんそれが最初ではないかと思います。そのTシャツは大変好評で、ぼろぼろになってしまったから新しいのをもう一枚くれないか、なんておっしゃる方もいました。その後、毎年というわけではありませんが、いくつかのリゾートでアマンジャンキーのTシャツを作るようになったんですよ」

トリーナは、アマンプリのスタッフが乗り合わせた飛行機の機内で、とあるアマンジャンキーに出会った時のエピソードを話してくれた。そのスタッフが例のTシャツを着てトイレに立つと、それに気づいた一人の紳士がにこにこしながら握手を求めてきたという。そして、自分もトイレに入ると、得意げに同じTシャツに着替えて出てきたというのだ。その紳士は日本人だったという。

日本は早くから熱心なアマンジャンキーがいたマーケットのひとつだったのだ。

第八章

孤島リゾートとホスピタリティ

インドネシア、モヨ島にあるアマンワナ。
モヨ島にはバリからの専用チャーター機が出ている。

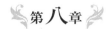

小説『遠い海から来たCOO』で一九八八年に直木賞を受賞した景山民夫は、その後、新興宗教に入信し、謎の死を遂げたが、この作品を発表してからの数年間、すなわち八〇年代末から九〇年代前半にかけては、作家として活躍すると同時に、受賞作の舞台となった南の島を愛したトレンドセッターでもあった。

開業まもないアマンプリを紹介した田中康夫がそうであったように、景山民夫も黎明期のアマンリゾーツに足繁く出かけ、その体験を書き留めている。

〈その「アマン・グループ」から、新しいホテルの案内が届き始めたのは去年の十月末のことだ。

「アマン・グループ」の、新規開店ホテルの案内ダイレクトメールは、なかなかに上手な手法を用いる。まず、絵葉書が一通送られてくる。文面には筆記体の文字で、「もう四週間で、このビーチでおくつろぎいただけます」とだけ書いてある。

写真は、見事なまでの白砂のビーチ。

その一週間後には、「あと三週間後には、この海で泳いでいただけます」というコメントと共に、白い珊瑚のカケラと、赤い珊瑚の粒が入り混じった、ピンク色の砂浜の写

真が送られてくるのである。（中略）

　そしてまた一週間後。

「あと二週間後には、この部屋で皆さまにおくつろぎいただけます」と書いた絵葉書に、コテージの部屋の写真が添えられている。（中略）

　次の週には、浜辺のマングローブの木にひっかけてある、誰も横たわる人のいない、ハンモックがひとつ。

「あと一週間で、このハンモックを皆さまにお楽しみいただけます」

　うまいではないか。

　そして最後のダメ押しが我が家に届く。

　絵葉書の写真は、居室内からデイベッドなめに撮影された、南シナ海のラグーンの海である。その手前にはまっ白な砂。どうやら、コテージから珊瑚礁の海までは、歩いて八歩から十歩といった距離であろう。おまけに、前の四通の絵葉書もそうであったように、その素晴らしいリゾートが、一体何処に出来たのか、どうやれば行けるのか、料金はいくらなのか、といった情報は、まったく載っていないのだ。絵葉書に書いてあるのは、ただ一行の言葉。

「オープンします」〉(「南方指向　ホテル篇」『鳩よ!』一九九四年五月号)

新しいリゾートの開業に際し、顧客たち、すなわちアマンジャンキーに一週間ごと、想像をかきたてるようなレターを送るマーケティング手法は、アマンリゾーツの得意とするところだった。おそらくエイドリアンの傍らでマーケティングとPRを一手にまかされていたトリーナのアイディアだったのだろう。

わくわくと胸を高鳴らせ、アマンからの絵葉書を受け取っていた景山は、早速、その新しいリゾートへの旅を手配する。

一九九三年一二月に開業した、フィリピンのアマンプロだった。

七一〇〇余りの島々からなる島嶼《とうしょ》国、フィリピン。なかでもとりわけ海が美しいことで知られるエリア、パラワン諸島の東、スールー海に浮かぶパマリカン島にリゾートはあった。アマンプロの「プロ」とは、タガログ語で「島」の意味である。島はアマンプロが開業する以前、家族経営のココナッツプランテーションがあったというが、基本的に無人島だ。リゾートへのアクセスは、マニラから専用のチャーター機で一時間である。

真っ白い砂浜と青いラグーン、そして椰子の木。

絵に描いたような南の島の楽園がそこにあった。

アマンリゾーツの展開が本格化し始めた九〇年代前半、日本語による案内もない、日本語を話すスタッフもいなかったのに、多くの日本人がアマンリゾーツに興味を持ったことに驚かされたと、トリーナは当時を述懐する。なかでも日本人に人気が高かったのがアマンプロだった。

そのアマンプロを心底愛する日本人のひとりが、レストラン「カシータ・グループ」のオーナー、高橋滋《しげる》である。

アマンプロではヴィラのことを「カシータ」と呼ぶ。それをそのままレストランの名前にしてしまったのだ。高橋の本業はオートバイの輸入販売である。だが、アマンリゾーツの、とりわけアマンプロのホスピタリティに感動し、その感動が彼の人生を変えた。そして、アマンと同じような感動を与えられるレストランを開きたいと、いわば趣味が高じて始めたのが、レストラン「カシータ」だった。

「アマンリゾーツはそうですね、一五〇回から二〇〇回くらい行ったかな。アマンプロだけで四〇回は行きました」

趣味が旅行で、世界のラグジュアリーホテルを泊まり歩いていた高橋は、たまたまバリでアマンダリに宿泊した。

「フォーシーズンズやリッツカールトンのスイートルームが究極だと思っていたのですが、初めてバリに行って、ヴィラタイプのリゾートに泊まった時はびっくりしました。こんな世界があるんだなって。その時、泊まったのはジンバランベイのフォーシーズンズで、それからインペリアル・バリにも泊まったのですが、なぜかしっくりこなくて、それでアマンに泊まってみようと思ったんです。アマンの名前はジャルパックのパンフレットで見たことがあり、知っていました。当時、JALのデンパサール直行便が就航していたこともあり、プロモーションしてたんですね」

高橋がチェックインしたのは最もスタンダードなヴィラだったが、たまたま部屋にネズミが出たことで、彼はGM夫妻のはからいでプールスイートに移った。

「素晴らしかったですよ。フォーシーズンズよりずっとよかった。それからアマンプリにも行きました。同じく感動しましたが、でも、アマンダリとアマンプリで感動したのはハードだったんです。それだけでは、こんなにアマンに通うことにはならなかった。三度目に行ったアマンプロで、今度はソフトで驚かされたのです。マニラからセスナに乗って飛行機を降りると、ピエールというGMが待っていてくれて『ようこそアマンプロへ、ミスタ・タカハシ』と言われたのです。それまでハワイのハレクラニであるとか、あらゆるホテルのスイートを予約してストレッチリムジンで乗り付けたことがありましたが、GMが待っていてくれたことなんかない。初めて行くゲストをGMが待っていて、探し出して出迎えてくれるなんて、初めてのことでした」

フォーシーズンズ・ジンバランベイの開業が九三年、アマンプロも九三年末の開業だから、九四年のことではなかったかと高橋は言う。すっかりアマンプロの虜《とりこ》になった彼は五日間だった予定を延長して、八日間ほど滞在した。

「アマンの神髄はワン・トゥー・ワンのサービスだと思います。いかなるゲストに対してもノーと言わない。彼らのルールを押しつけてくることがない。プールサイドで食事をしたいと言うと、たいていは、ガラスが割れると危ないとか、理由をつけてノーと言われる。でも、アマンではどこにでもテーブルを作ってくれます。朝食だって、それが午後の四時だろうが六時だろうが、ゲストが起きてきた時間が朝食の時間です。

僕はね、アマンの滞在中は、とにかく食事を楽しむことにしているんです。決してグルメではないから、食事を楽しむとは、シチュエーションを楽しむことです。それを教えてくれたのもアマンでした。アマンプロには、いくつかスペシャルディナーの場所がありま す。座るだけで涙が出てくるような、ロマンチックな場所です。そこで僕は本当に泣きました。すると、アマンプロのスタッフは、ミスタ・タカハシを泣かせろ、とまたアイディアを出してくるんです。ブータンのアマンコラに行った時も、すごく気になるお寺があって、そうしたら最終日、そこの境内にテーブルを用意してくれました。ここで食事をしたゲストはミスタ・タカハシが二番目ですと言う。最初はエイドリアン・ゼッカだと言うんです。どっちが最初にアイディアを出しているのかはわからないけど、ゼッカさんが来るからとスタッフがアイディアを出しているような感じはありますね。なぜなら僕が何度か見かけたゼッカさんは、社長が視察に来ているのではなくて、普通に客として奥さんと来ている感じでしたから。昼間はビーチで日光浴をしたり、クルージングに出かけたり、夜にも普通に食事に来る。そうやって客として見ているからいいんでしょうね」

高橋を感動させたアマンのホスピタリティは、まずリゾートの規模が小規模であるから可能なことだった。ちなみにアマンプロのカシータは全部で三〇棟である。高橋が最初に感動した、スタッフがゲストの顔を覚えて名前で呼ぶことは、アマンが重視するサービスのひとつである。さらに部屋番号も把握しているから、レストランで食事をした後、サインをする必要もない。

すでにアマンリゾーツを知っていた高橋がことさらにアマンプロで感動したのは、そこが隔絶されたロケーションだったからだろう。出迎えにしても、ゲストが到着するのは一日に一、二便のチャーターフライトだけだから、GMも待機していられる。プーケットのアマンプリやバリのアマンでは、ゲストは車でいつやって来るかわからないし、ウォークインで来ることもある。外来客のレストラン利用も多い。

アマンが隔絶したロケーションを開発する背景には、こうした独自のホスピタリティのあり方とも関連があるのかもしれない。

その背景となるような話を私は、元アーバンコーポレイションの松崎和司から聞いた。

「人がいらないという土地を探してリゾートにするのが上手いですよね。原価は安いし、建築コストも安い、人件費も安い。ゼッカは、地元の人とコミュニケーションをとるのが上手くて、土地の歴史なんかを上手く聞き出すんです。リクルートのやり方も独特ですよね。そこの村の人間を青空の下、何百人と集めて面接をするんです。そこで笑顔がいい奴を採用する。そして、現地の相場の五倍から一〇倍の給料を払って雇うのです。アマンで採用されることが名誉になる仕掛けをするんですね。アマンプロでは、そうやって隣の島の人間を採用したそうですが、彼らにしたら、国家公務員の上級職に受かったようなものですよね。当然、モチベーションが高いわけです」

高橋は著書『I am a man.』の中で、そうして隣の島から雇われた一人のスタッフのサービスに感激した話を書いている。

〈ふと思い立って、髪を切ることにしました。

スタッフに相談すると、ここは小さな島で床屋さんなどいないという。ただし二百五十名のスタッフの頭を刈る青年がいる。ホテルのオフィシャル・サービスではないから責任は持てないとのこと。髪などどうせすぐに伸びてしまうから構わないと、彼のサービスを受けることにしました。

翌日の午後、彼は自分のシフトを終えた後で、小さな商売道具を持って、私の部屋にやって来ました。（中略）

ジャンジャンというその青年は、沖に見える島の出身で漁師の家に生まれたこと、今はルームサービス担当だけれども、いつかはテーブルマナーを覚えてメインダイニングでサービスをしたいこと、アメリカ人の髪を一度刈ったことがあるけれども、日本人は初めてであることなど、照れ屋の彼は静かに話してくれました〉

その夜、いつものようにメインダイニングのお気に入りの席に案内された高橋は、マネージャーから今夜はシェフがスペシャルメニューを用意したと告げられる。

〈彼が合図を送ると、キッチンとの通路から、遠めに見てもわかるくらい大きなロブスターがトレイに載って運ばれてきました。驚いている私の目の前に、幾分震える手つきでロブスターの載ったお皿が置かれました。

その震えがロブスターの重さによるものだと思っていたのですが、運んできたウエーターの顔をのぞき込んで、そうでなかったことに気が付くが早いか、私の目から涙があふれてきました。そこにいたのは、初めての大役に緊張しきったジャンジャンでした〉

アマンプロという孤絶したロケーションならではの、アマンのホスピタリティの神髄を物語るエピソードといえるだろう。

もうひとつ、やはり日本人に愛されている孤島リゾートがある。

インドネシア、ロンボク島を挟んでバリの西に位置するスンバワ島の北、モヨ島にあるアマンワナだ。アマンプロと同じく、バリから専用のチャーターフライトがあるが、定期便の国内線を使って行くこともできる。

アマンプロが開業する少し前、同じく九三年に開業した。小さな島だが、アマンプロのような無人島ではない。ビーチと椰子の木だけではなく、人の暮らす村があり、鬱蒼とした森があり、鍾乳石が独特の風景をかたちづくる川があり、滝がある。アマンワナの「ワナ」とは「森」を意味する。

それでいて、アマンプロと同じようにダイビングに適した珊瑚礁のリーフに囲まれた海も素晴らしい。森のイメージが先行し、海は注目されないことが多いのだが、実際に島のリーフを潜ってみて驚いた。紙吹雪が舞うように色鮮やかな熱帯魚が舞う、極上の海がリゾートと村のすぐ沖に広がっていた。

客室はアマンプロのカシータに対して、アマンワナではテントと呼ばれる。キャンバス地でできた、アフリカを思わせるサファリテントだ。アマンの客室としてはやや手狭ではあるが、アドベンチャーな雰囲気は独特のものがある。

アマンワナのラグジュアリーなテント。

ここにも高橋と同じように、熱狂的にアマンワナを愛する日本人のアマンジャンキーがいる。彼の存在を知ったのは、二〇一〇年の秋、アマンワナが母港になっているアマンのプライベートクルーズシップ、アマンイカンに取材で乗船した時のことだ。キャビンは三つ、チャーターベースでのみ運航する。ちなみに、イカンとは「魚」の意味である。

操縦室の壁に日本の神社らしきお守りが飾ってあった。

不思議に思って船長に尋ねると、プレゼントしてくれたのは、当時、アマンイカンの年間スケジュールの半分近くを予約していた、筋金入りの日本人アマンジャンキーだという。後になって、その時の私たちの取材も、アマンイカンとアマンワナをこよなく愛する彼の助言で実現したものと聞いた。

アマンイカンは、周辺海域がベストシーズンの夏は、アマンワナをベースに世界遺産のコモド諸島をクルーズし、オフシーズンになる冬は、アマンワナを離れて、ほかの地域をベースにする。通称スパイスアイランド、秘境のバンダ諸島や海中生物の豊富さからダイビングサイトとして注目されているラジャアンパットだ。

その日本人アマンジャンキーは、会社を売却して早期リタイアした元経営者で、ベテランのダイバーだという。アマンイカンの行き先が、よりダイビング志向になったのは、彼の好みが反映されたからだろうか。有り余る時間と金を使って、世界の美しい海ばかりを旅している、いま時、こんな日本人がいるのかと思わせるようなライフスタイルの人物だった。スタッフの誰もが、心の底から彼のことを慕っていて、日本に招待されたことのある者までいると聞いて、さらに驚いた。

スタッフたちが話す彼との距離感は、アマンプロのスタッフが「ミスタ・タカハシを泣かせよう」という話と共通するところがあって、なるほどと思った。

家族や友人に近い感覚なのである。

もうひとつ、アマンのホスピタリティの神髄を見た気がした。

アマンプロとアマンワナは、彼らのような特別な存在ばかりでなく、平均してリピーター率が高いという。しかも日本人の割合が高い。どちらも日本人アマンジャンキーによく愛されているリゾートなのだ。

フィリピンとインドネシア、いずれも日本からのアクセスは悪くないが、島までのアクセスは必ずしも便利ではない。孤島への旅は、ちょっとした冒険だ。

しかし、だからこそアマンらしいアマンと言えるのかもしれない。

よく日本人は「何もしない休日」ができない民族だと言う人がいる。

だが、少なくともアマンプロとアマンワナが登場した頃、あるいはそれ以降、決して大勢ではないけれど、しかし少なからぬ数の、南の島でのんびりするライフスタイルを受け入れた日本人たちがいた。冒頭の景山民夫もそうだっただろうし、高橋も、アマンイカンの彼もそうだ。海で泳いで潜って釣りをして、あとはビーチに寝転び日光浴をする、そうした日々が一週間続くことに退屈を覚えない日本人である。

その頃、たとえばリゾートのライブラリーに、潮風で表紙が膨れた日本語の本が少しずつ増えていったことを私は記憶している。ライブラリーに増えた日本語の本は、ビーチやプールサイドで日がな一日を過ごす日本人がいることの紛れもない証拠だった。

南の島を目指し始めた一部の日本人のすべてがアマンプロやアマンワナに泊まったわけではなかったけれど、その頂点に二つのアイランドリゾートは確かに存在したのだ。

さらに、アマンプロとアマンワナは、それぞれ島としての素材がよかった。

孤島リゾートとは、ただ隔絶した離れ小島ならばいいのではなくて、美しいビーチであるとか、リーフの発達した海であるとか、あるいは独特の景観であるとか、島としての素材の善し悪しがリゾートとしての成功を左右する。

アマンワナのモヨ島では、滝の名前の由来になったオーストラリア人の話を聞いた。

その滝、バリーズ・フォールの名付け親になったバリー・リーズという冒険家はヨットで旅していて、たまたまモヨ島に降り立ち、リーフに囲まれた島には秘められた美しい滝があることを発見する。オーストラリアで彼と知り合ったエイドリアン・ゼッカは、かねてからリゾートに適したいい場所があったら教えてほしいと頼んでいた。そうした経緯でアマンワナは誕生したというのだ。二〇〇八年に彼は亡くなり、遺灰は彼の名前が冠された滝に撒かれたと聞いた。リゾートの敷地自体は、ジャカルタのインドネシア人ファミリーが持っていたというが、そこにアマンワナが誕生するには、冒険家バリーの物語が不可欠だったのである。

そして、アマンプロのパマリカン島を発見し、開発に関わったのは、本間啓三郎という日本人だった。一九八二年、アマンプロに隣接するパラワン諸島にエルニド・リゾートを立ち上げた男である。三〇室のコテージからなる素朴なリゾートは、日本人を南の島に誘ったひとつのきっかけになったと言っていい。

本間啓三郎もバリー・リーズと同じく冒険家だった。

一九七〇年代、フィリピンにやって来た彼は、パラワン、セブ、ボホールなど、フィリピン各地の島々を探検。ダイビング器材などを持ち込んで、第一回日本フィリピンダイビング大会という催しを成功させる。以来、彼はずっとフィリピンに関わり続けた。

一九四五年二月というから、ぎりぎりの戦中生まれということになる。父親がフィリピン戦線に関わった軍人だったという。フィリピンで本間というと、バターン死の行進の責任を追及され、戦犯として銃殺刑になった本間雅晴中将が有名だが、彼の息子ではない。だが、軍人だった父が迷惑をかけたフィリピンに恩返しがしたくて、この国にやって来たのだという、どこか武士を思わせる、一本筋の通った日本人だ。

一九九三年、アマンプロが開業した年、本間は北パラワン諸島のアプリット島にクラブ・

ノア・イザベルというリゾートを開業する。周辺の海には野生のジュゴンが生息しており、ジュゴンの飼育で有名だった鳥羽水族館とのジョイントベンチャーということでも話題を呼んだ。クラブ・ノア・コーポレーションの設立にあたり、本間はエルニドの経営から手を引いたが、その後、クラブ・ノアは経営破綻した。三年間の閉鎖の後、現在はエルニド・リゾートの管轄で運営されているが、閉鎖の間、周辺海域で漁が行われ、楽園の海はだいぶ荒廃してしまったとも聞く。

日本人にフィリピンの美しさを紹介したいという本間の夢は、結果として、アマンプロにおいて、最も継続的に実現したのかもしれない。

アマンプロとアマンワナが登場した頃、私は、ラグジュアリーリゾートになる以前のモルディブの魅力に取り憑かれていた。八八年にダイビングのライセンスを取った後、しばらくフィリピンのセブ島に通い、その後、モルディブを知った。そして、地球上にこんな美しい海があったのかと驚いたのである。

日本でモルディブが初めて紹介されたのは一九七八年、水中写真家の館石昭が創刊した『海と島の旅（Resort Diver）』という雑誌だ。私自身がモルディブを知ったきっかけでもある。少なくとも私がダイビングを始めた頃には、毎年、新年号はモルディブの大特集を組んでいたと記憶する。二〇〇九年、モルディブが有名になったのを見届けるように休刊。二〇一二年九月には舘石自身も亡くなり、一時代が終わった感慨を覚えている。

本間もそうだが、舘石も日本におけるスキューバダイバーの先駆けのひとりだった。そして、本間がフィリピンに関わったように、舘石は、もっぱら出版物を通して、モルディブの情報を発信し続けたのだった。

モルディブの特徴は、一島一リゾートであることだ。

ひとつひとつは豆粒のように小さな島が集まってアトール（環礁）を形成する。インド洋に連なる、それら環礁の集合体がモルディブという国だった。モルディブとはサンスクリット語で「島々の花輪」を意味するが、その花輪がすなわち環礁である。

島は、ひとつひとつが非常に小さい。たとえば、空港でさえ首都の島に造ることはできず、空港だけの島がある。だからリゾートもごく限られた島を除いて、ひとつの島にはひとつのリゾートしか造りようがなかった。

一島一リゾートというコンセプトは、アマンプロとアマンワナにも共通する。

モルディブの場合は、よりアマンプロに近いだろう。つまり、珊瑚礁のリーフに囲まれた、白砂のビーチと椰子の木しかない無人島のリゾートである点においてだ。しかも、その海とビーチが極上の美しさであった点も共通していた。

モルディブというエリアが特殊だったのは、フィリピンやインドネシアでは限定される、極上の条件を持つ無人島が無数にあったことだ。

ダイビングやシュノーケリングに適したハウスリーフと呼ばれる珊瑚礁が島を取り巻き、白砂のビーチがあり、椰子の木がある。それは、きわめてわかりやすい、誰もが漠然と夢に描く「南の島」のプロトタイプ、楽園の風景だった。

無数の無人島が、まるで白いキャンバスのようにニュートラルな「南の島」であったことが、後にモルディブをラグジュアリーリゾートのショーケースとも、実験場とも言える状況にした。だが、私が出会った頃のモルディブは、もっぱらダイバーと、美しい海さえあれば何もいらない人々が集まるところだったのである。

一九九五年にソネバフシを開業し、結果として、モルディブにラグジュアリーリゾートの旋風を呼び込んだソヌ・シヴダサニが、初めてモルディブを訪れたのは一九八八年、私が初めてモルディブに行った少し前になる。

「私が妻となるエヴァに出会ったのは、オックスフォード大学一年の頃ですから、八六年だったと思います。彼女はモデルをしていて、七〇年代後半、モルディブに撮影に行ったことがあったんですね。彼女は、そこがとても気に入った。それで私たちは一緒にモルディブに行くことにしたのです。そして、私もモルディブが気に入りました」

ソネバフシのソネバとは、ソヌとエヴァの名前に由来する。

北欧美人のモデルと創業者のラブストーリーは、しばしばソネバフシを象徴する物語として語られる。だが、その彼女がもし、たまたまの偶然でモルディブの撮影に行っていなかったら、ソネバフシは存在しなかったことになる。

「どこの島に行ったのですか」

「ナカチャフシです」

熱に浮かされたようにモルディブに通った私も行ったことがある。素晴らしいハウスリーフとビーチに恵まれた、モルディブらしい美しい島だった。現在は、フヴァフェンフシというラグジュアリーリゾートになっている。

「そう本当に美しかった。でも、シャワーは塩水で、トイレは臭いがあって、そして、白いプラスチックの椅子がビーチに置かれていましたよね」

そう言ってソヌは笑った。

その通りだった。私がナカチャフシに行ったのは九〇年代だから、さすがに塩水のシャワーは改善されていたが、当時のモルディブでは、真水温水のシャワーが出るというだけで、そこを高級リゾートと呼んだものだ。部屋付きのプールはおろか、普通のパブリックプールもバスルームのバスタブもなかった。

圧倒的な海の美しさと、相対する簡素な施設。

当時のモルディブのその現実が、ソヌの心を突き動かした。最初は、そこに自分の別荘を構えようと考えたのは、アマンプリの時のエイドリアンと同じだった。そして、アマンプリで水の供給が課題となったのと同じように、ソヌの別荘にも問題が立ちはだかった。もともとモルディブでは、外国人は島を買うことはできず、リゾート開発であっても、長期リースの契約を結ぶのだが、当時のモルディブ政府は、個人で島をリースすることを許可していなかったのだ。

「島をリースしたいのなら、観光業をやりなさいと言われました。そこで書類を作ってプレゼンテーションすることになったのですが、当時のモルディブのリゾートは、特殊な経営形態でした。ユニヴァーサルのようなヨーロッパ系のツアーオペレーターがリゾート自体の運営も行っていて、オールインクルーシブの料金で一〇年単位の契約を独占していたのです」

「モルディブをリゾートとして最初に開拓したのはヨーロッパのマーケットだった。アメリカ人も少なかったし、後に日本の旅行会社も参入したが、リゾートによってはヨーロッパの旅行会社に独占されていて、日本から予約を入れることさえ難しかった。乾季のベストシーズン、特に年末年始は、人気の島ではしばしばオーバーブッキングが発生し、「島流し」と呼ばれたものだった。

ソネバフシは、そうしたモルディブの状況に対する挑戦でもあったのだ。

九一年からスタートしたソヌのリゾート計画は、結局、九五年の開業まで四年の月日を費やした。当時、リゾートが立地していたのは、空港や首都のある北マーレ環礁と隣接する南マーレ環礁がほとんどだったが、ソネバフシの島、クンフナドゥは、はるか遠いバー環礁にあった。

「七五年にリゾートが建設されたのですが、七八年に閉鎖されてしまったのだそうです。当時、首都のマーレからドーニ（著者注：モルディブ伝統の木造船）で三日間もかかったのが理由です」

それから二〇年近い時を経て、送迎にはヘリコプターを導入し、「自然への回帰」をテーマに、ソネバフシはバー環礁で唯一のリゾートとなったのである。

ソネバフシを最初に日本に紹介した九六年一月号の『海と島の旅』には〈一説にはイギリスに住む大富豪のソヌさんがスーパーモデルの妻、エバさんの誕生日にプレゼントしたリゾートだそうだが〉と記されている。

アマンリゾーツのエイドリアン・ゼッカやバンヤンツリーのホー・クォン・ピンが華僑であったのに対して、ソヌのバックグラウンドは印僑だった。

「私の父は第二次世界大戦の直前、イギリスのケンブリッジ大学に留学していました。彼はヒンズー教徒で、そして現在のパキスタンの出身でした」

第二次世界大戦中にケンブリッジに留学していたのは、ジェフリー・バワと同じだ。

だが戦後、母国は、より困難な状況に直面する。

言うまでもなくパキスタンは、インドから分離独立したイスラム教徒の国である。それだけで、ソヌの父と家族が巻き込まれた運命が推し量られる。まもなく父を追って母も渡英し、以来、家族はヨーロッパで暮らしてきた。植民地支配の終わりが、一家の運命を左右した点はゼッカ家とも共通する。そして、やはり同じように、政治の混乱に巻き込まれながらも成功を収める才覚が彼の父にもあった。

「父は大学卒業後、スイスのチューリッヒで銀行家となり、その後、アフリカのナイジェリアで仕事をしました。私も大学卒業後、三年間ほどスイスで貿易の仕事に携わりましたが、いまは兄が父のファミリービジネスを継いでいます。母は南フランスでワイナリーを営んでいるんですよ」

その父の息子がソヌ・シヴダサニなのだった。

ソネバフシをめぐるラブストーリーが、ことさらに好ましいPRになったのは、北欧美人のスーパーモデルの妻もさることながら、夫の「大富豪」が、英国紳士の品格とエキゾティックな容貌があわさった、若いソヌであったところも大きいのかもしれない。

ソネバフシは大成功を収め、多くのリピーターを得た。

同じ九五年、バンヤンツリーもモルディブに進出したが、話題性では、ソネバフシが圧倒した。なぜなら、コンセプトがより明確で新しかったからだ。つまり、料金の高さを含めたラグジュアリー度において、また自然との一体感、ワイルドさにおいて、その二つの点で、ソネバフシは突出していたのである。

ワイルドでありながらラグジュアリーという新たなラグジュアリーのあり方は、その後、ラグジュアリーリゾートの新しい潮流となる。

すなわち、都会のシャンデリアが輝くような都市ホテルのスイートルームで燕尾服を着ることではなく、美しい自然環境の中に身をおいて裸足で生活することこそ、新しい時代のラグジュアリーであるという考え方だ。しかし、上等のシャンパンやワインを飲むことやおいしい料理、必要な快適性を享受することは譲歩しない。旧来のラグジュアリーが息づくヨーロッパの上流社会を知っていたソヌだからこその発想だったのかもしれない。ソネバフシは、明らかにその先駆けであった。

アマンプリが「アクシデント」からアマンリゾーツに発展していったように、ソネバフシも、その成功を経て、九七年、ベトナムのアナマンダラ・リゾートのマネジメントを任されたことがチェーン展開への足がかりとなる。これが、後のエヴァソン・アナマンダラであり、エヴァソン・ブランドの展開につながる。

その後、社名をシックスセンシズ・ホテルズ・リゾート&スパとし、スパ単独での出店も進める一方、もうひとつのホテルブランド、シックスセンシズを立ち上げる。二〇〇二年にはモルディブにソネバとして二軒目のリゾート、ソネバギリを開業。リゾートとしての哲学はソネバフシを継承しつつ、北マーレ環礁の便利な立地と全室水上コテージというコンセプトは、ハネムーナーから圧倒的な支持を受けて、日本マーケットの拡大にもつながった。モルディブに産声を上げた一軒の実験的なリゾートは、二一世紀初頭、急速にアジアンリゾートを代表するホテルチェーンに成長していったのである。

こうしてソネバブランドを頂点に、シックスセンシズ、エヴァソンと三ブランド体制で展開してきたシックスセンシズ・ホテルズ・リゾート&スパだったが、二〇一二年四月、ソネバだけを分離するリブランドが行われた。シックスセンシズは、投資ファンドのペガサス・キャピタル・アドバイザーが取得。あわせてモルディブのソネバギリを売却、ソネバは新たな体制での再出発となった。現在、ソネバは、ソネバフシと同じくモルディブのソネバジャニ、タイのソネバキリの三軒である。時を経て、再び原点に戻ったようなかたちだ。

アマンワナ、アマンプロといった孤島リゾートで、アマンリゾーツならではのホスピタリティが育まれたのではないかという話をしたが、ソネバフシもまた、その後、シックスセンシズに発展したホスピタリティの原型が生まれた場所であった。

アマンの場合は、ゲストに特定の担当がつくのではなく、スタッフ全体でゲストの動きを把握しながら、随時、心地よい状況をキープしていく。対して、ソネバには「フライデー」という独特のゲストサービスのシステムがある。

ソネバにはレセプションに相当するものがない。出迎えからチェックアウトの精算まで、すべて担当のフライデーが行う。ゲストはフライデーにつながるホットラインの携帯電話を渡され、レストランの予約やアクティビティの手配、細かなクレームやリクエストまで、とにかく何かあればフライデーを呼ぶことで、リゾートの毎日は進行していくのだ。

「フライデー」とは、ロビンソン・クルーソーの物語に登場する、主人公を助ける従僕の名前である。エキゾティックな南の島にあるソネバでの生活を助けてくれるパートナーとして、フライデーは存在する。その役割は、ヨーロッパ起源の「バトラー」に近いが、ソネバのフライデーとは、バトラーのようにフォーマルでかしこまることなく、よりフレンドリーに何でも相談できる相手として位置づけられている。

ソネバフシにおけるワイルドとラグジュアリーの融合というコンセプトは、すなわちロビンソン・クルーソーのような生活をラグジュアリーに再現することだった。そこからのイマジネーションなのだろう。これも孤島リゾートという環境だからこそ、生まれたホスピタリティのかたちと言える。

開業の時系列から、ソネバは、アマンリゾーツの成功に続いたフォロワーと捉えられがちだが、そこには、決してアマンリゾーツの模倣ではなく、また単なるラブストーリーでもない、幾つかの偶然によってもたらされた物語があった。

エイドリアンが植民地アジアの華僑であり、アメリカで教育を受けたジャーナリストだったのに対して、ソヌはヨーロッパのエリートとして成長したイギリス生まれの印僑だった。それぞれのバックグラウンドは異なるけれど、その背後には、いずれも奔流のようなアジアの歴史があり、それをしたたかに生き抜いてきたＤＮＡがあったのだと思う。

第九章

アジアンリゾートブームの舞台裏

1992年にバリ島、ヌサドゥアに開業したアマヌサ（現アマンヴィラズ・アット・ヌサドゥア）は、アジアンリゾートブームを象徴するリゾートのひとつ

日本人の海外渡航者数の推移を見ると、意外なことがわかる。

それは、バブル景気の絶頂期が、海外渡航者数の頂点ではなかったということだ。いわゆるバブル景気というのは、一九八六年一二月から九一年二月までとされる。さらに、ほぼ時を同じくして、政府は「テンミリオン計画」を発表する。五年間で海外渡航者数を八六年当時のほぼ二倍にあたる一〇〇〇万人にしようという計画である。その間、海外渡航者数の推移（日本政府観光局＝ＪＮＴＯの統計より）は、八七年が六八二万九〇〇〇人、八八年が八四二万七〇〇〇人、八九年が九五六万三〇〇〇人、九〇年が一〇九九万七〇〇〇人と躍進し、当初の予定より一年早くテンミリオンの目標は達成されたのだった。

だが、伸び率こそ史上最大を記録しているが、実数で見ると、近年の渡航者数よりずっと少ないことがわかる。つまり、バブルは崩壊しても、海外渡航者数は伸び続けたのだ。

バブル崩壊の年こそ、一〇六三万四〇〇〇人と微減するが、九二年は一一七九万一〇〇〇人、九三年は、湾岸戦争の影響なのだろう、ほぼ横ばいの一一九三万四〇〇〇人だが、その後は再び増加に転じ、九四年が一三五七万九〇〇〇人、九五年が一五二九万八〇〇〇人、九六年が一六六九万五〇〇〇人と、バブル景気の頃と変わらない伸び率で増え続けた。

たとえばジュリアナ東京がお台場にあったのは九一年から九四年だったように、時代の空気としてのバブル景気は、実際の景気動向よりも少し後ろにずれる。しかし、それにしても「テンミリオン計画」のような政府主導の政策があったわけでもない。経済はバブル崩壊後の「空白の二〇年」の真っ直中にあり、九五年には阪神・淡路大震災があり、地下鉄サリン事件があった。時代の空気は、暗い澱んだものだったはずなのに、海外渡航者数は減少するどころか、増え続けていたのである。

一般的な世相を振り返ってみても、ことさらに海外旅行ブームであったという記録は出てこない。日本人がこぞって海外旅行をし、ブランド品を買いあさったイメージは、バブル景気の出来事として、今の私たちは漠然と理解している。しかし、現実として、海外渡航者の数はバブル崩壊後も伸び続けていた。

あの頃、何が起きていたのだろう。

当時、旅やホテルに関する文章を書く仕事に携わっていた私は、九四年九月に最初の単行本を出版した。個人的な出来事としては、仕事の潮目が変わった時期だった。主に業界誌に無署名の原稿を書いていたのが、一般向けの雑誌に署名の原稿を書くようになったのだ。『箱根富士屋ホテル物語』というその本は、クラシックホテルの歴史をテーマにしたノンフィクションであり、海外のホテルと直接的に関わりはなかったが、それまで仕事をしていたのが海外旅行とホテルの業界誌だったこともあり、自然のなりゆきでホテルをテーマにしたエッセイやコラムを書くようになっていた。

ちょうどその頃、ある不思議な媒体との出会いがあった。

書店で一般に販売される雑誌ではなく、会員制の定期購読誌で『マイ・ホテルズ』というタイトルだった。当時、一般向けのホテル専門誌としては、私も執筆していたオータパブリケイションズの『ザ・ホテル』があったが、『マイ・ホテルズ』は、女性をターゲットに絞ったところが新しかった。

一九九四年三月の創刊号が手元にある。

巻頭の特集は「魅惑の島バリ」だ。

注目すべきは「超高級スノッブホテル　アマンリゾートにはまる」と題して、アマンダリ、アマンキラ、アマヌサ、そして九三年に開業したばかりのアマンワナまで、インドネシアのアマンリゾーツ四軒をすべて、撮り下ろしの写真と共に紹介している点である。よく見ると、表紙のイラストは、アマンダリの東屋があるインフィニティプールだ。

断片的なエッセイやコラムではなく、日本でアマンリゾーツをきちんと紹介したのは、おそらく最も早い例ではなかったかと思う。

『マイ・ホテルズ』は二人の女性が代表を務めていた。

アマンリゾーツの掲載を決めたのは、元女性誌編集者で実務面を担当した一人だった。彼女のアメリカ在住の友人が、当時、ニューヨークの社交界で人気を博していたアマンリゾーツの情報をくれたのがきっかけだという。日本では、まだ一般的な知名度はほとんどない頃のことである。取材を申し込むと、手厚く彼女たちは迎えられた。

そして、もう一人の代表が「ホテルジャーナリスト」という肩書きの女性だった。後に『ホテル・ジャンキー』という本を出版することになる、村瀬千文である。

さらに彼女は「村瀬千文のホテル・ジャンキーズ・クラブ」という組織を立ち上げ、ウェブサイト、会員誌の運営を始めるのだが、「アマンジャンキー」という言葉に触発されて「ホテル・ジャンキー」が生まれたことは間違いないだろう。

一九九七年一月、『ホテル・ジャンキー』は刊行された。

アマンリゾーツのPRを担当してきたトリーナの証言によるならば、アマンプリが「アマンジャンキー」のTシャツを顧客に用意したのは九七年のクリスマスだというから、『ホテル・ジャンキー』が刊行された時点では、「アマンジャンキー」は、まだ少し隠語めいて使うワードであったことになる。「ジャンキー」などという表現で顧客を呼ぶ新しい感覚に、彼女は、新たなホテルとの関わり方を発見したのではないか。『マイ・ホテルズ』がことさらに話題を集めたわけでもない、『ホテル・ジャンキー』がベストセラーになったわけでもない。だが、九〇年代半ば、少なくともこうした雑誌や本が、女性を中心とする、ある読者層を獲得したのは事実である。

背景としては、九二年のフォーシーズンズ椿山荘（現ホテル椿山荘東京）、九四年のパークハイアット東京、ウェスティンホテル東京といった外資系ラグジュアリーホテルの進出があるだろう。ルイ・ヴィトンやシャネルのバッグを持つように、フォーシーズンズやパークハイアットに泊まること、食事をすることは、ひとつのブランドとして受け入れられた。

一般に日本でホテルブームというと、東京オリンピックの頃の第一次ホテルブーム、七〇年代の第二次ホテルブームなどを指すが、日本人の都市生活者のライフスタイルに、本当の意味でホテルが入り込んだのは、実は、この時期だったのではないか。新しいホテルが開業するとテレビや雑誌がこぞって取り上げ、開業直後の数ヶ月はすさまじい人出となる、そうした現象がおきるようになったのは、九〇年代以降のことである。

そうした素地があったからこそ、まだ見ぬブランドであったアマンリゾーツに対する興味も生まれたのだろう。それは、旅のひとつのパーツに過ぎなかったホテルを、目的そのものとする旅のスタイルの登場であった。

そして、私自身も、そうした潮流の脇に立っていたのだが、だからこそ、ホテルジャーナリストなどという職業も必要とされたのである。

その後も、日本人の海外渡航者数は増え続けた。九六年は一六六九万五〇〇〇人、九七年は一六三五万八〇〇〇人、九八年は一五八〇万六〇〇〇人と減少したが、九九年には一六三五万八〇〇〇人と増加に転じ、二〇〇〇年にはついに一七八一万九〇〇〇人と過去最大の渡航者数を記録する。

二〇〇〇年に何があったのだろうと、再び考える。

コンピューターの二〇〇〇年問題が懸念された年明けは何事もなく過ぎ、雪印集団食中毒事件があり、有珠山が噴火し、三宅島の火山が噴火した。シドニー五輪の高橋尚子の金メダルに世間は沸いたが、相変わらず経済は「空白の二〇年」の中で、低迷していた。アメリカ発のいわゆるＩＴバブルで楽天やライブドアなどが台頭したが、世間一般の空気にバブル景気のような華やかさはなかった。

「冬のソナタ」の放映開始は二〇〇三年のこと。多くの日本女性を韓国に呼び込んだ韓流ブームさえ始まっていない。

それでも現実として、この年、日本人は過去最大の海外渡航者数を記録したのである。

歴史をひもとくと、ひとつだけ、数字を後押ししたであろう事実が見つかった。

それは、改正航空法の成立である。

すなわち格安航空券が正式に認められた年なのだ。

さらにさかのぼれば、九四年、まずは届け出制により格安チケットの販売ができるようになっている。渡航者数の伸び率がバブル景気と同じ上昇を呈したのは、ちょうどこのタイミングであった。

それまで割引航空券とは、団体旅行に対して適用されるものだった。実際には、個人旅行者にも、団体運賃をバラ売りするかたちで販売されており、そうしたチケットを扱っていたのが、たとえばＨＩＳである。格安航空券の台頭を受けて九五年、ＨＩＳはナスダックに上場を果たしている。

景気は低迷していたけれど、航空券が相対的に安くなり、渡航者が増大した。それが、幻の海外旅行ブーム、二〇〇〇年の真実だった。

そのまさに二〇〇〇年、始動したひとつの旅行雑誌があった。

長引く出版不況の中、旅行、特に海外旅行を主体に扱う定期刊行の雑誌として、いまや数少ない存在となった、文藝春秋の『クレア・トラベラー』である。

母体となる『クレア』が創刊したのは、バブル真っ直中の一九八九年。知的好奇心旺盛な女性のための読み応えのある女性誌というのがコンセプトだった。その中で、定期的に特集を組んで力を入れていた分野が「旅」だった。

一九九八年、九九年と二年連続して特集を組み、完売し、好評だったのがアジアンリゾートの企画である。それを受けて、九九年一一月九日に『クレア』別冊として発売されたのが『超快適アジアン・リゾート&アジアン雑貨の旅』だった。

前提として、おそらくは、プーケット、バリ、ランカウイといったアジアのリゾートアイランドに主だったホテルが一通り出揃ったタイミングがあった。実際には、九七年から九八年にかけてアジアは通貨危機に見舞われていたのだが、危機前のある種のバブルによる経済の躍進が、日本においてもそうだったようにインフラの底上げをしていた。その結果、治安が悪くて不衛生、あるいは買春旅行に代表されるいかがわしいイメージが払拭され、アジアのイメージが向上していたのだろう。

さらに格安航空券の台頭によって、旅行スタイルが個人旅行にシフトし、旅の目的としてホテルが大きな割合を占めるようになっていた。渡航費も物価も安いアジアは、格安に贅沢な休日が楽しめる格好の場所だった。南の島の楽園は、ストレスの多い日常から逃避するにもふさわしかった。さまざまな要因が、女性たちの興味をアジアンリゾートに向かわせたのだと思う。

初版の五万部は完売し、増刷して六万五〇〇〇部となった。その手応えを受けて、『クレア・トラベラー』は『クレア』から独立し、定期的にムックとして刊行されることになった。

第二弾は二〇〇〇年四月の『アイランド・リゾートの旅へ』である。これも好評だった。そして、第三弾として計画されたのが二〇〇〇年一〇月の『「至高の楽園」アマンリゾーツのすべて』だった。

一冊まるごとアマンリゾーツを紹介するという画期的な企画。日本のマーケットにアマンリゾーツの名前を広く浸透させた、伝説的な一冊だった。

初版が五万部、すぐに二万部増刷して完売した。

女性誌としてはささやかな部数かもしれないが、一泊六〇〇ドル以上するホテルばかりを取り上げた雑誌がこれだけ売れたのは、異常なことだった。

『クレア・トラベラー』の読者とは、どのような層だったのだろうか。

読者調査の資料によれば、性別では女性が七七・九パーセント。年齢は二五歳以上三〇歳未満が二六・七パーセント、三〇歳以上三五歳未満が三六・〇パーセント、三五歳以上四〇歳未満が一九・八パーセントで、二〇代後半から三〇代が八割以上。職業は会社員・公務員が七四・四パーセント。未婚が六〇・五パーセント。世帯収入は五〇〇万円以上七〇〇万円未満が二七・九パーセント、七〇〇万円以上一〇〇〇万円未満が二四・四パーセントで、あわせると五割強になる。

浮かび上がるのは、自立して仕事をする、小金を持った三〇代前後の女性だ。

一年間に行く海外旅行の回数は、一回が四三・〇パーセント、二回が二四・四パーセント。一回の海外旅行にかけられる金額は、一〇万円以上二〇万円未満が三七・二パーセント、二〇万円以上三〇万円未満が二七・九パーセントであり、アマンリゾーツにはちょっと手が届かない感じだろうか。

『クレア・トラベラー』はアマンによって有名になり、アマンのブランド名を広く浸透させるのに一役買ったが、必ずしも読者が『クレア・トラベラー』片手にアマンに押しかけたわけではなかった。アマンに憧れつつも、たとえば近くにあるGHMに泊まり、お茶や食事をかねて、アマンを見学に行く。そして、いつかきっとここに泊まると夢を膨らませる、そんな距離感だったのではないだろうか。

「今度旅行に行く場合、その目的は何ですか」という質問には次のような答えがある。「気分転換」が六九・八パーセント、「美味しいものを食べる」が五三・五パーセント、「自分へのごほうび」が五二・三パーセントである。

女性の新たな購買意欲として、まず注目したいのは「自分へのごほうび」である。原点にあったのは、一九九六年のアトランタ五輪の女子マラソンで、前回のバルセロナの銀メダルに続き、銅メダルを獲得した有森裕子の「初めて自分で自分を褒めたいと思います」という台詞ではなかったか。この時、女性たちは「自分で自分を褒める」という新たな発想に共感したのだと思う。

働く女性たちには、それなりの経済力もある。オリンピックでメダルを取らないまでも、毎日、仕事を頑張っているではないか。財布の紐の固くなった男たちのプレゼントに期待するのではなく、一番欲しいものは、自分に自分でごほうびをあげてしまおう。洋服やアクセサリーばかりでなく、アジアンリゾートの休日も、そのひとつとして位置づけたのだと思う。

そして、「気分転換」という目的の先にあったのは、非日常への願望だったのではないか。『クレア・トラベラー』の読者が支持した「行きたいところ」は、七七・九パーセントがアジアのリゾートと圧倒的だった。エキゾティックなアジアンリゾートの風景こそが、彼女たちの求める非日常だった。

そして、そのイメージのシンボルとしてアマンリゾーツがあった。

だが、二〇〇〇年一〇月六日に発売された『クレア・トラベラー』の『「至高の楽園」アマンリゾーツのすべて』の取材、編集が行われていた頃、実は、アマンリゾーツに、創業者であるエイドリアン・ゼッカはいなかった。

アマン一色で埋め尽くされた雑誌の最後のページに、いまから見ると、歴史の一コマを記録するかのように、「アマンの総裁　グレッグ・シロワが語る　アマン・マジックの秘密を教えよう」というインタビューが掲載されている。

グレッグ・シロワは、ＰＲとマーケティングを担当したトリーナがエイドリアンの二番手だとしたら、その次に長年、アマンリゾーツの中枢を担ってきた人物である。彼のプロフィールが欄外にあって、そこに「創業者のエイドリアン・ゼッカ氏が退いた後、最高経営責任者に」と一行、重大な事実が小さく記されている。

この時、アマンリゾーツに何が起きていたのだろうか。

事の起こりは、一九九三年、エイドリアンの友人であったフランスのホテリエ、クレメント・ヴァトリが、アマンリゾーツの株を一部取得したことだった。「Poison in Paradise」（Forbes.com 二〇〇〇年三月二〇日）には次のようにある。

〈しかし、ヴァトリは、フランスのクレジット・リヨネから多額の借り入れがあった。一九九六年、同銀行の財政状況が悪化し、その影響がヴァトリにも及ぶようになる。彼は自分のファミリー企業を倒産させないため、コロニー・キャピタルと取引をすることにした。コロニーは、一億二〇〇〇万ドルをヴァトリに支払い、二〇・四パーセントのアマンリゾーツの株を取得した。これによって、ヴァトリの持ち株は五六・七パーセントから三六・三パーセントに減少したのだった〉

コロニー・キャピタルは、アメリカのロスアンゼルスに本社を置く、一九九一年設立の不動産投資会社である。株を取得してから数年は、アマンの経営に口出しをすることはなかった。なぜならアマンリゾーツの運営は順調だったからである。状況が変わるのは一九九八年だ。原因はアジア通貨危機だった。

当時、アジアのほとんどの国は、自国通貨と米ドルの為替レートを固定していた。ところが、一九九五年以降、アメリカが経済収支の赤字を解消するため、ドルを高めに設定するようになる。これにより、ドルに連動するアジア通貨も過大評価され上昇してしまった。そこに目をつけたのがヘッジファンドだった。過大評価されたアジア通貨に安売りを仕掛け、安くなったところで買い戻す。買い支えることのできないアジア諸国は、変動相場制に移行せざるを得なくなり、アジアの通貨は暴落したのである。

ヘッジファンドの介入が最初に始まったのはタイだった。一九九七年七月、タイは変動相場制への移行を余儀なくされる。影響はインドネシアにも及び、八月にはルピアも変動相場制に移行。十月にはジャカルタの証券取引所が史上最低株価を記録した。

ジャワ島、ボロブドゥール遺跡に隣接するアマンジウォは、まさにその九七年一〇月に開業を迎えていた。インドネシアの通貨危機が直撃するかたちとなったのである。

〈ゼッカとコロニーの間に衝突が生まれたのは一九九八年一〇月、ヴァトリとの取引の条項を行使した時のことだった。コロニーは一億二〇〇〇万ドルの投資に四〇〇〇万ドルの利子をつけて返済を要求してきたのである。ヴァトリに現金はなかった。するとコロニーは、彼らの権利を行使して、ヴァトリの残りの株を売却し、入札すると言ってきたのである。

コロニーの最初の持ち分を加えると、ヴァトリの残りの持ち分とでアマンリゾーツの五五パーセントがコロニーの支配下になった。しかし、ヴァトリは、持ち株会社のあるヴァージンアイランドで、持ち株会社の株を売買することができないよう、民事訴訟を起こしたのである。事件はまだ係争中だ。(中略)

一九九八年一〇月、さらにコロニーは、ヴァトリとの契約の期間であるとして、取締役会の七名のうち三名の議決権を獲得すると、拒否権を発動した(コロニーが所有していたのは、ほかの株主のものと比べて特別な種類の株券だった)。コロニーは変革を推し進めた。アマンリゾーツの収益を押し上げるために、コロニーの所有するアジア以外の場所にあるホテルをアマンのマネジメントにすることを要求してきたのである〉(「Poison in Paradise」『Forbes.com』)

当然、この要求にエイドリアンは激怒した。

一連の引用をした『フォーブス』の記事「Poison in Paradise」は、この状況を受けてインタビューに応じたエイドリアンの「これは発展じゃない、害毒（Poison）だ」と吐いた台詞からつけられたタイトルである。

そして、九八年一〇月、エイドリアンはアマンの経営責任者の地位、さらに取締役会のメンバーも辞職することになったのである。

その年のクリスマスは、何事もなかったように過ぎたのだろうが、九九年末、エイドリアンは、アマンプリの例年の年越しイベントに姿をあらわさなかった。

「Poison in Paradise」には、〝ミレニアムの、年明けのアマンプリにエイドリアンがいなかった状況が生々しく記されている。

〈ニューイヤーイブの深夜、年が明ける一分前、タイ・プーケット島の美しきリゾート、アマンプリには、ミレニアムの始まりを祝うためにゲストたちが集まっていた。シャンパングラスを手にした彼らは、星の煌《きら》めきと椰子の木が鏡のように映し出されたスイミングプールの近くにいた。プライベートビーチでは、新年の訪れと同時に、アンダマン海の穏やかな海上を彩るべく、花火を上げる準備が整っていた。

そこには裕福な人たちの群れがあった。彼らは最低でも一泊六〇〇ドルは支払ってそのリゾートに滞在しているのだった。多くの人たちは、何年も続けてアマンプリでクリスマスから新年までの休暇を過ごしていた。その陽気な雰囲気は、プライベートクラブでの同窓会に似ていた。だが、飲めや歌えの大騒ぎは、総支配人のアンソニー・ラークのほろ苦い発表で中断させられたのだった。

「このすばらしい瞬間を祝うためにお集まり頂きましてありがとうございます」彼は言った。「皆様の多くもお気づきと思いますが、今夜は、私たちの仲間の一人がここにおりません。そう、エイドリアン・ゼッカです。でも彼の魂は私たちと共にここにあります。さあ、新年を祝いましょう」その声に続いて、花火が夜空に打ち上げられ、二〇〇〇年の幕開けとなったのである〉

アマンプリが迎えた一三年目の新年は、エイドリアンのいないミレニアムだった。

そして、挨拶に立ったアンソニーも、その時、すでに心の中でアマンリゾーツを去る決心をしていたという。

「ちょうどその頃、私は、自分のヴィラを建てようと土地を手に入れたところでした。当時、ゼッカのコントロールを失ったアマンリゾーツは、父親のいなくなった家族のようでした。私は残された子供の心境でした。その時、私の土地でリゾートを開発しようという共同出資者があらわれたのです」

こうしてアンソニーは、自らのリゾート、トリサラを立ち上げるためにアマンリゾーツを去ったのである。

その頃、エイドリアンはどこにいたのだろう。

虎視眈々《こしたんたん》と復活を狙っていたことは言うまでもないが、彼が画策していたのは、アマンリゾーツの株を取り戻すことだけではなかった。たとえアマンリゾーツが他人の手に渡ろうとも、小規模なラグジュアリーリゾートを創る手腕は、エイドリアン・ゼッカにしかないことを世界中にわからせてやる、そんな意気込みでいたに違いない。

二〇〇一年三月、『タイム』誌の「My Resorts Are Not Otherworldly（私のリゾートは空想の世界ではない）」と題されたインタビューで、業界から消えた時のことを次のように答えている。

〈「私はインドとニューヨークとタイと、そしてラテンアメリカの友人を訪ねて一年間を過ごしていました」〉

そして、ついにニュースはメキシコからもたらされたのである。

アマンのエイドリアン・ゼッカが「マハリゾーツ」という新たなリゾートチェーンを立ち上げる。最初のリゾートは、メキシコの「マハクア」だ、と。

アマンリゾーツの支配権は失っても、ＧＨＭはいまだエイドリアンの掌中にあった。この頃、ＧＨＭもまた、メキシコでリゾートを入手していた。

二〇〇〇年の終わりから二〇〇一年にかけて、アジアンリゾートブームが吹き抜けた日本のマーケットで、「次はメキシコかもしれない」という動きがあった。もっとも現実のメキシコは遠すぎて、ブームにまでは至らなかったのだが、あの時、メキシコに向けられた熱っぽい視線の先には、太平洋の反対側に時代を呼び込もうとしていたエイドリアンの幻影があったのだろう。

私も、そうした時代の潮流の端に立っていた。

マハクアの開業は二〇〇〇年一〇月のこと。その少し後だったと思うが、私は、講談社の『フラウ』という女性誌からメキシコ取材の依頼を受けた。

知的好奇心ある女性向けの読み応えのある女性誌というコンセプトは、『クレア』に近く、競合誌と言ってよかった。二〇〇〇年一〇月に『クレア・トラベラー』が『「至高の楽園」アマンリゾーツのすべて』を発刊し、好評であったことも背景にあったかもしれない。時代のその先を見据えて、メキシコのリゾートを大特集したいという。ちょうどその頃、メキシコのウルトラバロックの教会とホテルの写真集を相次いで出版した写真家がいて、彼が撮影を担当することになった。

エイドリアンが怨念にも似た思いを込めたマハクアとは、どんなリゾートだったのか。

メキシコ取材に旅立ったのは、二〇〇一年の二月頃だったと思う。

『フラウ』二〇〇一年四月一〇日号の『私の「聖域」を探す』という特集は、マハクアの印象的なインテリアのバスルームから始まる。

ページをめくると、メキシコ内陸部の乾いた空気と春浅い太陽の記憶がよみがえる。

〈ただならぬ場所に向かっているのかもしれないと思ったのは、白い塩湖が見え始めたときだった。乾期で干上がった沼地から風で巻き上がった砂塵が、周囲の景色を白い霞の中に包み込んでゆく。車は、まるで砂漠の中を疾走しているようだった。

メキシコ第二の都市グアダラハラを出てから一時間余りが過ぎようとしていた。マハクアへの道のりは、遠いことも遠いのだが、変化する風景が、ことさらに旅人を困惑させる。砂漠のような塩湖を過ぎてしばらくすると、今度は、右手に明らかに活火山とわかる山が見えてきた。

マハクア・アシエンダ・デ・サンアントニオ。アマンリゾーツを立ち上げたエイドリアン・ゼッカが新しく展開するリゾートホテルは、メキシコ中部コリマ州の州都のコリマからも車で45分という、山また山の高原地帯にあった〉

アシエンダとは、植民地時代に生まれた大農園などを有する荘園のことである。当時、メキシコが注目された理由のひとつが、そうしたアシエンダを改装したホテルにユニークなものが多いことであった。エイドリアンのリゾートは、まさにそのアシエンダだった。

もともとの領主は、アーノルド・ボーゲルというドイツ人で、メキシコ人の妻と共に、この地でコーヒーとサトウキビの栽培を始めた。その後、一九七八年に売却され、ユダヤ系の大富豪、ジェームズ・ゴールドスミスの手に渡る。映画『ウォール街』のモデルにもなったとされるゴールドスミス。幾つもの噂に彩られた大物投資家がオーナーとして所有するアシエンダの運営をアマンリゾーツが任されたのである。そのため、当時、さまざまな憶測が飛び交ったという。

総支配人のチャー＆ヘンリー・グレイ夫妻は、元アマンダリの総支配人で、シェフはGHMのザ・セライにいた人物だった。メキシコの人里離れた山の中で、バリ島から来た彼らが、メキシコ人のスタッフに囲まれて采配をふるっていた。

〈たとえば昼下がりの、強い日差しが照りつけるプールサイドには、確かに、アジアのアマンと同質の空気が流れていて、そうしたものを期待してやってきたのだろうゲストは、安心しきったようにくつろいでいる。しかし、客室やダイニングルーム、回廊に取り囲まれた中庭といった空間では、アシエンダの濃密な空気が、アマンの空気を飲み込んでしまっているのだ。（中略）マハはアマンとどこが違うのかと総支配人のグレイ氏に尋ねたら、慎重に言葉を選びながら、こんなふうに答えてくれた。つまり、何もないところに一からホテルを作っていったのがアマンだとしたら、マハクアがそうであるように、歴史ある建物を使って、新たなホテルを作っていくのがマハリゾーツの発想なのだと〉

歴史的建造物を改装してアマンにする試みは、後にGHMに組み込まれた九四年開業のミャンマーのザ・ストランドがそうだったし、さらには二〇〇二年のカンボジアのアマンサラや二〇〇五年のスリランカのアマンガラにも継承される。

さらに、いまアマンリゾーツが、アジアを脱皮する方向性を示していることを考えれば、マハクアという寄り道は、結局、すべてアマンリゾーツの今につながっている。

そして、マハクアのページには「アマンリゾーツとゼッカ氏　Where's Next?」という囲みがあり、エイドリアンがアマンリゾーツに戻ったらしい、と小さく記されている。

そう、この頃、エイドリアンは、アマンリゾーツのトップに返り咲いていた。

動きがあったのは、奇しくも『クレア・トラベラー』の『「至高の楽園」アマンリゾーツのすべて』が出版された二〇〇〇年の一〇月六日の、前日だった。

二〇〇〇年一〇月一二日付けの『The Wall Street Journal』は報じている。

〈一〇月五日、リー・ヒン開発は、シュローダーズの二つの子会社、すなわちシュローダーズ・プロパティ・アジアとシュローダー・キャピタル・パートナーズ・ファンドを使い、フランスのインモビリエール・ホテリエからアマンリゾーツの支配権を買い戻し、創業者のエイドリアン・ゼッカが社長、および経営責任者として復権した。一億二〇〇〇万ドルが、持ち株会社の株の九一パーセント、シンガポールに本社をおくアマンリゾーツのオーナーシップ六二パーセントに対して支払われた。リー・ヒンは、この取引に際し、六〇〇〇万ドルの借り入れをしたという〉

シュローダーズとは、エイドリアンの友人、アニル・タダニの会社である。

約二年間の空白を経て、エイドリアンは再びアマンリゾーツに復活したのだった。

第十章

日本人とアマンの夢

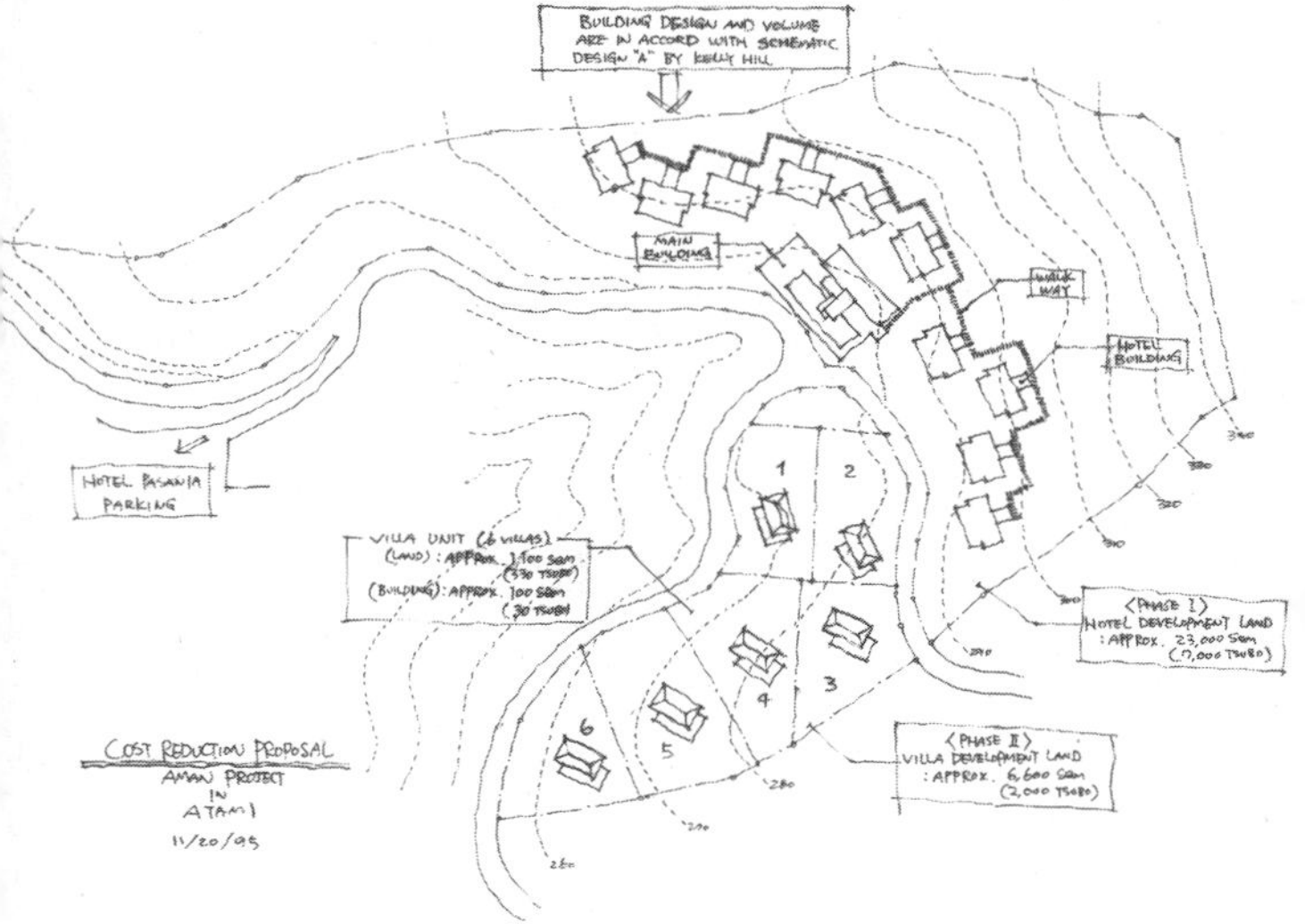

熱海の伊豆山に計画された幻のアマンリゾーツ「アマンタミ」の設計図面。
「界 熱海（旧蓬莱）」よりさらに南の斜面、海を見下ろす好立地だった

エイドリアン・ゼッカとのインタビューが実現したのは、二〇〇九年一一月二九日の日曜日だった。場所は、東京の定宿にしているというホテルオークラである。いつも世界をめまぐるしく旅している彼と、その日、東京で会うことができたのは、翌日、アマンリゾーツの記者会見があったからだ。

翌三〇日、発表されたのは、二〇一四年、東京大手町の「（仮称）大手町1-6計画」の上層階に「アマン東京（AMAN. TOKYO）」が開業するというニュースだった。

通称「東京プライムステージ」、「（仮称）大手町1-6計画」は、東京建物と大成建設によるみずほ銀行大手町本社ビル（旧富士銀行本店）と大手町フィナンシャルセンターの跡地の再開発計画である。ヒートアイランド現象の緩和を目的に、都心に森を再生する「大手町の森（仮称）」や五つある地下鉄大手町駅の機能強化などと共に掲げられた「大手町地区初の国際級ホテルの導入」として、アマンリゾーツが出店することになったのだ。

アマンリゾーツが、東京都心の大規模再開発の要となる。

それは、確かに大きなニュースだったが、アマンリゾーツのことをよく知る人であればあるほど、一抹の違和感を覚えたのではないか。

東京建物のニュースリリースには、アマンリゾーツの紹介が次のような言葉で締めくくられていた。

〈昨年より世界の主要都市において都市型ホテルを展開しています。二〇〇八年四月にインド・ニューデリーでのオープンを皮切りに、二〇〇八年一〇月に中国・北京で都市型ホテルをオープンしており、今後益々の発展が期待されています〉

このうち北京は、「アマン・アット・サマーパレス」の名前の通り、北京郊外にあるユネスコの世界遺産、頤和園《いわえん》（「サマーパレス」は英語名）の施設の一部を使ったヘリテージホテルであり、通常の都市ホテルとは異なる。

もちろん、東京というマーケットの重要性は、理解できる。都内であっても、北京のように歴史的建造物や庭園というロケーションであれば、不思議に思わなかっただろう。だが、日本におけるアマンの第一号店が、都心の高層ビルの「アマン東京」であるのは、何かが違う気がしたのである。

少なくとも、私自身はそう感じた。

アマンプリの椰子の木を映すブラックプールやアマンダリのウブドの緑に溶け込むよう

なインフィニティプール、あるいはアマンプロやアマンワナの、孤島だからこその素朴でありながら心温まるホスピタリティ、そうしたものにアマンの魅力を見いだしてきた人たちも、おそらく何らかの戸惑いを感じたのではないか。

いわゆるアジアンリゾートと呼ばれるブランドの中で、バンヤンツリーは、近年、戦略的に都市型ホテルにも進出している。だが、アマンリゾーツでは、その後も、ニューデリー以外に都市型アマンは誕生していない。近年は、ヨーロッパの地中海周辺が多いが、いずれも海に面したリゾートの立地である。

これに対して、アマンを知る多くの人たちが、そのコンセプトに納得し、だからこそ期待もしたのが、二〇〇六年九月二一日、ＪＡＴＡ国際観光会議に姿をあらわしたエイドリアン・ゼッカの発言だったと思う。

会議のテーマは「ツーリズムにおけるブランディング」。

その基調講演で、エイドリアンは、二〇〇八年、日本初のアマンリゾーツを京都に開業すると宣言したのである。

具体的なプロジェクトの立地は明かさなかったが、京都の「庭がある場所」であり、「旅館テーストのアマン」になると彼は語った。

日本において、アマンに対する期待感が最も高まった瞬間だったと思う。

エイドリアンが実際に発言した内容は限定的だったが、まもなく、京都のアマンをめぐるいくつかの噂が業界内を駆け巡った。

当時、私は、まだこの取材を始めていなかったから、ことさらに聞き耳を立てたわけではなかったけれど、ラグジュアリーホテルや高級旅館の関係者は、寄ると触ると、アマンの噂をしたものだ。

立地は、洛北の金閣寺近くらしいということ。

そして、庭のあるその場所は、アマンニワと命名されていること。

アマンニワ。

最初に聞いた時は、冗談めかして聞こえたけれど、サンスクリット語で平和を意味する「アマン」に、立地にちなんだ現地語を組み合わせるのは、アマンの定石だった。ならば、アマンニワは、王道のネーミングである。

関係者に取材していくと、当然のように、それはアマンニワと呼ばれていた。

そう、設計を担当したケリー・ヒルも、ことさらに思い入れのある表情で愛おしむように呼んだ、アマンニワと。

一九九〇年代前半、アマヌサ、GHMのザ・ダタイ、そして、やはりエイドリアンが関わっていたシンガポール、セントーサ島のザ・ビューフォート・ホテルなどから建築家のキャリアをスタートしたケリー・ヒルは、アマンプリやアマンキラのエド・タトルと並びアマンリゾーツと共に名声の高まった建築家と言っていい。

アマンニワの開業が発表された二〇〇六年には、故国オーストラリア建築家協会の最高栄誉賞であるゴールドメダルを獲得した。以来、さらに名声は高まり、近年は、リゾート建築の枠を超えて、オーストラリアで公共建築なども手がけている。

ケリー・ヒルのオフィスはシンガポールと西オーストラリアのフリーマントルにあり、彼もまた、エイドリアンと同じく、世界各地を駆け巡っていた。

そのケリー・ヒルとシンガポールで会ったのは、二〇一一年の一〇月だった。

日本の建築雑誌『a+u 建築と都市』の二〇〇九年一一月号がケリー・ヒルの特集号で、そのページをめくりながら、インタビューは始まった。

雑誌の冒頭には、二〇〇〇年代の代表作であるブータンのアマンコラの一連の作品の写

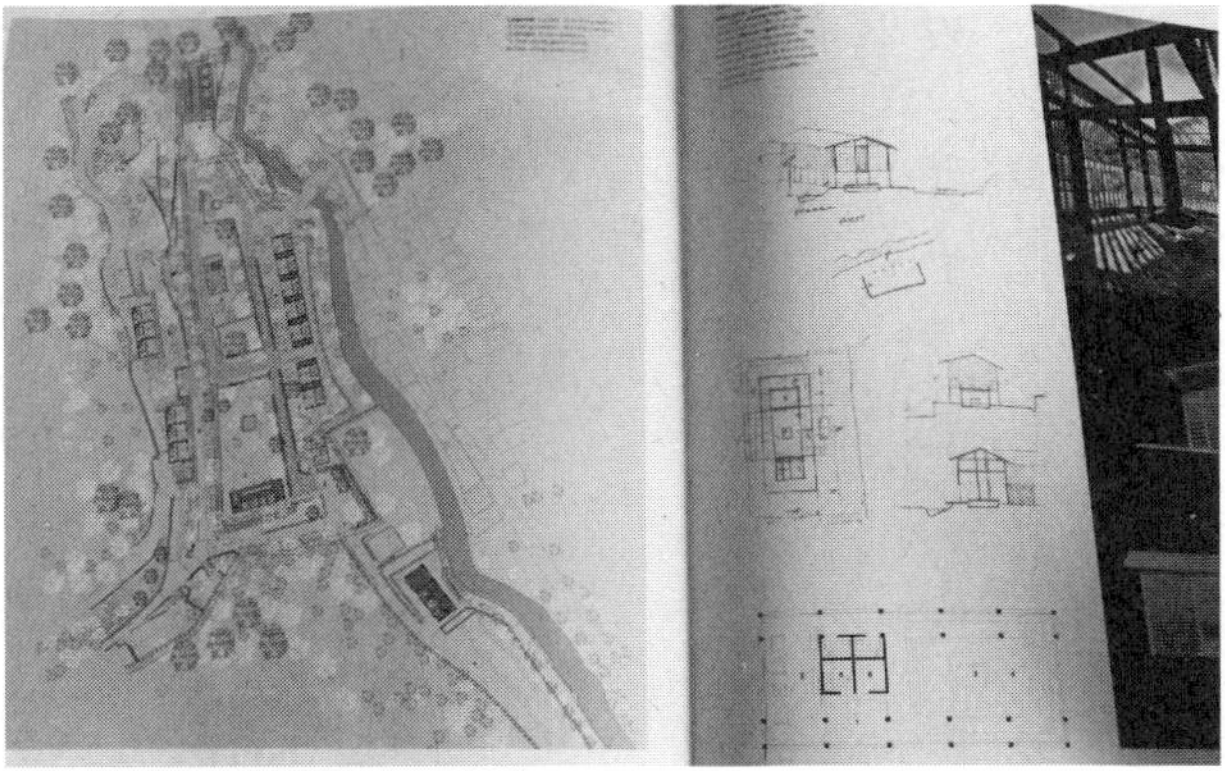

ケリー・ヒルが『Kelly Hill Crafting Modernism』で紹介したアマンニワの構想

真が並んでいた。アマンコラは、ひとつのネーミングのもとに五軒のリゾートが包括され、ヒマラヤの仏教国ブータンの多彩な文化と自然を周遊して楽しむという、新しい試みのアマンリゾーツだった。

前書きにケリー・ヒルを紹介するエッセイがあり、その中にもいくつかの写真が添えられていた。彼が指さした先に、細かい格子が連続する長方形の建物の写真があった。

キャプションを見ると「日本、京都のアマンニワの模型」と書かれている。

アマンニワの構想の一部がそこにあった。

だが、ケリー・ヒルが突然、堰《せき》を切ったようにアマンニワの話を始めたのは、その時ではなかった。何度か、アマンニワという単語が、会話の間を通り過ぎたが、彼は慎重に、その領域に踏み込むのを躊躇《ためら》っているようでもあった。それは、エイドリアンがアマンのロケーションを決定するのは何が決め手になるのか、と私が質問した時のことだった。

彼は、まずブータンの話を始めた。

「キーポイントは、国によって違います。たとえばブータンでは、私たちは五年間、リゾートの用地を探しました。しかし、あの国では、ほとんどの土地は、王家の所有か、寺院の所有か、さもなければ農地で、リゾートを建てることができる土地は本当に限られていました」

そういったところでは、エイドリアンの嗅覚以前に、とにかく入手できた土地をそのままアマンの立地にするしかない。ブータンは、エイドリアンの思い入れが深かった国のひとつで、着想から開業まで二〇年かかっている。日本では若き国王夫妻の来日以来「幸せの国」として有名になったが、実は、周到な観光政策で知られる国である。旅行者一日あたりの最低滞在費を設定し、その額を支払わなければビザが下りない。観光客の数を限定し、単価を高く設定する、環境に負荷のかからない、徹底したラグジュアリーツーリズムを早くから、独自の考え方で実践していた。そうした国で最初の外資系ホテルとして参入したのがアマンリゾーツだった。

その話の直後に、ケリー・ヒルは、アマンニワの話を始めたのだった。

インタビューの時点で、二〇〇八年開業の予定はペンディングになったまま、しかし、終わったわけでもない、京都は、微妙な位置づけのプロジェクトになっていた。

ブータンと並列的にアマンニワの話を持ち出したのは、京都がブータンと同じくらい、リゾート開発の困難な土地であり、しかし、そうであるにもかかわらず、そこにエイドリアンの感性が響いた土地を見つけた奇跡があったからだった。

「アマンニワの土地を私に教えてくれたのは、古くからのカナダ人の友人で、ジョン・マギーという人です。彼は一九七〇年代から三五年間、ずっと京都に住んで、裏千家のお茶の先生をしていました。裏千家では、国際局部長という肩書きでした。最初に彼と会ったのはバリだったかな、京都でもよく会いました。その彼が、裏千家の家元の親しい友人だという、アサノという人の土地を教えてくれたのです。アサノは有名な帯を作る会社で、作るだけではない、素晴らしいテキスタイルのコレクションも持っていました。彼はその土地にコレクションを展示するミュージアムを作りたかったようですが、丹精込めて庭を造っているうちに、家を建てる前に彼は亡くなってしまいました。亡くなったのは一九五〇年代の中頃だったと聞いています」

ジョン・マギーと裏千家で検索すると、京都・嵯峨野の越畑にある通称「マギー邸」と呼ばれる、彼の移り住んだ民家がヒットした。周辺は、日本の原風景ともいうべき棚田の風景が広がり、大銀杏《おおいちょう》の木の脇に建つ茅葺きの民家は、美しい佇まいを見せていた。

この人物の見識眼にかなった庭、ということか。

アサノとは、西陣の袋帯で有名な浅野織屋（旧浅野織物）のことだろう。

一九二四（大正一三）年、浅野政一によって浅野織物は創業した。

庭に凝ったコレクターのアサノとは、初代である浅野政一のことだろうか。

一九七〇（昭和四五）年に株式会社浅野織屋が設立され、浅野宏が社長に就任する。その後、一九八〇（昭和五五）年に浅野宏は、息子の裕尚と共に織楽浅野を独立創業した。織楽浅野は、いまもユニークなテキスタイルの会社として名前を知られている。

一方、浅野織屋は浅野能男が社長を務め、一九八七（昭和六二）年に、その庭のある土地を彼が相続している。

「土地を見に行ったのは、一三年前のことでした」

ケリー・ヒルは、はっきりと答えた。

二〇一一年から数えると、九八年ということになる。

九八年一〇月には、アジア通貨危機による経営不振に乗じたコロニー・キャピタルの株の買い占めにより、エイドリアンはアマンリゾーツを追われている。

その年の初めであれば、事件の起きる前、年末であれば、後ということになる。

「冬の最中、雪の降っている日でした。舞い散る雪の中、そこは実に美しかった。エイドリアンは言いました。ここはアマンの土地だ、とね」

雪の降りしきる京都の庭で、天から何かが降臨したかの如く、その場に立ち尽くしていたのであろう、エイドリアン・ゼッカの後ろ姿が目に浮かぶ。私は森肇が見せてくれた九〇年代に撮影された何枚かの写真を思い出していた。彼は、寒い季節には、いつもお気に入りの黄土色の革のジャンパーを着て記念写真に収まっていた。三浦半島の浜諸磯を再訪した時の写真もそうだった。

その日の彼も、あの黄土色のジャンパーを着ていたのだろうか。

そして、ケリー・ヒルは、ぽつんと付け加えたのだった。

「まだ希望は持っていますよ」

アマンニワには、そもそも土地開発に関する法律的な問題があったのだ。

西武百貨店時代にアマンリゾーツと出会った森肇が、エイドリアン・ゼッカと共に新規開発プロジェクトに深く関わっていたのは、主に九〇年代中頃のことだった。ジョン・マギーからケリー・ヒルに話があった頃、森のところにも別ルートで、同じ土地の話が持ち込まれた。個人の相続資産だった土地が浅野織屋に所有権が移転され、京都銀行による抵当権が設定されたのが九六年のことである。

森が証言する。

「私はオーナーをよく知っていましてね。ここは京都銀行紫野支店が担保にしていたんです。浅野さんというのは西陣の織り元ですが、大正から昭和にかけて株の売買でも儲けたんですね。でも、先代は庭ばかり造っていて、家を建てる前に亡くなってしまったわけです。何が素晴らしいって、庭に埋まっている石がいいんです。日本中から石を集めてきた、石のコレクションのような庭ですよ」

エイドリアンが惚れ込んだのは、世にも稀な石の庭だったのだ。

「しかし、ここは、ホテルは建てられない地域だったのです」

第一種住居地域であれば、三〇〇〇平方メートル以下の条件を満たせば、旅館・ホテルの建設は可能だ。ということは、最も規制の厳しい第一種低層住居専用地域であろう。この場合、ホテル・旅館の建設は、禁止である。

「そのことは最初からわかっていたのです。でも、どうにかなると甘くみていたんですね。あるいは恋心が先行してしまったのかもしれない。私は、会員制のクラブホテルなら建てられます、と言ったのです。エクシブのようなタイムシェアリゾートですね。でも、ゼッカはアマンはホテルだと言う。京都市役所を通して、ずいぶん交渉したようですが、駄目でしたね」

アマンニワの用地となったその場所は、金閣寺の北西に位置する。

京都は時々訪れているが、金閣寺に足を伸ばしたのは修学旅行以来かもしれなかった。雲間から太陽が顔を出すと、黄金がひときわ輝いて光を放った。

冬の平日というのに、参道入り口は、ひっきりなしに人が行き交う。この頃は、冬の修学旅行も増えているそうで、制服姿の一団もある。金閣寺は、外国人観光客にとりわけ人気が高く、撮影ポイントに佇んでいると、さまざまな国の言葉が聞こえてくる。

だが、大型バスが何台も止まる駐車場から、ほんの少し北に歩を進めると、さっきまでの喧噪が嘘のように静かな普段着の京都が姿をあらわす。

目の前にそびえるのは、五山送り火の左大文字。木々に埋もれるようにして「市街化調整区域」の立て看板がある。閑静な住宅地の川を挟んだ対岸が、アマンニワの用地になるらしい。

さらに北に進むと、鷹峰《たかがみね》三山と呼ばれる山々を背景にひっそりと佇む三つの寺がある。江戸初期、刀剣鑑定、書道、陶芸など多くの芸術に秀でた本阿弥光悦ゆかりの光悦寺は、風情ある庭園の中に茶室が点在する。丸い「悟りの窓」、四角い「迷いの窓」から見る紅葉で有名な源光庵は、冬枯れの季節、ひとときの静寂の中にあった。桜が美しいのは、吉《よし》野太夫《のたゆう》という才色兼備の名妓ゆかりの常照寺。ここは、桜ばかりでなく、紅葉の木も多いそうで、人知れぬ紅葉と新緑の名所でもあるという。

源光庵で紅葉の絵葉書を求めると、「紅葉の季節は、八時半か一五分くらいにいらしてください。団体さんがくる前に門を開けますから」とささやかれた。

もしアマンニワが開業したなら、と私は想像する。

これらの寺は、アマンダリでカエルのダンスを見に行ったクデワタンの寺院のような役回りをするに違いない。アマンジウォで早朝のボロブドゥールに案内するように、彼らは早朝の源光庵に案内するのだろうか。こんもりとした植木の合間に石が点在する庭を見ながら、まだ見ぬアマンニワの石の庭を想像していた。

各国語の案内が完備した金閣寺と異なり、ほんのわずかしか離れていないのに、これらの寺には、外国語の表示もなく、外国人の姿もほとんど見かけなかった。金閣寺の北、そこには、秘めたる洛北の、もうひとつの京都があった。

エイドリアンが、アマンの土地だと宣言した場所。

タヒチのホテル・ボラボラの買収以来、アマンリゾーツでエイドリアンと共に多くのプロジェクトに関わってきたモンティ・ブラウンの言葉を思い出す。

「京都は、どんなに時間がかかっても、彼はオープンさせると思いますよ」

二〇年かかったブータンのプロジェクトを引き合いにした言葉だったが、京都に対する思いの熱さを知っているのだろう。京都だけは特別だ、とモンティは言った。

その特別な京都の、ことさらに特別な場所がアマンニワの予定地なのだ。

森の証言によれば、早くからエイドリアンは、日本におけるアマンリゾーツの構想を温めていたと言う。

「ビジネスとして成功するのは東京と京都と、そして、それぞれ三時間以内でアクセスできるようなリゾートをペアにして想定していると話していましたね」

そうであれば、東京は、冒頭の大手町が初めて具体化したプロジェクトになるが、京都と東京の郊外には、いくつか「幻のアマン」計画が存在した。

まず東京の郊外に持ち上がったのが、熱海のプロジェクトである。場所は、熱海駅前の丘陵地、熱海ゴルフ倶楽部の南側に位置する。

このプロジェクトには、もうひとり、重要な主人公がいた。

日本のパソコンの黎明期、ソフトバンクの孫正義と並び、IT起業家として時代の寵児となったアスキー創業者の西和彦である。

一九五六年、神戸生まれ。五七年生まれの孫正義、五五年のビル・ゲイツ、スティーブ・ジョブズらは同世代になる。一九七七（昭和五二）年、早稲田大学在学中に日本のパソコン雑誌の先駆けとなる『アスキー』を創刊。大学図書館でたまたまBASICの記事を読んだ西は、マイクロソフトのビル・ゲイツに直接、国際電話をしたという逸話がある。実際に電話に出たのはビル・ゲイツではなかったという説もあるが、いずれにしても二人は意気投合、マイクロソフトの極東代理店契約を締結するに至る。その後、八〇年には、マイクロソフト本社の新技術担当副社長となり、ボードメンバーとなる。八五年に帰国するまで、西は、創業者ビル・ゲイツの下でマイクロソフトの黎明期を支えたのだった。

だが、八六年にマイクロソフトは、アスキーから社員を引き抜くかたちで日本法人を設立。この時、ビル・ゲイツとは仲違いしたと伝えられる。その後の西は、八七年に株式会社アスキーの社長に就任すると、八九年に株式公開。パソコンからゲーム、インターネット関連など、多角的な事業を展開した。

コンピューター業界を疾風のように駆け抜けた西には、八〇年代の若き成功者らしい、ホテルフリークとしての、もうひとつの顔があった。

「大学の途中から会社を始めたでしょ。その頃は、会社の床で寝ていたんですよ。それから週末だけ、ホテルオークラに泊まるようになってね」

きっかけは風呂だった。

アスキーの社長を退き、第一線の経営者から大学の教員に転身した頃、村瀬千文の雑誌『ホテル・ジャンキーズ』でインタビューに答えている。

〈そんなある日、取材先の外国企業の社長がオークラに泊まっていたんで、彼のスイートで会ったんですよ。取材が終わったら、彼が言うんです。「キミ、ずっと風呂に入っていないだろう？　ここで入っていけ」って（笑い）。一週間くらい入ってなかったんですが、ああいうの匂いとかでわかるんですかね？〉

最初は週末だけだったのが、一日ずつ増えていき、気がつけばホテルオークラに暮らしていたという。二〇代前半から三〇代前半、その若さでホテルオークラを自宅にしていた西。時代は七〇年代後半から八〇年代後半の、バブルにさしかかろうかという頃である。

そして八九年、株式公開で、三〇〇億円という金を手にした西は、夢を見た。

エイドリアン自身もアマンプリに見た夢、自分の気に入った土地に別荘を建て、そこをリゾートにする夢である。

「当時は、僕も若かったから、あっちこっち泊まり歩いていたんですね。別荘もどんなものかと思って、人の別荘を借りてみたんですが、一日目は別荘の掃除で終わってしまう。二日目は疲れ果てて寝て、それで三日目に帰るわけでしょ。リゾートホテルのような別荘がいいなと思いました。当時は、まだ軽井沢まで新幹線が開通していなかったのでね、熱海ならば東京から新幹線で一時間だし、熱海がいいと思ったんです。それで熱海に土地を見つけて大きめのを作って、ホテルにしようと思いました」

九三年頃のことだと言う。

「アマンにもよく行っていました。アマヌサができた頃ですかね。アマンダリに行ってゼッカと話をしたんです」

これをつないだのが、プロデューサーの森肇である。

西は、この時、エイドリアンから聞いたというアマンリゾーツの損得勘定を教えてくれた。

「ゼッカはね、一部屋あたり二〇〇〇万円までであれば、儲かりますって言うんですよ。最高の自然環境に安く建てるのがポイントだと言っていたね。当初は、土地が五億円で手に入る予定だった。二〇室作るとして、上物も入れて一〇億円でできると思ったんですよ。でも土地の持ち主が価格をつり上げてきてね。まず八億円、次に一〇億円と言われた。これでは採算がとれない、それで止めてしまったんです」

前出のインタビューでも西はプロジェクトの詳細を語っている。

〈僕もゼッカと一緒にプランを練って、あれは本当に楽しかった。僕のプランはゼッカにもほめられたんだけど、入ってすぐの部屋が八畳の和室で窓の向こうには海が広がり、

その隣には八畳のお風呂。和室は掘り炬燵になっていて、夜になると埋め込み式でその上に布団を敷いて寝るようになっている〉

設計は、ケリー・ヒルに依頼した。

彼も熱海のプロジェクトがあったことを覚えていた。

「幻の〝アマンタミ〟です。勝手に僕が名前をつけたんだけどね」

西は、そう言って笑った。

星野リゾートの「界 熱海」になったばかりの旧蓬萊を訪れて、客室から見た太平洋の眺めを思い出す。初冬の凪いだ海に太陽がきらきらと反射していた。

いつまでもいつまでも、眺めていたくなるような海だった。

幻の「アマンタミ」は、蓬萊よりさらに南の斜面に建つはずだった。完成していたなら、同じような風景が目の前に広がっていたはずだ。その海は、エイドリアンの原風景である、三浦半島の浜諸磯から見た太平洋にもどこか似ていた。

そして、もうひとつ、やはり森肇が関わったプロジェクトがある。

岡山県の鬼ノ城ゴルフ倶楽部である。

鬼ノ城とは、桃太郎の鬼ヶ島伝説に由来する地名。熱海が東京の週末リゾートとするならば、こちらは京都の週末リゾートという位置づけになる。ゴルフコースに併設する宿泊施設の運営をアマンに依頼したいというものだった。

プロジェクトが動いたのは、熱海と同じ、九三、四年のことだ。

ゴルフコースに併設する宿泊施設というのは、九二年にヌサドゥア・カントリー・クラブに併設してアマヌサが誕生していることを思えば、同じパターンである。

設計は、日本の建築家、隈研吾が担当することになった。

隈は、アマンリゾーツとの出会いについて述懐する。

「アマンプリにお客さんとして泊まりに行ったのが最初だったと思います。僕らの世界では正義とされていたモダニズムではなくて、普通でいうと、これはどうかなという範疇《はんちゅう》なんだけれど、踏みとどまっている品の良さみたいなものがありましたね。

もともと僕は、原広司のゼミで集落調査をやっていたんです。年に一度、辺境を旅するんです。一九七九年の暮れ、アフリカのサハラ砂漠の縦断をしたのは、楽しかったなあ。忘れられない思い出です。そんなことで集落的なものに憧れがあったから、ゼッカさんのを見て、これはちょっといいな、と思ったわけです。本人と会ったのは、鬼ノ城ゴルフ倶楽部の時ですね」

だが、このプロジェクトも結局、実現しなかった。

ゴルフコースは完成したが、宿泊施設は着工しなかったのである。


日本のアマンプロジェクトで、もうひとつ、かなり具体的に話が進んだものがある。熱海と同じ、東京からの週末リゾートという位置づけになる、千葉である。

房総半島の南東部、太平洋に面した一角に、二〇〇五年の町村合併で誕生した、いすみ市がある。その南部、御宿町との境界近く、太平洋沿いに続く海岸線一帯が、プロジェクトのロケーションだった。

まさに海に抱かれるような立地。

そのイマジネーションから、アマンウミ、と名づけられた。

プロジェクトがスタートしたのは、一九九六（平成八）年である。

開発事業主は、地元の外房エンタープライズという会社だった。この土地は、もともと千葉県観光公社がリゾート用地として取得し、八九年施行のリゾート法に基づき、御宿、岬、大原地区「海浜スポーツリゾート」というリゾート地域整備構想を計画していた。リゾート法といえば、日本のバブル景気を象徴する法律。その残り火の中に、アマンウミは舞い降りたのである。九九年にいったん工事が中止になるが、その後、二〇〇七年に社名をミッドリームと変更して、再始動。資金調達ができなくて、ファンドにプラン付きで売却したためだったが、最終的には、そこも資金がショートし、現在、プロジェクトは中断されている。

二〇〇七年一月、再始動した時、事業主のミッドリームが、千葉県環境審議会、自然環境部会に出席して、プロジェクトの詳細を説明した記録が残っている。

数々の日本の「幻のアマン」の中でも、自治体の会議録に記された例は少ないと思うので、一部引用する。

〈今回ご審議頂く議案は、いすみ市岩船地先の南房総国定公園、第2種特別地域において、平成14年10月11日付環境省告示第76号をもって利用施設計画として位置付けされている宿舎事業の事業決定についてです。

この南房総国定公園は、房総半島南端の野島崎を中心として、東は太東崎から西は富津岬までの延長約190キロに及ぶ変化に富んだ海岸線と広大な海辺、そして豪快な外洋、さらには緩和な内湾風景を有しております。（中略）

自然公園利用者の宿舎の用に供される施設につきましては、公園事業として整備することができることとされております。ここ、いすみ地区につきましては、自然公園利用者が豊かな自然に囲まれた中で滞在することのできる施設がないことから、自然探勝のための基地として計画されているものでございます。（中略）

（事業者入室）

今回、大原、御宿の方でリゾート施設を開発することになっています事業主のミッドリームでございます。

今回、計画を進めていますアマンリゾート、これは世界18カ所で展開している、世界でも有名な5つ星のホテルなのですけれども、この宿泊施設を今、現在の候補地につくる計画で進めております。この会社の会長をやっていますゼッカ氏も環境を大変重視していまして、自然環境との共存、あとは地元文化との密着をテーマにして、世界各国のリゾートを開発しております。ゼッカさんいわく、木を一本切ったら、人を一人殺したと思えと。それほど自然を重要視しているお方なので、今回の開発に関しても自然の中に考慮して建物が建つという考えで進めていく予定でございます。
雇用に関しても地元100%依存型で、一から雇い教育していく次第でございます〉
さらに事業主は、詳細なロケーションも説明している。
〈まず、位置につきましては、現在、いすみ市と御宿町のほぼ境に位置する、いすみ市側の土地でございます。海岸線にほぼ近い位置でございまして、区域西側を通っている国道128号線からは約1・5キロの距離に位置しております。（中略）
それから、アクセス通路につきましては、現在、御宿町に御宿町道がございまして、そちらの方からのアクセスをとる予定にしてございます。
現況の地形でございますが、海から少し断崖がございまして、標高で35メーターから85メーターの丘陵地で、尾根と谷が入り組んだような地形でございます。流域といたしましては、北側にひょうたん池という池がございまして、そちらの方にすべて流れ込むというかたちになってございます。（中略）
個別宿泊棟につきましては、主に稜線に近い斜面地に配置してございます。これらの

配置に当たりましては、集約的な伐採、または大規模な造成を避けるために、ある程度隣棟間隔を置きまして配置してございます〉

この千葉県環境審議会、自然環境部会は、同年六月にも開催されている。ここで、アマンウミという名称が登場する。

〈危機管理体制につきましては、アマンリゾートホテルの既存マニュアルを規準としてアマンウミホテル独自の地域の特性、特色を生かしたもの、火災、地震、風水害、災害等に対して、アマンウミホテル独自のマニュアルを作成し、体制づくりを行っていきます〉

そして、さらに完成模型のパースを用いて説明がなされる。設計者は、ケリー・ヒルであった。

〈このように、宿泊棟に関しましては、樹木の中に浮き立ったような形の建物のイメージがとらえられるように考えております。

宿泊棟の側面についてては、木のルーバーを配しまして、周辺の景観とマッチしたような形を取っていく。ほかの素材につきましても、基本的にはコンクリートの色とかガラスにして、自然素材の色彩をそのまま尊重した外観とするような形を考えております〉

この時、提示されたのであろう、アマンウミの模型は、二〇一一年一〇月、私がケリー・ヒルのシンガポールのオフィスを訪ねた時、その片隅に置かれていた。

ケリー・ヒルのオフィスは、ショップハウスと呼ばれる細長い、独特の建築の中にある。シンガポールやマレーシアの古い商業地区でよく見かける、京都の町屋のような建築様式だ。外来客とのミーティングに使うのであろう、私が案内された部屋も、ウナギの寝床のように細長く、長方形の大きなテーブルがあった。

壁にはさまざまなプロジェクトの設計図や写真があったが、立体の建築模型というのは、数少なかったので、探すまでもなく視界に入ったのだ。

「あ、これが、アマンウミですか」

「そうだよ、こちら側が海になる」

事業主の説明にあったように、斜面の立地に四角いヴィラが並んでいた。

海に面した部分がガラス張りになっている。

二度の審議会が開催された翌年の九月、リーマンブラザーズの破綻があり、世界はリーマンショックの衝撃に揺さぶられることになる。

そうした影響もあったのだろうか、そして、アマンウミは幻となって消えた。

そのアマンウミが建つはずであった海岸線の写真を、パソコンの画面で見せてくれたのは、西和彦だった。

〝アマンタミ〟の夢が消えた後も、彼とアマンリゾーツの関係は終わらなかった。西は、顧客管理のシステムの構築など、アマンのＩＴサービスに関するコンサルティング的な業務に関わってきた。

ようするに、アマンジャンキーに関するデータ管理だ。

だから、新規開発に関する情報にも通じていたのである。

その中で、西が、自らの資金を投入するという、積極的な関与をしたのが、実は、京都のアマンニワであった。

「あそこはね、僕の土地だったんだよ」

西は、悪戯っ子のような表情を浮かべて言った。

「そう、金閣寺の近くの七万五〇〇〇坪、あそこを買ってくれという話があってね」

ジョン・マギーの紹介を得てケリー・ヒルとエイドリアンが土地を見に行き、プロデューサーの森肇のところに京都銀行から話が持ち込まれた後、アマンニワの用地は、具体的な買収が行われないまま、時が過ぎていたのだ。

九八年から二〇〇〇年と言えば、エイドリアンがアマンから追放されていた時期にあたる。そうしたタイミングの悪さもあったのだろう。

動きがあったのが、二〇〇一年であった。

同年一二月一五日付けの京都新聞に「浅野織屋が破産　負債総額23億円」と題して、次のような記事が掲載された。

〈信用調査会社によると、京都市北区の和装帯地製造業、浅野織屋（浅野能男社長、資本金四千万円）が十四日までに京都地裁から破産宣告を受けた。負債総額は二十三億円とみられる。

一九二四（大正十三）年の創業で袋帯を主体に地元和装問屋を通じて販路を拡大。一時は年間売上高十億円を計上していた。しかし、和装需要の長期低迷で二〇〇〇年十二月期は同三億円にまで落ち込み、バブル期に実施した設備投資負担などから債務超過に陥り、事実上の廃業状態になっていた。

京都銀行は同日、浅野織屋の破産に伴い、同社に対する貸出金二十二億六千九百万円に取り立て不能の恐れが発生した、と発表した。すでに貸倒引当金を全額計上しており、今期の業績予想に影響はない、としている〉

浅野織屋は、アマンニワの用地の所有者であった。

破産に伴い、土地は競売物件となったのである。

西が登場したのは、このタイミングだった。

「競売物件はね、日本人しか買うことができないんですよ。五人くらい入札者がいたかな。僕は、いくらでも買うつもりでいた。一〇〇〇万円刻みで入札書を何十枚も用意してね。あんなことは久しぶりだったな。結局、六億五〇〇〇万円くらいだったと思います」

二〇〇四年四月二七日のことだった。

当時、西は、すでに経営者としての第一線から退き、神戸の実家が営む須磨学園の園長を兼任しながら、大学教授として、第二の人生を歩んでいた。だが、アマンニワの用地を競売で競り落とす瞬間、遠い昔、若きＩＴ起業家として、生き馬の目を抜くようなビジネスの最前線にいた時の興奮を味わったのだろう。

そして、そのまま、物件は、アマンニワの事業主体である京都リゾーツに売却された。西は、エイドリアンが惚れ込んだ土地をアマンにするために動いたことになる。

起業家を退いた彼を駆り立てる何かが、アマンにあったのだろうか。

アマンニワが着工しない理由を西は、次のように説明する。

「京都には、ホテルに通じる道路は幅六メートルないといけないという条例があるんです。あそこは、その道幅がとれない。それで許可が下りないんですよ」

森肇の説明によれば、都市計画法の問題だと言う。どちらなのか、あるいは両方が抵触しているのか、実際はわからないが、いずれにしても、法的な問題がアマンニワの実現を阻んでいるのは確かである。

だが、二〇〇六年に京都のアマンの話があって、開業予定であった二〇〇八年に開業しなかった事実を、当時、業界関係者たちは、おそらくもうひとつ、別の理由と結びつけて理解していたのではないかと思う。

それは、二〇〇七年七月に発表された、新興の不動産会社アーバンコーポレイションとの業務提携と、翌年八月に報じられた同社の倒産である。

いまだ一軒のアマンも開業しないまま、アマンリゾーツは、その年、最大規模と言われた日本の企業倒産に翻弄されたのである。

二〇〇八年三月一六日、『カイラス』というライフスタイル誌が創刊された。

前日には、華やかな出版記念パーティーが開催され、当日は、日本経済新聞に一面広告が掲載された。出版不況と雑誌の不振が言われる時代にあって、それは、一昔前の華やかな雑誌をめぐる状況を彷彿とさせる風景だった。

この雑誌こそ、アマンリゾーツとアーバンコーポレイションの提携を象徴するものだった。創刊号は、巻頭特集が「アマンリゾーツ新世紀」と題されたブータンのアマンコラの記事で、国内企画として、麹町が取り上げられていた。

麹町は、三菱の丸の内、三井の日本橋と並んで、アーバンコーポレイションが再開発に力を入れていた拠点である。

アーバンコーポレイションとは、どんな企業だったのか。

二〇〇八年九月二九日、東経ジャーナル掲載の「【倒産劇を振り返る】アーバンコーポレイション倒産の深層」には次のようにある。

〈意外に知られていないが、㈱アーバンコーポレイションの登記簿上の前社名は八生という。つまり、昭和38年6月に設立されていた㈱八生という法人登記を使い、平成2年5月、㈱アーバンコーポレイションは創業した。大京広島支店で同じ釜の飯を食っていた4人の仲間が独立創業したのが源泉で、房園社長の独立宣言に呼応した格好で産声を上げたものである。同4年1月、物件第1号「アーバンビュー八丁堀」の販売を皮切りに、自社ブランド「アーバンビュー」、「アーバンコート」シリーズ販売に着手。同8年9月、株式を店頭公開、同9年4月大阪支店、同10年4月東京支店を開設、同12年12月に東証2部、同14年にはわずか創業12年で東証1部まで駆け上り、全国区入りした。

ちょうどこの時期、日本経済がバブル崩壊の後遺症から立ち直る過程であり、急成長を後押ししたのが、不動産の証券化による流動化事業。そして、その背景にあるのが高度なファイナンス。不動産の金融資産化で先行していた外資系のビジネスモデルを取り入れ、日本ではじめてＳＰＣ（特定目的会社）などを利用した開発型流動化スキームで資金調達を実施。不動産の価値を収益還元法で評価し、ＲＥＩＴ（不動産等信託）市場で一般投資家に転売する手法や、私募債ファンドなどさまざまな金融手法を逸早く導入した〉

こうした経緯で、まさに飛ぶ鳥を落とす勢いで急成長した不動産会社が、アーバンコーポレイションだった。

『カイラス』の編集長だった小西克博は、中央公論社で九三年に雑誌『ＧＱ』を立ち上げた男である。八〇年代前半、旅行会社のフランス特派員として、子会社のガイドブック制作に携わり、共同通信の記者となった後、日本のバブル景気が始まる直前、帰国して編集者となる。長く海外の情報を手がけてきた彼のセンスが買われて、中央公論社に抜擢されたのが『ＧＱ』の仕事だった。

その後、小西は中央公論別冊の『リクウ』編集長となる。

この『リクウ』時代に雑誌の広告主として出会ったのが、アーバンコーポレイションの社長、房園博行である。

「リクウを気に入ってくれて、広告を入れてくれていたんですが、うちに来てやらないか、と言うんです。彼はリクウの世界観が好きだった。自分は広島の成り上がりなんだって言うんです。いま、俺が三井や三菱と勝負しても勝てない。こういう世界観が必要なんだと、近寄ってくる人はいるけれど、サポートしてくれる人はいないんだと言われて。アーバンは野武士の集団のような会社でしたね。それから半年くらいして、リクウがカイラスになったようなものです。カイラスはアーバンコーポレイションのブランディングの一環としての雑誌でした」

創刊号には、小西によるエイドリアンのインタビューが掲載されている。アーバンとの関係を考えれば、周到にセッティングされたインタビューかと思ったが、たまたま居合わせたアマンジウォで、突発的に実現したものだと言う。

しかし、やはりアーバンとの関係性は意識していたのだろう。あの写真嫌いのエイドリアンが、Tシャツと短パンの無防備な普段着姿で笑っていた。

私のインタビューの時には、首を縦に振らなかったポートレートである。

アマンリゾーツとの業務提携を実際に行ったのは、アーバンコーポレイショングループのファンド運用会社である株式会社アーバン・アセットマネジメントである。

二〇〇七年七月二六日付けのニュースリリースには次のようにある。

〈株式会社アーバン・アセットマネジメント（本社：東京千代田区、社長：松崎和司、以下「UAM」）は、アマンリゾーツグループ（本社：シンガポール、代表者：エイドリアン・ゼッカ）と業務提携について合意し、世界各国で多数のアマンリゾーツを開発するために合弁会社（出資比率50：50）を設立しました。

本合弁事業において、今後3～5年間でヨーロッパ及び南北アメリカに複数のリゾートを開発し、投資ポートフォリオを構成することを目指します。本合弁事業は、アマンリゾーツグループの国際的な開発力とホテル運営についての専門知識、アーバンコーポレイション及びUAMの国内ファンドの立ち上げ、資金調達能力および開発管理の技術を互いに補完し合うものです〉

業務提携は、日本国内でアマンリゾーツを開発することを目的にしたものではない。向かうところは、もはやアジアでもなく、世界だった。しかし、一方で、国内からもアマンのオファーがあったことは言うまでもない。京都のアマンニワも彼らが資金を投入したプロジェクトのひとつだった。

社長の松崎和司はアマンニワが進展しなかった理由について言う。

「都市計画法上、ホテルが建てられないからです。でも、そうは言っても、方法がないことはなかった。やり方の順序を間違えたのがいけなかったんでしょうね。先に金閣寺のトップのOKをとればよかったんだと思います」

京都ならではの交渉のルールを間違えたということなのだろう。

なるほど、と思える理由だった。

「自分が見つけてきた土地でも執着心の強いものと弱いものがある。そういう意味で、千葉のアマンウミは、あまり興味がなかったみたいですね」

一方のアマンニワは、執着心を持ち続けたプロジェクトだった。

「JATAで発表したのは、彼なりの仕掛けだったんじゃないですか。発表してしまえば、京都市がOKしてくれると思ったのかもしれない」

これも、なるほどと思う理由だ。

記者会見ではない、基調講演での電撃的な発表は多分にその可能性がある。

それほどまでにエイドリアンは、アマンニワに恋い焦がれていたのである。

難しい物件にこだわるのは、エイドリアンが日本をよくわかっていて、思い入れが強いからだと指摘するのは、森肇だ。

森によれば、もうひとつ、難しい物件ばかり選ぶのがハワイだと言う。

だから、ハワイにもアマンはない。

エイドリアンと同じく華僑のバックグラウンドを持つ妻のベベがハワイ出身なのだ。マウイ島の東側にある隠れ家ホテル、ハナマウイを入手しようとしたこともあったが、実現しなかった。ハワイ島でも困難な物件に挑んだことがある、と森は言う。

「ハワイ島にワイピオヴァレーという聖地があるんですよ。あそこもずいぶん長い時間をかけてやろうとしていました。気候が不安定で面白いと言うんです」

ハワイの島は、どこも島の中心に山があり、そこに雲がぶつかることで、気候が変化する。島の東側は雨が多く、西側は晴天が多いのだ。そのため、オアフ島のワイキキもそうだが、ハワイ島でもマウイ島でも、大規模開発のリゾート地は、晴天の多い西側にある。ワイピオヴァレーは、ハワイ島の北端、西から東へ山を越えた先にある。ハワイ島の地図を見ると、えぐられたように道路が通っていない一角があるが、そのあたりだ。渓谷の底に下りていくには、4WDでオフロードを走行しなければならない。いまもハワイアンの主食であるタロイモ畑が続く、古来、ハワイの王たちの楽園とされた土地である。

谷の底に下りたことはないが、展望台からワイピオヴァレーを眺めたことはある。

上空をめまぐるしく雲が動き、気まぐれな雲が一陣の雨を降らせたかと思うと、雲間から一筋の光が差し込む。それは、まるで天地創造のドラマを見る如く、荘厳な景色だった。

ハワイとは、西側の乾いたリゾート地の単調な風景ではなく、山と雲が織りなす複雑な気候の変化にこそ魅力があることを、エイドリアンは、よくわかっていたのだろう。

だから、ハワイアンの聖地という困難な条件にもかかわらず、あの土地に恋い焦がれたのかと、私は、ワイピオヴァレーの眺望を思い出していた。


エイドリアン・ゼッカというのは、タフで好奇心旺盛な、どんな辺境も厭わない旅人である。

一緒に旅をしたこともないのにそう言えるのは、関係者のインタビューだけでなく、実際に世界各地を旅していると、しばしば「幻のアマン」の話を聞くからだ。

パプアニューギニアは、何度も取材に訪れている私のホームグラウンドだが、ここでも数年前、エイドリアン・ゼッカの噂を聞いた。

視察に訪れたというのは、ニューギニア本島の北に浮かぶニューブリテン島だった。ラバウルのある島と言えば、日本人にも馴染みがあるだろうか。彼が訪れたホスキンス周辺には、ダイビングスポットとして有名な珊瑚礁の海があり、温泉の湧く川がある。だが、原始の自然に凌駕《りようが》された、パプアニューギニアの中でも決して知られた場所ではない。私はパプアニューギニアにアマンということで驚かされ、そのマニアックな候補地に二度、驚かされたのだった。ここも「幻のアマン」として終わったことは言うまでもない。

パラオでは、二つ「幻のアマン」の話を聞いた。ひとつは、森が隈研吾と共に関わったプロジェクトのことと思われた。

そして、もうひとつは、たまたまパラオに出稼ぎに来ていたフィリピンのパラワン諸島出身の青年から聞いた話だった。パラワン諸島はアマンプロがある場所だ。そこに、もうひとつ、アマンプロのような孤島リゾートが計画されていると彼は言った。

パラオのジェリーフィッシュレイクという、無数のクラゲが泳ぐ神秘的なスポットで、同行のカメラマンが水中撮影している間、水の上に浮かびながら、聞いた話だった。

まさかと思うロケーションで、まさかと思う相手からもたらされた「幻のアマン」の話に、これまで私は、何度驚かされたかわからない。

だが、森や松崎の話を聞いていると、確かにそこにエイドリアンは来ていたのだと、確信することができる。

アーバン・アセットマネジメントの松崎は言う。

「エイドリアン・ゼッカというのは、とにかく移動を厭わない人なんですね。飛行機に乗った瞬間、寝ちゃうんです」

そうして旅した記憶を、いまも愛おしむようにして彼は語る。

なぜアーバンコーポレイションがアマンと業務提携するに至ったのかとの質問に、自分自身がやりたいと思ったことが大きいと松崎は言った。

もちろん、それがアーバンのブランディングにふさわしいと房園博行が判断したから実現したのだろうが、松崎自身、アマンリゾーツに衝撃を受けたのだった。

「アマンのブラックプールを見た時、毛穴が開くのを感じました。泳ぐためではない、見るためのプールだった。プールを見ながらいい酒を飲む。そのためのプールです」

そして、土地を見て歩き、そこにホテルを計画する、エネルギッシュなエイドリアンとのエキサイティングな日々が始まった。

「アマンの凄さは、土地を見極める能力が彼にあることだと思います。でも、その土地選びの能力は、ノウハウとして確立されていないのです。それと、はっきり言ってしまえば、でき上がったものに興味はない。オペレーションでは儲かっていなかったと思います。土地を動かす時に、不動産屋として儲ける、それがエイドリアン・ゼッカの手法なんです。土地のイメージを膨らませて、こだわって、ケリー・ヒルとか使って形にしてゆく。造るまでが、アドレナリン吹きまくりなんですね」

アマンプリの元総支配人のアンソニー・ラークが話してくれたアマンリゾーツ創業当時の話も、まさに松崎の証言に重なる。

「だって、アマンプリひとつじゃ面白くなかったんですよ。彼の興味は、Deal（物件）、Deal、Deal、なんです。一緒にやっていたタダニは止めましたよ。まずはアマンプリだと言ってね」

ひとつのところに留まって地道に信用を築き、ホテルの価値を上げてゆくのがホテリエだとしたら、エイドリアンはホテリエではない。これまでたびたび聞いてきた言葉の真意を本当の意味で理解した気がした。彼はホテルのプロデューサーであり、ディベロッパーなのだ。そして、その開発に関しては、非常にシビアなビジネスマンでもある。それは、もちろん旧来のホテリエの考え方からすれば邪道であるが、ホテルを投資対象と考える昨今の風潮からすれば、時代を先取りしていたとも言える。だが、おそらくエイドリアン自身は、自ら計算して行動していたのではなく、ただ彼の生来の興味と能力とで、そのように行動していたのだろう。

「最高の土地という意味では、ニューヨーク州のマンハッタンから車で三時間くらいのところで、ゴルフ場八個ぶんくらいある敷地を見に行ったことがあります。山と川と湖があって、四季があるんです」

ニューヨーク州のはずれ、一九八〇年の冬季オリンピックが開催されたレイクプラシッドがあるエリアだ。有名なリゾートとしては、ロックフェラーの元別荘だった隠れ家ホテル、ザ・ポイントがある。日本では知られていないが、東部の富裕層には古くから人気の高い別荘地である。

「ニューヨークには友達がたくさんいるから、そこでミュージックをテーマにしたアマンをやりたいと言っていました。ミュージシャンがゲストとしてやって来て、歌っていくようなな。結局、アメリカの投資家に売りましたが」

松崎がエイドリアンと見て歩いた数々の物件のうち、いくつかは開業し、いくつかは消え、いくつかは開発途上にあり、そして、いくつかは京都のアマンニワのように、いつか実現する時が来るのを待っている。

彼らが深く関わり開業したひとつに、モンテネグロのアマン・スベティステファンがある。耳慣れない国の舌を噛みそうな名前のアマンだが、旧ユーゴスラビア、アドリア海沿いの立地は、クロアチアの世界遺産ドブロブニクからも車で二時間半の距離である。リゾートは、海岸沿いの小島にある。名前は、その歴史に対するオマージュであろう。セルビア王家の夏の離宮だったこともあり、六〇年代から八〇年代には、セレブリティのリゾートとして、女優のソフィア・ローレンやエリザベス・テイラーにも愛された。ロケーションの素晴らしさは、松崎も、そして小西も絶賛していた。アドリア海に沈む夕陽は、心に沁み入るように美しかったと。

だが、松崎と小西の夢が終わる日は、思いのほか早くやって来た。

二〇〇八年八月一三日、アーバンコーポレイションは民事再生法の適用を東京地裁に申請した。事実上の経営破綻。負債総額は二五五八億円だった。同年最大級と言われた企業倒産である。

その前年頃から問題視されていた米国のサブプライムローン問題の影響もあり、同年六月から七月にかけて、不動産会社の破綻が相次いでいた。負債総額六二〇億円のスルガコーポレーション、負債総額九四九億円のゼファである。八月末には、負債総額三三八億円の創建ホームズの破綻も続いた。

だが、アーバンコーポレイションの破綻が投資家を驚かせたのは、突出した負債総額の大きさだけではない。完全な黒字倒産だったことだ。

黒字倒産の理由については、売上高を上回る棚卸資産をあげる専門家が多い。棚卸資産とは、すなわち在庫のことだが、不動産業においては、製造業のように減産などで調整することができない。売れるまで待つしかないのだが、アーバンコーポレイションの場合、この棚卸資産の増大が危険水域だったとする説だ。

加えて、反社会勢力の関わりを指摘する風評があった。

反社会勢力の関与が取り沙汰され、黒字倒産に追い込まれたスルガコーポレーションの土地転売先がアーバンコーポレイションだった。こうした風評による金融機関の貸し剝がしを倒産の直接的な原因とする説もある。

房園の近くで、倒産劇に立ち会った小西は、金融機関による貸し剝がしが最大の理由ではなかったかと指摘する。背景にあるのは、アーバンが新興の不動産会社でありながら、当時、アジアでも有数の企業規模に成長していたことである。三菱の丸の内、三井の日本橋、アーバンの麴町と並び称されることは、財閥系の不動産会社にとって快いことではなかった。そうした何かが裏で動いたのでは、と小西は言う。

最後の引き金となったのが、七月にBNPパリバ証券を割当先とした約三〇〇億円の「転換社債型新株予約権付社債」を発行していたのが、引受先であるBNPパリバとのスワップ契約によりBNPパリバ側へそのまま還流していた事実だった。これが時価総額経営を支えていた株価のさらなる下落を招いたのである。

倒産劇は、もちろんアマンリゾーツにも衝撃をもたらした。

だが、アマンとアーバンの関係は、それぞれが出資したアマンファンドを使って、開発を行うことだった。アーバンと合弁のファンドを失うことにはなったが、アマンの本体にアーバンの出資があったわけではない。

アマンリゾーツ自体は、二〇〇七年一一月、インド最大の不動産会社であるDLFに株式の五一パーセントを売却している。当時、まだエイドリアンの近くにいた松崎に言わせれば、この決断で、半分引退する心づもりになったようだ。

二〇〇七年一一月二七日付けで、Foebes.comは次のように報じている。

〈インド最大の市場価値を持つ不動産ディベロッパーのDLFは火曜日（著者注：一一月二七日）、シンガポールに本社を置くアマンリゾーツの経営支配権を四億ドルで獲得したと発表した。（中略）

ニューデリー郊外のグルガオンに本社をおくDLFとアマンリゾーツの創業者、エイドリアン・ゼッカは、当初、同等の権利を持つ予定だ。アマンリゾーツは一二ヶ国で二二軒のラグジュアリーホテルを所有、運営しており、今後も二〇〇八年にニューデリーに開業予定のリゾートを含む複数の出店計画がある〉

この二〇〇八年のニューデリーというのが、「アマン・ニューデリー」（現・ザ ロディ）である。

二〇一二年になって、DLFがアマンリゾーツの売却を示唆する報道が相次いだ。どれも交渉中であるとか、売却を決定したという噂を否定するとか、決定を報じた報道ではないが、売却先として、バンヤンツリーなどの名前もあがっていた。DLFが有利な売却先を探しているのは事実だった。

ところで、アマンとアーバンの物語も、これで終わったわけではなかった。

二〇一二年一〇月、思わぬところから、新しいプロジェクトの話がもたらされた。

場所は、北海道の苫小牧《とまこまい》である。

プロジェクトの名前は「バルトマイスタートマコマイ」。

立地は、新千歳空港近くに広がる一〇五七ヘクタールの民有林である。

そこにGHMが開業する予定だという。

北海道の地元紙に報じられた記事では、アマンリゾーツ、エイドリアン・ゼッカの名前が前面に出ていた。エイドリアンは、GHMの創業者の一人であり、現在も非常勤会長という役職にある。

広大な森を「開発しない」ことで自然と共生するリゾートにする「バルトマイスタートマコマイ」。ある意味、わかりにくいコンセプトに輪郭をつけるのが、プロジェクトに名前を連ねる二人のビッグネームだった。

一人は、エイドリアン・ゼッカ。

そして、もう一人は、建築家の安藤忠雄である。

石川裕一は、安藤忠雄の双子の弟である北山孝雄と仕事上のつながりがあった。GHM

が動いた最大の要因は、どうやら安藤忠雄とのコネクションにあったようだ。

GHMでは、苫小牧のプロジェクトに続いて、ハワイ島・コナコーストにも安藤忠雄設計のリゾートを計画しているという話を聞いた。

ハワイと聞いて、森肇の言葉を思い出す。ハワイと日本は、エイドリアンにとって特別の場所で、だからこだわりすぎて実現しない、と。

だが、島の西側にあるコナコーストは、ワイピオヴァレーより、ずっとリゾート地としては王道だ。このロケーションで安藤忠雄ならば、話題を呼ぶに違いない。

GHMの創業二〇周年パンフレットには、コンクリート打ち放しの、いかにも安藤らしいテーストのヴィラのパースが、コナの夕陽に映えていた。

もしエイドリアンのハワイの夢が、ここに着地するのであれば、日本の夢はどこになるのだろう。北海道の苫小牧なのか、東京の大手町なのか、いや、彼の心には、いまなお雪の舞い散るアマンニワの幻影が去来しているのだろうか。

すべてが始まったアマンプリの原点には、若き日のエイドリアンが、白いオープンカーで乗りつけた三浦半島、浜諸磯の記憶があった。いずれにしても最後は日本に戻って来なければ、アマンの夢は終止符を打つことができないと、彼は思っているに違いない。

エピローグ

アジアンリゾートの今、そして未来

ピーターミュラーの著書『peter muller：the complete works』に収録されている「トニー・ウィリアム・ハウス」の中庭の様子。

香港の中国返還を機に、エイドリアン・ゼッカは、本拠地をシンガポールに移した。そのシンガポールは、いま、アジア経済の中心地として、躍進を遂げている。その象徴とも言うべきランドマークが、ベイエリアにそびえるマリーナベイ・サンズだ。三棟のタワーの上に、船が載ったような独特のフォルム。夕暮れ時、高層タワーの窓に明かりが灯ると、最上階の空中庭園が、ビル群に不時着した宇宙船のように白く光を放つ。藍色の空に浮かび上がる近未来的な偉容は、ニューヨークの摩天楼がそうであったように、世界の中心がアジアであることを誇らしげに宣言するようでもある。

ホテルを運営するサンズは、ラスベガスに本拠地をおくカジノホテルである。リーマンショック以後、ラスベガスのカジノ産業の多くが不調となるなか、ここシンガポールのほか、マカオなど積極的にアジアに進出し、好調を維持している。マリーナベイ・サンズは、躍進するシンガポールの象徴であると同時に、ホスピタリティ産業の中心が、アジアであることを象徴する存在でもあるのかもしれない。

最上階の空中庭園には、宿泊客専用のスイミングプールがある。

このプールで泳ぎたいがために宿泊予約が殺到するという。宿泊客以外の見学も可能にしたら、動物園の檻を囲むようにプールに人垣ができてしまったと聞いた。それは、シンガポールの高層ビル群に向かってエッジを切ったインフィニティプールだ。プールにホテルの個性を際立たせる仕掛けをする企みは、まさにエイドリアン・ゼッカがアマンリゾーツで試みたことだった。

アマンプリの椰子の木を映し出すブラックプール。周囲の緑に溶け込むような、アマンダリの緑色のインフィニティプール。最初のインフィニティプールは、スリランカの建築家、ジェフリー・バワが、スリランカ・ベントータビーチの旧トライトンホテル（現ヘリタンス・アフンガッラ）で試みたものだが、それを世界的なトレンドに押し上げたのは、アマンリゾーツだった。

その革新の先に、マリーナベイ・サンズのインフィニティプールがある。

そして、スパは、やはりシンガポールに本拠地をおくバンヤンツリーが運営している。地上五五階、天空に最も近いバンヤンツリー・スパである。

二五六〇室という巨大カジノホテルは、スモールラグジュアリーをコンセプトとするアジアンリゾートとは、一見無縁にも見える。だが、切り取られた風景のひとつひとつには、アジアンリゾートの登場によってもたらされた、いくつもの革新の片鱗が、二一世紀の時代の先端をかたちづくる風景の一部として存在する。

今、アジアは、あらゆる意味においてホスピタリティ産業の中心地となっている。すなわち、第一に、数多《あまた》のホテルがアジアの都市やリゾートに建ち、数多の人々がアジア各国を訪れているということにおいて、第二に、アジアを本拠地とするホテル企業、アマンリゾーツを含む、バンヤンツリー、マンダリンオリエンタル、シャングリ・ラ、ペニンシュラなどが躍進し、アジア域内のみならず、欧米にも積極的に展開していること。そして第三に、受け入れ側としてだけでなく、消費者としても、アジア域内の旅行者が増えていることがあげられる。

九〇年代頃までは、アジアを旅するアジア人といえば、もっぱら日本人であったものが、いまや、中国、韓国はもちろん、シンガポールやマレーシア、インドなど、多岐にわたる。その結果、アジアのホスピタリティ産業の市場規模、それ自体が拡大している。LCC（ローコストキャリア）の台頭もあり、国を越えた人々の移動は、歴史上、かつてないほど活発になっている。そうして拡大する観光産業を需要供給の両面で牽引するのが、まさにアジアなのである。

ブームとしてのアジアンリゾートは、確かに一段落したかもしれない。だが、それは決して終焉《しゅうえん》ではない。いわゆるアジアンリゾートは、アジアにおける観光のインフラとして、各地に定着したと見るべきである。プーケットでもバリ島でも、リゾートとしての市場規模が縮小しているわけではない。

アマンリゾーツでは近年、モンテネグロのアマン・スベティステファンを中心にトルコ、ギリシャ、さらに二〇一三年開業のベネチアなど、地中海沿いのヨーロッパに軸足を広げている。だが、これも、アジアンリゾートの終焉なのではなく、アジアに出自を持つホテル企業がヨーロッパに進出する、アジアンリゾートの拡散なのだと、私は考えている。すなわち、マンダリンオリエンタルやシャングリ・ラやペニンシュラがヨーロッパに進出している状況と同じことだ。


新しいリゾートエリアも次々と台頭している。

アマンダリがウブドを世界にデビューさせたように、アマンがいち早く出店したインドシナの各地が、観光地として成長を遂げている。

まず、二〇〇九年に開業したアマンタカがある、ラオスのルアンパバーン。世界遺産の古都は、のどかで素朴なアジアの情景が楽しめると、近年、人気を集めている。

国でいえば、今後の成長株は、カンボジアだろう。

世界遺産のアンコールワットがあるシェムリアップは、近年、著しく観光産業が発展した場所のひとつだ。外国人訪問客数は、二〇〇五年の約一四〇万人から二〇一二年の約三〇〇万人に、ほぼ倍増した。アマンサラは、本格的なブーミングとなる以前、二〇〇二年に開業している。二〇一三年には、パークハイアットも開業した。

一九七〇年代、ポルポトの独裁により、人口の約二五パーセントが虐殺された悲劇の歴史の傷跡は、いまも人々の中に色濃く残る。たとえば人口の五六パーセントが二五歳以下であるという人口構成もそのひとつだが、その若い世代を、主要産業となったホスピタリティ産業を支える力に育て上げるべく、現在、さまざまなNGOが活動している。

アマンサラでは、地元出身の若い女性の人事マネージャーに会った。

もともとアマンは、地元出身のスタッフと外国人総支配人だけで、いわゆる中間管理職がいない人事構成が多かった。それが少しずつ変化してきている。ホテルスクールなど、ホスピタリティ関係のNGOが多いシェムリアップならではの動きかもしれない。

二〇一二年には、カンボジアで初めての本格的なアイランドリゾートも開業した。南部にある港町、シアヌークビルの沖、タイランド湾に浮かぶソン・サー・プライベート・アイランドである。創業者は、オーストラリア人のカップル、ローリー&メリータ・ハンター夫妻。リゾート誕生の経緯をローリー・ハンターは語る。

〈「初めて訪れた時、カンボジアの島々の手付かずの無垢な自然と、そこに暮らす人々に私たちは完全に魅了されました。開発とマーケティングに携わってきた私と、インテリアデザイナーでありオーガニック・スカルプチャーのアーティストでもある妻が、それぞれの分野を担当し、これまでにないリゾートをつくりあげました」〉（「今月の人」『月刊ホテル旅館』二〇一三年一月号）

二七のヴィラは、地元の漁民の家をイメージしたという。自然環境の保護と地元コミュニティに対する支援、その上に成り立つラグジュアリーリゾートというのが、ソン・サー・リゾートの目指す理想である。

〈「現在、私たちは海洋生物学者を含むメンバー5名からなる環境保護チームを擁し、この島の特徴である美しい自然を損なうことがないよう、地元との万全な協力体制をしいています。その結果、ソン・サーはカンボジア初となる海洋環境保護区域（100万㎡）

を設けました〉（前掲誌）

そのストーリーは、ソネバフシを創業したソヌとエヴァの物語を彷彿とさせる。自然と共生するエコリゾートとしての理念も、彼らのリゾートに通じるものがある。ソン・サーの場合は、スタートの時点で、彼らの理念を前面に押し出しているところが、より二一世紀的であるともいえる。そのコンセプトは、HICP〝サステナビリティー〟賞、TTGトラベルアワード〝ベスト・ニュービーチリゾート〟、『トラベル＋レジャー』誌の〝サステナビリティーのグローバルビジョン〟賞など、開業一年目にして、数々の受賞ラッシュにつながった。

アマンが登場した時ほどの革新ではないかもしれない。だが、ソン・サー・プライベート・アイランド・リゾートの成功は、アジアンリゾートの潮流は、ホスピタリティ産業におけるジャンルのひとつとして定着し、さらなる進化が続いている証でもある。カンボジアという国の魅力と可能性に惚れ込んだハンター夫妻は、今後もカンボジア国内でリゾート開発を進めていくという。

ところで、いわゆるアジアンリゾートの登場は、アジアのみならず、ホスピタリティ産業の世界的な潮流にも一石を投じた。

それは、スモールラグジュアリーの発想、すなわち大規模な投資をし、スケールメリットによって収益を上げるのではない、こぢんまりとして、サービスの行き届いたホテルこそをラグジュアリーホテルとする考え方である。小さなホテルは、スケールメリットによる収益は期待できないが、その代わり、投資額自体は少なくてすむ。

少なくとも八〇年代頃までは、都市であれリゾートであれ、ある程度大きな規模を持ち、だからこそ整った設備を持ったものが、高級ホテルとみなされていた。たとえば東京のホテルオークラや帝国ホテルは、その戦艦のような姿を含めて、ホテルの威厳とされていたのである。そこに、一七八室のパークハイアット東京が開業したのが九四年のことだった。時代でいえば、それは、まさにアマン以後、である。

それを考えると、リージェントのボードメンバーであったエイドリアン・ゼッカが、アマンリゾーツを始めた時、実は最も革新的だったのは、客室数が四〇ほどの小さなリゾートであった点だと思う。

しかも、第六章でふれたように、エイドリアンの古くからの友人であり、アマンリゾーツの文化アドバイザーを務めるアジ・ダメイスの証言によれば、「客室は最大四〇室くらい」というアマンの基本構想は、彼がまだリージェントにいた一九八三年頃には固まっていたという。つまり、プーケットのパンシービーチにアマンプリを構想するはるか以前、スモールラグジュアリーというコンセプトだけは完成していたことになる。

この「客室は最大四〇室くらい」という発想の原点は、日本の旅館に違いないと語るのは、星野リゾート社長の星野佳路《よしはる》だ。

その規模は、まさに旅館のそれにほかならないことと、彼がエイドリアン・ゼッカに会った時、旅館についての知識の豊富さに驚かされたことが理由だと言う。

星野佳路は、軽井沢の星野温泉で代々続く温泉旅館の四代目に生まれた。米国のコーネル大学ホテル経営学科大学院を卒業した、日本のリゾート再生の旗手として知られているが、そもそも彼の出自は、温泉旅館の息子であった。その星野の直感が、アマンリゾーツのルーツに旅館を見たというのだ。

第三章に記したように、エイドリアンは一九五六年から五八年まで、丸二年間、タイムライフ社の日本支局に勤務し、東京で暮らしている。その間、お気に入りの三浦半島の別荘ばかりでなく、さまざまな土地を旅したに違いない。当時の同僚によれば、日本各地をセールスで旅したというし、自慢の白いオープンカーにガールフレンドを乗せて、休暇旅行も楽しんだことだろう。しかも、来日の前年には、次兄のアレンが日本人女性の名倉延子と結婚している。日本の情報にも通じていたはずだ。事実、その後も含めて、彼は何度も日本を旅し、何度も旅館に泊まったと証言している。

アマンリゾーツのルーツは日本の旅館にあるという説は、以前から、ある種の都市伝説のようにして、日本人アマンジャンキーの間で語られていた。

アマンリゾーツのPRを担当してきたトリーナによれば、創業当初から、アマンに滞在した多くの日本人が「まるで旅館にいるようだ」とか「アマンのホスピタリティは旅館に似ている」と語ったそうだ。

それは、不思議なパラレル（相似）であったと彼女は言う。

「アマンリゾーツは、何か特定のものを複製したり、特別なカルチャーをフィーチャーしたものではありません。ですが、旅館とアマンは、なんて面白いパラレルなのだろうと思いました。旅館と似たような雰囲気というのは、特にアマンダリでそう言われました。九〇年代だったと思いますが、『婦人画報』という日本の女性誌が、エイドリアンにインタビューを申し込んできたことがありました。でも、ご存じの通り、エイドリアンは、インタビュー嫌いです。すると、編集部が面白いアイディアを持ってきました。京都の旅館、俵屋の女将《おかみ》を呼んだらどうでしょう、というのです。それで彼女をバリに招待して、アマンダリに泊まってもらったのです。そして、インタビューということではなく、二人は会話をしたのです」

その記事とは、一九九六年一月号『婦人画報』の巻頭特集「京都・俵屋とバリ・アマンダリ」である。「二つの宿に〝もてなしの心〟を探る」と題されて、それぞれの宿の客室を写した印象的な写真から特集は始まる。

続いて、エイドリアン・ゼッカと俵屋の女将、佐藤年の対談が収録されている。まず、佐藤がアマンダリへ、そして、エイドリアンが俵屋へ、それぞれの宿を訪問しあった二人は、語り合いながら、お互いの共通点を探り合う。

〈**ゼッカ** 人件費やコスト的なことも含めて、俵屋とアマンダリでは条件がまったく違います。訪れる人も俵屋とアマンダリでは求めるものが違うはずです。ですから単純に比較は出来ないはずです。

佐藤 私も考えてみたのです。どこが似ているだろうかと。似ているとすれば、視覚的なものじゃなく、大袈裟にいえば、客をもてなすということに対する哲学が似ているのだと思います。

ゼッカ　そうですね。それぞれの国の伝統文化を大切にしつつも、それを現代の空間のなかでうまく活用し、宿泊客に寛ぎの時間を提供する。このコンセプトが似ているのでしょうね〉

話の行き着いた先は、まさにトリーナが言うところのパラレル（相似）だった。

俵屋の佐藤年は、私が『婦人画報』の記事を見せると、懐かしそうに当時を思い出してこの企画が実現した経緯を語ってくれた。

「当時、婦人画報で私が書いていた頃ではなかったかと思うのですが、佐藤さん、海外の取材なんて面白いですよ、行ってみませんか、と言われたんです。私は、ほんの冗談のつもりで、いいわよ、なんて言ったんです。そうしたら、日取りがだいたい決まりましたって言うんです。冗談のつもりだったから驚いて、どこに行くの、と聞いたら、アマンダリだと。私は、本当に出不精なんです。主人（著者注：写真家のアーネスト・サトウ）がいた頃もニューヨーク以外は行ったことがなかった。主人は毎年、海外に行っていましたが、私は、私の散漫な目で見るよりも、主人が見てきた、あるいは写真で撮ってきたものを見るほうがいいと思ってましたから。ゼッカさんというのは忙しい人で、たびたびインタビューの申し込みをしたけど、受けなかったらしい。それが、俵屋なら、ぜひやりたいと言われて、その後での私への申し込みでした。誰かが、それも日本の何人かの人がアマンダリに行ったと、そうしたら俵屋さんにすごく似ていると、婦人画報の人に言ったらしいです。冗談のつもりだったのに、行かざるを得なくなって。主人が九〇年に亡くなって、息子もニューヨークに行ってしまった時でしたから、ちょっと身が軽く思ったんでしょうね」

ここで興味深いのは、アマンリゾーツの中で、ことさらにアマンダリが、俵屋に似ていると言われたことである。なぜ、アマンリゾーツの中で、ことさらにアマンダリだったのだろうか。

ひとつは、バリ島のウブドという、文化に根ざした土地柄が理由だったのかもしれない。緑深い棚田が広がる田園地帯は、同じ米作りを基盤とする日本につながる風土でもある。

特集の冒頭、花人の川瀬敏郎の「帝王のユートピア」というエッセイがある。川瀬は、佐藤によれば、アマンダリと俵屋の相似を指摘した一人だったという。

アマンダリには、水田とそこで働く人々を遠景として見るロケーションに京都・修学院離宮との共通点があるとし、〈私たちはバリの自然や風物をほんの少しだけ高い視点から楽しむのです〉と評している。それは、単に風景の相似を理由として「帝王のユートピア」と言ったものだが、アマンダリの建つクデワタンがウブドの領主、チョコルド・グデ・ラコー・スカワティのフランス人妻との隠れ家であった由来を考えると、どきりとするものがある。

だが、それだけではない。

アマンダリは、リゾートの佇まいそのものが、どこか旅館を彷彿とさせるのである。私自身も何度か、アマンダリを訪れて実感したことだ。佐藤は、〈似ているとすれば、視覚的なものじゃなく〉と記事の中で述べているが、グラビアのページに載せられた二つの宿の写真は、確かに視覚的に共通する雰囲気がある。

佐藤も証言する。

「笑ったのは、その後ね。細かい写真がいっぱいあるでしょう。どれがアマンダリで、どれが俵屋さんか、わからないって言うんですよ。私から言わせれば、何が似ているかはわかりません。でも、洗面所の写真は本当に似ていて、これはうちだったわよね、と確認したくらいでした。皆さんがそれだけ似ているとおっしゃることは、何かが似ているんでしょうね。似ているところがあるとすれば、その場所独自の文化に根をはった建物だということかと思います」

さらに、佐藤は、俵屋とアマンダリが似ている根拠として、もうひとつ、興味深い話をしてくれた。

「私は黒子だと思っていますので、お客様にお会いすることはないんです。でも、どうしてもという方には、お会いすることもあります。いつのことだったか、お名前も覚えてはいませんが、これからバリ島にホテルを建てるというオーストラリアの建築家の方に、お会いしたことがありました。その方は、一週間くらい滞在されて、全部の部屋を見ていかれました」

ピーター・ミュラーが俵屋に来たのだろうか。

そのオーストラリア人建築家のことを、佐藤が、あらためてアマンダリと結びつけて理解するようになったのは、『婦人画報』の引き合わせでエイドリアンに会った以降のことだという。

ちなみに、村松友視の『俵屋の不思議』にもこのような記述がある。

「建物自体はオーストラリアの建築家の設計によるものだが、事前に、その建築家たちが日本の『俵屋』に泊まる機会があり、日本の伝統文化をどのように生かしているかを肌で感じたのだろうという言葉に、私は大きくうなずいた」

俵屋によく似たホテルがバリにあると言われ、村松はアマンダリまで足を伸ばす。単行本の出版は一九九九年。元になった雑誌連載は九八年一月から九九年三月だから、アマンダリに行ったのは、九八年の後半くらいだろうか。当時のマネージャーのヘンリーに聞いた話として、この記述は登場する。

語尾のニュアンスから推測すれば、九五年の秋にお互いのオーナーの訪問があり、あるいは、佐藤年の話を聞き、それらを総合した上での推測として、俵屋の連載の一環として取材に来た作家に語ったのかもしれない。

それでいて興味深いのは、『婦人画報』の対談の中で、この時が、初めての俵屋訪問であったとエイドリアンが告白していることだ。

この事実は、少なくとも九五年以前のアマンリゾーツにおいて、俵屋の影響を受ける可能性はなかったことを意味している。

それでも、もし、アマンダリが、開発当初からエイドリアンのプロジェクトであったのなら、彼が意図的に模倣した仮説が成り立つ余地もある。すなわち、エイドリアンが視察のために建築家を日本に派遣した可能性だ。マネージャーのヘンリーの言葉は、そうした状況を示唆している。

しかし、このプロジェクトをスタートさせたのは、ガブリエラ・テギアであり、ピーター・ミュラーであった。

もし、アマンダリ以前にピーター・ミュラーが俵屋を訪問していたとすれば、それは、彼自身の意思であったことになる。

アマンダリの建築家、ピーター・ミュラーの本を今一度、ひもといてみることにした。第二章で引用した『peter muller : the complete works』の前文を再び読み返す。

〈フランク・ロイド・ライトの作品と建築とは建物と場所の調和した結合であるとする彼の有機的哲学は、ピーター・ミュラーの初期の住宅によってシドニーに紹介されたの

である〉

　すると、次の文章が続いているではないか。

〈彼は、また日本の理想を彼の仕事の中に体現した、シドニー地域で最初の建築家の一人でもあった〉

　フランク・ロイド・ライトが、帝国ホテルの旧ライト館を設計したのは、よく知られるところだ。彼は、もともと日本美術の蒐集家《しゅうしゅうか》であり、その関係で、古美術商のニューヨーク支店長だった林愛作と知り合う。その林が、帝国ホテルの総支配人に招聘されたことで、ライトは設計者として抜擢されたのだった。

　ライトと日本との深い関係。さらに、有機的建築、すなわち建物と場所との調和という考え方自体、極めて日本的な発想である。

　そのライトを師と仰ぐピーター・ミュラーは、ライトを介在して間接的に、日本の影響を強く受けていたのである。

同書のページをめくっていくと、日本旅館と見紛《みまが》うような一軒の住宅があった。一九八七年竣工のトニー・ウィリアム・ハウス。まさに、アマンダリ直前の作品である。

〈「ピーター・ミュラーは、建物を建てることに対して、仏教的なアプローチをする。多くのオーストラリアの建築家と違い、彼は、スピリチュアルな直感で強烈に自らを導く。巧妙な技術を駆使しているにもかかわらず、彼の作品は、自然に対する鋭い感性を表現する。住宅を想像する前に、二日も三日もその場所で時間を過ごすのは、彼にとって普通のことだ。土地の輪郭を読み解き、木々に飛んでくる鳥を見て、太陽や雨や風のパターンを評価する。新しいクライアントは、彼の集中力の深さに驚くのである（中略）」トニー・ウィリアムは証言する〉

あらためて、トニー・ウィリアム・ハウスの写真を見てみる。鯉の池と石と緑からなる日本庭園のような空間が、板張りの廊下がめぐらされたロビーの前に開けている。

俵屋の玄関の先にある、廊下に囲まれた坪庭が重なる。季節のあしらいが施された坪庭は、主のもてなしを印象づける空間だ。自らを黒子だという佐藤は、自分自身が出ていくことよりも、こうした季節の設《しつら》えをもって客を迎えることに重きをおく。そうした思いの伝わる空間だった。トニー・ウィリアム・ハウスの渡り廊下に囲まれた庭は、俵屋の玄関先の坪庭にどこか似ていた。

また、ロビーから庭を見る感じは、庭の緑を取り込むように大きなガラスがはめられた俵屋の客室にも似ていた。トニー・ウィリアム・ハウスのロビーの長椅子に座ったなら、俵屋の客室から見る庭を連想するだろうと、私はふと想像した。

アマンダリよりも、トニー・ウィリアム・ハウスのほうが、もっと直接的に俵屋に似たディテールがあるような気がする。

もしピーター・ミュラーが俵屋を訪れたのなら、それは、トニー・ウィリアム・ハウスを設計する前ではなかったか。もともと彼は、後にジ・オベロイ・バリとなるカユ・アヤを一九七三年に設計し、その後も、ジ・オベロイ・バリの増改築に一貫して関わっている。たまたまそうしたタイミングで、バリのホテルと言ったのかもしれない。

そもそも佐藤のオーストラリア人建築家に関する記憶は、名前も年代も曖昧だ。

バリのホテル云々も、アマンダリを訪れ、エイドリアンに会った後の無意識の記憶の修正であった可能性も考えられる。

しかし、トニー・ウィリアム・ハウスは、俵屋と決定的に違うものがある。

それは、全体のスケール感だ。

佐藤の言葉を思い出す。

「海外に俵屋を出してくれないかと言われたこともずいぶんありました。ニューヨーク、オーストラリア、フランス、韓国。でも、全部お断りしました。なぜなら寸法が違うからです。アメリカに俵屋を持って行ったら、何か弱々しいものになってしまう。俵屋は京都であるから俵屋なんです。土地が違えば寸法が違う。海外との比較だけではありません。同じ日本であっても、京都は、ほかの土地と比べて全部寸法が違うんです」

なるほどと納得する理由だった。

トニー・ウィリアム・ハウスの写真を最初に見た時、私は、伊豆あたりの旅館を連想した。それは、少なくとも京都の寸法ではないという理解だったのだろう。

さらに詳細に見ていくと、きわめて日本の旅館ふうではあるけれど、どこか大味に感じられる部分もあって、そうか、それは寸法の問題だったのだ。

だが、全体に見れば、そこがシドニー郊外であるとは思えないくらい、ピーター・ミュラーは巧みに日本的な感性を取り入れ、見事に着地させている。

一方のアマンダリは、少なくとも表面的にはバリ建築であり、日本建築とは異なる。

だが、トニー・ウィリアム・ハウスでの実験的な試みを経て、より咀嚼《そしゃく》されたかたちで、ミュラーの日本への憧憬は、アマンダリの建築に溶け込んだのかもしれない。

そこに日本人は、鋭く嗅覚を立てたのだ。

それが、アマンダリと旅館をめぐる都市伝説の真相ではないか、と私は思う。

つまり、日本文化に強い影響を受けたピーター・ミュラーによるアマンダリという「箱」が、旅館のイメージを駆り立てたのである。

第六章でも引用したように、そもそもエイドリアン自らが、その影響を指摘しているのは、ヨーロッパのインである。

〈タンジュンサリや後のアマンダリなどのようなブティックホテルは、実際のところ、ヨーロッパのインにおける、とてもパーソナルで特別なサービスの伝統から来ていると、私は思います〉（『tandjung sari : A Magical Door to Bali』）

アマンリゾーツは、少なくともアマンプリでスタートした時点では、直接的に旅館を意識していたわけではなかったと思う。

だが、俵屋を彷彿とさせるピーター・ミュラーの「箱」を持つアマンダリとの邂逅《かいこう》によって、アマンリゾーツは、日本旅館をめぐる都市伝説を内包することになった。

その結果、ホスピタリティにおける潜在的な共通点も浮き上がらせる結果となった。

佐藤も指摘している。

「それと人的サービスね。ほかのホテルと比べてずっと行き届いている。似かよっていると思って下さった方は、そういうふうに思ったのかなと思います」

さらに、アマンのサービスが、ことさら俵屋に似ていると思われた理由は、早くから外国人を受け入れてきた俵屋ならではの、ややホテル的ともいえるサービスのあり方とも関連しているのかもしれない。

「よく俵屋のことを『痒いところに手が届く』なんて書いてらっしゃる方がありますが、お客様の痒いところなんて十人十色ですから、私たちにはわかりません。そうではなくて、相手が要求すれば、それをかなえるということです。西洋の方が、エキゾティシズムのためだけに泊まるなんてつまらないと思います。日本文化の中で、自分の家にいるようにくつろいで頂きたいのです」

客をもてなす哲学の相似については、『婦人画報』の記事の中でエイドリアンも次のように指摘している。

〈それぞれの国の伝統文化を大切にしつつも、それを現代の空間のなかでうまく活用し、宿泊客に寛ぎの時間を提供する。このコンセプトが似ているのでしょうね〉

一方、日本旅館のホスピタリティの特異性を指摘するのは、星野リゾートの星野佳路だ。こぢんまりとした規模での、行き届いたアジア的なサービスは、確かに旅館のもてなしに似ているが、それは、表層的な相似であって、根本的な部分、もしくはディテールにおいては、異質なのかもしれない。星野が、旅館のホスピタリティの本質について分析した時、私は、改めてそう考えた。

「顧客のいいなりにならないということなんです。気づきを与えるというか、目を覚まさせるというか、気づいてほしいという主張があるんです。ハウスキーピングにしても、ホテルは客室を元通りにするという発想ですが、旅館の場合は、部屋を設《しつら》えるのです。いいサーバントが、いいサービスではない。宿主の文化度のほうが顧客より高かったりするわけです。いわゆる女将の文化ですよね。そこに旅館の凄さがあると思います」

最初にアマンが開業したところ、すなわちアマンプリのタイや、アマンダリ、アマンキラ、アマヌサのバリ、そしてアマンプロのフィリピンは、いずれもホスピタリティに優れた民族性では定評のあるところだった。しかも人件費は安い。そうした地元の人たちを雇用し、ゲストが望むことは何でも実現する、というのが、アマンのホスピタリティだった。アジア人によるサービスという点が新しかったかもしれないが、それは、基本的に「いいサーバント」による「いいサービス」という、西洋的ホスピタリティの伝統の延長線上であったと思う。なぜなら、末端でサービスをするのは地元のアジア人だが、それを束ねるのは欧米人、もしくは欧米の高等教育を受けた総支配人だからだ。

星野は、アマンジウォを訪ねた時の印象を興味深い言葉で表現した。

「植民地的、というと、ちょっと言葉が悪いかもしれませんが、地域の文化や魅力の持ち込みが表層的というか、表面的に見えたんですね」

遠慮がちに発せられた「植民地的」という言葉に私はアンテナを立てた。

それは、アマンの本質を言い当てている表現かもしれなかった。

なぜなら、エイドリアン・ゼッカという人物の出自と、アジアンリゾートなるものの誕生の背景には、植民地アジアの残滓《ざんし》が色濃く影響しているからだ。

一見斬新に見えるアマンのホスピタリティだが、植民地アジアの支配者階級の生活の中には、当たり前にあった日常の一コマだったのではないか。

エイドリアンの兄に嫁いだ名倉延子は、著書『江戸っ子八十年　嵐の日々も　凪の日も』の中で、ゼッカ家の日常生活を驚きと共に記している。


〈子どもたちには一人ずつ乳母のような女性が付いている。靴を脱がせたり履かせたり、手を洗えばタオルを持ってきたり。使った櫛まで洗って置いてある。寝る前には、蚊帳を吊る。細い藁を束ねたホウキのようなもので、蚊帳をパタパタやって、絶対に蚊がいないと確かめてから、準備ができましたと告げに来る。

男性の使用人は運転手たちのほかに、十五、六歳ぐらいの男の子が二人。彼らは外回りのことをする。たとえば、誰かがバドミントンをしたいといえば、大急ぎでネットをはって用意し、運動靴まで履かせるのだから大変だ。プレイ中でも、名前を呼ぶと、すぐ冷たいタオルをもってくる。プレイが済んでベンチに腰かければ、靴を脱がせてタライで足を洗って拭く。彼らは、映画でみるローマ時代の使用人のように兄弟にかしずいていて、しかも、用をいいつけられると、とてもうれしそうに、にこにこする〉

冷たいタオルを差し出して、にっこりと微笑む。

それは、そのままアマンリゾーツのホスピタリティではないか。

アマンを開業する時、エイドリアンが、地元の村の住民を広場に集めてリクルーティングするという話を思い出した。そこから、優秀な人材を選び出すこと、選ばれた者たちのモチベーションを高めること。そうした一連のことは、彼の育ったゼッカ家で、脈々と行われていたのではないか。彼らの失われた古き良き時代を再現したのが、アマンのホスピタリティだったのかもしれない。

だが、それがアマンダリという「箱」に収まった時、一般の日本の旅館とは少し異なる、インターナショナルなスタンダードを持った俵屋のホスピタリティと、不思議なパラレルを見せたのだろう。

そして、アマンダリは、アマンを伝説的な存在に押し上げた重要な要素であったと同時に、エイドリアンとの邂逅によって、その価値を引き出され、アジアンリゾートのシンボルにもなったと私は考える。

もし、ピーター・ミュラーとガブリエラ・テギアたちによって、ヴィラ・アユとして開業していたなら、もちろんウブドの趣味のよいリゾートとして、バリを愛する人たちには好ましく受け入れられただろうが、これほど世界的な名声を得たかどうかはわからない。

なぜならアマンダリは、非常に素晴らしいホテルではあるが、それなりの見識や知識がないと魅力が見いだせない、ややマニアックなホテルであるからだ。

同じバリ島でも、より多くの人たちが、わかりやすく感動できるのは、アマンキラやアマヌサだろう。だが、もしアマンダリがなかったなら、アマンの伝説は生まれなかった。アマンダリによって生まれた伝説があり、さらに、より多くの人たちにわかりやすいラインナップを持っていたからこそ、アマンリゾーツの成功はあったのだろう。

そもそも、アマンリゾーツの最もエッジの効いた革新は、マーケティングやPRの手法、そしてブランディングだったと思う。

いかにしてコストを削り、効率化するか、ではなく、いかにしてコストの低いものを高く売るか、ということにおいて、アマンは巧みだった。

アマンマジックとは、一般的にホスピタリティを賞賛する言葉として使われるが、経営側に立って見れば、明らかにコストのかかる、高価な備品や家具を揃え、だからこそ、高額な宿泊料金をつけていたラグジュアリーホテルの常識を破り、安価ではあるが、その場の雰囲気に見合った地元アジア製の家具や食器を使い、それでいながら欧米のラグジュアリーホテルと同じ料金を設定し、ゲストを納得させてしまったことこそが、アマンマジックなのだと思う。まだ無名であった立ち上げの時期から、それを可能にしたのは、限られた客層の口コミを使い、秘密めいた存在として、アマンというブランドの価値を押し上げた独特の戦略だった。

実際、九〇年代以降、ホテル業界におきた革新は、もっぱらマーケティングやブランディングの手法であったと、星野佳路も言う。

「かつては、サービスがいいということが、ホテルの競争力でした。でも、九〇年代以降、サービスの良さのコモディティ化（著者注：一般化）によって、サービスがいいのは当たり前になったのです。そうなると、予約のネットワークであるとか、マイレージプログラムであるとか、ブランド力によって差別化を図ることになったのです」

彗星のごとくデビューし、瞬く間にブランド力を築き上げ、そうした差別化を見事になしえたのが、アマンリゾーツだったのではないだろうか。

そして、もうひとつ、客室数の少ないスモールラグジュアリーを発想した理由ではないかと思うのが、ジャーナリストであったエイドリアンならではの視点、現代人の興味の細分化にいち早く気づいたことであろう。彼は次のように指摘した。

「かつてライフ誌は、五〇〇〇万部の部数がありました。でも、ライフは廃刊になってしまった。ライフのような一般誌の時代は終わったのです。一方、雑誌でも専門誌は生きています。テレビの衰退も同じことでしょう。人々の興味は細分化しているのです。それは、ホテルについても同じことだと思います」

エイドリアンの関わった出版事業も、ライフスタイル誌から美術専門誌になった『オリエンテーション』はいまも生き残っている。

そして、アマンリゾーツは、ライフスタイルの創造であると強調する。

「アマンというのは、いくつものライフスタイルのコレクションであり、カクテルだと考えています」

現代人のライフスタイルは多岐にわたる。それは、とてもひとつの大きな「箱」で提供し得るものではない。だから、ライフスタイルごとに小さな「箱」をいくつも用意する。一九八三年という段階で、このことに気づき、アマンリゾーツのコンセプトを発想していたとしたら、まさに先見の明ということになる。

旅館というライフスタイルも、あるいは、そうしたコレクションのひとつとして、位置づけられることはあるのかもしれない。

森肇によれば、エイドリアンは、京都の俵屋に対しては、熱烈なファンであると同時に、ライバル的な感情も持っていたと言う。『婦人画報』の企画でエイドリアンが俵屋を訪れたのは、一九九五年の一一月である。ならば、森が言うところの俵屋に対する特別な感情も、それ以後に芽生えたということになる。

これは、あくまでも私の仮説なのだが、もしかしたらエイドリアンは、この時、京都と、その伝統文化に根ざした俵屋という宿のスタイルに対して、恋に落ちたのではないか。

もちろん彼は日本にいた経験がある。だが、彼の知っていた日本とは、東京と三浦半島を中心にした首都圏であった。かつてジャワ島育ちの彼が、一九五〇年代のサヌールで、ジミー・パンディのバンガローに泊まって、初めてバリと恋に落ちたように、彼は、この時、もうひとつのまだ見ぬ日本に出会ったのではないか。

そして、京都にアマンを開業する夢が芽生えた。

『婦人画報』の記事にある、俵屋の一室でくつろぐエイドリアンは、本当にうれしそうな、幸福そうな顔をしている。

俵屋の佐藤は、『婦人画報』による出会いの後、エイドリアンが、京都か、もしくは日本の違うどこかで一緒に仕事をしないかと熱烈なアプローチをしてきたと証言する。

しかし、佐藤は断った。

エイドリアンがアマンニワの敷地を初めて見に行ったのは九八年のことである。

もともとアマンリゾーツは、その土地の文化を取り入れることで、独自のスタイルを築き上げてきた。もし、彼が、はっきりと旅館を意識するとしたら、それは京都にアマンが誕生する時ではないかと、私は考えている。

エイドリアンは、二〇〇六年、ＪＡＴＡ国際観光会議で、京都に開業するのは「旅館テーストのアマン」だと言っているのだから。

今、ホスピタリティ業界をめぐる状況は、さらなる変革期にさしかかっていると、星野は言及する。

「大手ホテルがコモディティ化した結果、チェーンごとの特色がなくなってしまった。運営もコモディティ化しているのです。そのことを投資家やオーナーは、非常に不満に思っている。リーマンショックで大きな損失を被った時、彼らは、目先の数年ではなく、三〇年を振り返ったんですね。そこで、ホテルの運営に変革がなかったことに彼らは気づいたのです。今、投資家やオーナーが望むことはひとつ、素人にはできない、プロらしい運営をしてくれ、ということなんです」

そして、こうした状況を打破する可能性を持っているのが、日本の旅館ではないか、と星野は言う。

「なぜ運営の革新がなかったか。少なくともアメリカの大都市のホテルにおいて、効率化を阻《はば》んだ理由は、ホテル・ユニオン（著者注：組合）の存在だと思います。でも、ホテルではない、新しい職種なんだという説明のできる旅館であれば、これを打破できるかもしれない」

星野リゾートの成功の秘訣は何かと言えば、生産性の高さだと彼は言う。従業員、一人一人のスキルが高いから、一人あたりの人件費は高くても生産性が高くなる。かつて日本のホテルは、こうした長所を民族性に求めていたという。すなわち日本人だから可能なスキルだという発想である。

「日本のホテルが頂点を極めたのは、たぶん一九八三年にホテルオークラが、『インスティテューショナル・インベスター』誌で世界第二位になった時だったと思います。でも、世界に出てはいかなかった。ホテルオークラの役職であった山崎五郎さんに、なぜか聞いたことがありました。その時、ホテルオークラのサービスを海外でできると思うか、と返されました。帝国ホテルでも同じようなことを言われました。でも、生産性を上げることは民族性ではないと考えています。仕組みやシステム造りで可能なことなのです。自動車でできたことが、ホスピタリティ産業でできないはずはない」

星野は、海外に行くたびに、トヨタや日産の車が走り、回転寿司があり、それなのに、ホスピタリティ産業になぜ日本のブランドがないのか、悔しい思いでいるという。日本人はホスピタリティに長けた民族だと言われているにもかかわらず、である。

ルレ・エ・シャトーというフランスに本拠地をおく、小規模で独立系のラグジュアリーホテルが集まった組織がある。エイドリアン・ゼッカが言うところの「ヨーロッパの伝統的なイン」と呼ばれるような宿の集まりだ。

アジアで最初のメンバーとして、二軒の旅館、伊豆の「清流荘」と熱海の「蓬萊」が加わったのは一九八六年、アマンプリが開業する以前のことだった。その後、八九年に「あさば」、九一年には「強羅花壇」が加わった。

アジアンリゾートの誕生前夜から勃興期にかけて、それは、旅館なるものが、世界に向けて扉を開けた最初だったと思う。それぞれの旅館は、海外の顧客にも受け入れられた。しかし、アジアンリゾートのように、ホスピタリティ産業の新たな潮流とまではなり得なかった。

旅館より少し遅れて、ルレ・エ・シャトーのメンバーに名前を連ねた独自性の強い宿のカテゴリーとして、アフリカのサファリロッジがあるが、そのひとつ、南アフリカのシンギータ・エボニー&ボウルダーズが、アメリカの旅行雑誌『コンデナスト・トラベラー』と『トラベル+レジャー』のランキングで「世界一」となったのは二〇〇四年のことだ。二〇一一年および二〇一二年には、同じグループでタンザニアにあるシンギータ・グルメティが『トラベル+レジャー』誌で、また「世界一」になった。

かねてから私は、独自のルールがある、地域の独自性に根ざしたエキゾティックな宿という意味で、旅館とサファリロッジには共通点があると考えてきた。シンギータが世界一になるのならば、日本の旅館にもその可能性はあるはずだ、と私は思う。

二〇一三年、アマンプリは開業二五年目の節目を迎えた。

いわゆるアジアンリゾートの登場は、ホテルやリゾートをめぐる風景を変えてきた。そして、今、ホスピタリティ業界は、アジアンリゾートが誕生した震源地であるアジアを中心に市場規模が拡大するなか、さらなる変革が求められる節目にある。

新たなる変革の可能性があるとすれば、たとえば、旅館なのかもしれない。

私がそう言うと、星野は、たいていの人からは何を言っているんだと一笑にふされますけれどね、と笑った。だが、しばらくすると真顔になって、大きなトレンドの一角ぐらいに旅館がある、のが夢ですね、と結んだ。

かつて俵屋は、「寸法の違う」よその土地への進出は拒絶した。

それを言うならば、アフリカのサファリロッジは、寸法どころか、そもそもライオンのいるサバンナでなければ成り立たない宿の形態だ。

つきつめれば、その土地特有のエキゾティシズムをインターナショナルスタンダードに語り直してゆく作業が可能かどうかということなのだろう。

アマン伝説が牽引したアジアンリゾートは、少なくともそれを実践した。

ホスピタリティ産業の変革はアジアから、という潮流には、第二章があるはずだと私は思っている。

あとがき

二〇〇〇年一〇月、『クレア・トラベラー』が『「至高の楽園」アマンリゾーツのすべて』という特集を組んだ時の編集長である文藝春秋・出版局の林暁氏から、この本のもとになる企画の打診を受けたのは、二〇〇八年の夏のことだったと思う。

季節をはっきり覚えているのは、最初の打ち合わせの時、私は白い木綿のレースのチュニックを着ていた記憶があるからだ。

それは、『クレア・トラベラー』の特集がそうであったような、ヴィジュアルで見せるのではない、すなわち英語で言うところの「コーヒーテーブルブック」(コーヒーを飲みながら、写真と共に楽しむような本)ではない、ノンフィクションとしてアマンリゾーツをめぐる物語を書く、という提案だった。

ホテルをテーマにしたノンフィクションは、すでにいくつか手がけていたし、当時もひとつ執筆中であった。面白いテーマだと興味を持った。

だが、一方で躊躇する自分もいた。

アマンリゾーツを取材したり、個人的に泊まったことは、あるにはあったが、私よりもはるかに多くのアマンリゾーツを取材し、思い入れも深いであろうホテルジャーナリストは、私以外にいると思ったのだ。

さまざまな都市伝説めいた噂に彩られてきたアマンリゾーツというホテルブランドの持つ、ある独特のイメージが、興味を駆り立てられる一方で、私を躊躇させたのだ。

林氏は「これは人の羨《うらや》むような、楽しい世界のアマン巡りではないから」と言った。その言葉が、もしかしたら背中を押したのかもしれない。そういう内容ならば、私が出る幕もあるだろうと考えたのである。

当初、どこか他人事《ひとごと》のように感じていたテーマが、にわかに自分のものとなり、物語の歯車が回り出したのは、一年後の夏のことである。

母の従姉妹になる曽野綾子氏と、もう一人の従姉妹と三人でランチをする機会があった。三人の従姉妹は、いずれも一人娘で、姉妹のような関係があったが、私の母は早くに亡くなり、曽野氏も多忙であることから、こうした機会は珍しくなっていた。

季節をはっきり覚えているのは、曽野氏の、涼しげな民俗調の水色のチュニックが印象的だったからである。

そこで、エイドリアン・ゼッカ氏の兄嫁である名倉延子氏とのつながりを告げられたのは、プロローグに書いた通りである。この出会いと曽野氏の協力がなければ、実質的なスタートが切れなかったことは言うまでもない。

こうして私は、姪にあたるエイミさんを曽野氏から直々に紹介され、エイミさんの両親が所有するバトゥジンバのハウスC訪問、エイドリアン・ゼッカ氏のインタビュー、アマンリゾーツのPR担当であるトリーナ・ディングラー・エバート氏のインタビューを実現することができたのである。

最初の扉を開いて下さった曽野綾子氏とエイミ・ゼッカさんのお二人には、深く感謝している。

唐突に手紙を差し上げた鹿島建設相談役の鹿島昭一氏には、インタビューを快諾して下さったのみならず、アンドレ・プーリィ氏など関係者を紹介して頂いた。バトゥジンバのカジマハウス訪問、タンジュンサリの五〇周年に出席する機会が得られたのは、鹿島氏の協力と助言があってのことだった。

インドネシアの取材に関しては、バリハイアットとガルーダ・インドネシア航空にご協力頂いた。

プーケットの取材に関しては、タイ政府観光局のお世話になった。インディゴ・パールのウィチット・ナラノーン氏を知ったことは、プーケットの歴史を知る上で興味深かった。トリサラのアンソニー・ラーク氏には、多くの貴重な証言を頂いた。

スリランカについては、この企画が始まる前年と前々年、『週刊新潮』と『商店建築』でジェフリー・バワの取材をした知識が役立った。毎回、コーディネイトをお願いしたセレンディピティ倶楽部の橋迫恵さんには、その後もバワに関する情報提供を頂いた。

ボブ・バーンズのインタビュー、およびリージェントの取材に関しては、ハーバープラザホテル&リゾーツの島田万里氏、元リージェント日本支社長の松本富次氏、元日本ハイアットの中田昭男氏に協力を頂いた。

バンヤンツリー、アリラ・ホテルズ&リゾーツ、ソネバおよびシックスセンシズ、GHM、それぞれの創業者のインタビューにあたっては、各社関係者に尽力して頂いた。

アマンと旅館をめぐる都市伝説の謎解きについては、インタビューを快諾して下さった俵屋の佐藤年氏に感謝している。

そして、世界のアマン巡りとはならなかったが、二五周年のアマンダリなど、いくつかのアマンリゾーツにも取材協力頂いた。足かけ五年にわたる取材執筆の間、さまざまなメディアでアマンリゾーツを取材する機会も多かった。そうした体験が、この本に厚みをもたせてくれた。私も少しだけ「アマンジャンキー」の端くれになれたかもしれない。アマンリゾーツの関係者にも改めてお礼を申し上げたい。また、文中の敬称は略させていただいた。

この本の企画が始まった頃、執筆していたホテルのノンフィクションとは、『消えた宿泊名簿』（文庫改題『クラシックホテルが語る昭和史』）である。

その中で私は、「近代において、王侯貴族の社交場だった宮殿や城の代替として登場した高級ホテル」というものの本質を「今も富に憧れる者は、いいホテルに憧れ、富を得た者は、いいホテルの顧客となり、さらにホテルそのものさえも掌中に収めたがる」と定義した。戦後のアジアと環太平洋における、いわゆるアジアンリゾートをめぐるさまざまな出来事も、すべて、そうした理解の延長線上にあったと思う。

取材を始めた頃、戦争をめぐる時代の日本のホテルの歴史を綴ったこの作品と『アマン伝説』のテーマは似ても似つかないと考えていたが、ホテルをめぐる人間ドラマという意味では、その時系列もあわせて、間接的な続編になったと考えている。

文庫版によせてのあとがき

二〇一三年の本書出版から六年が過ぎて、ホスピタリティ産業をめぐる状況は、大きく変化している。より多くの投資家や事業家が、将来性のある事業として参画するようになり、アジアはリゾート開発の舞台としてだけでなく、投資資金の出所としても欧米を凌駕するようになった。アマンプリのプーケット、アマンダリのバリ島に始まったアジアンリゾートの奔流は、アジア経済の勃興を背景に、いまやホスピタリティ産業の中核をなしていると言っても過言ではない。そして、多くの新しいエリアが開発され、新しいリゾートが次々と開業している。

たとえば、そのひとつがベトナムだ。

アマンでも、二〇一三年にアマノイが開業している。

今年、八六歳になったエイドリアン・ゼッカが、あらたに立ち上げた新ブランド「アゼライ」が、まさに舞台としている国でもある。

アマンをめぐる大きな動きがあったのは、二〇一三年末から二〇一四年初めにかけてだった。二〇〇七年にアマンリゾーツの株式を取得したインドの不動産会社ＤＬＦが、ロシア人不動産王のウラジスラフ・ドロニンとアメリカ人企業家のオマール・S・アマナットにこれを売却したのだ。ただし、この時点でアマンリゾーツのCEOはゼッカが留任していた。彼はアマナットに肩入れしていたのである。

さらに動きが生じたのは、二〇一四年七月のことだ。ドロニンがCEOに就任すると発表。ゼッカを支持するアマナットとの法廷闘争に発展する。当初はアマナットが勝利するも、その後、ドロニンが勝利。二〇一五年八月、ドロニンはアマンのCEO兼、単独のオーナーとなった。

こうしてエイドリアン・ゼッカは、アマンの経営から完全に離れることになった。しかし、彼の辞書に引退の文字はなく、アジアンリゾートの創始者としての情熱は終わっていなかった。

二〇一七年七月、アゼライ・ルアンパバーンの開業で、ゼッカは再び表舞台に登場する。それは、同じくアマンの経営から離れていた二〇〇〇年、突如、メキシコにマハクアという新ブランドを立ち上げた時に似た、センセーショナルな出来事だった。

二〇〇九年にアマンタカが開業したラオスのルアンパバーンは、世界遺産の古都として人気が高まっていたが、欧米の旅行雑誌がこぞって「世界で最も訪れたい都市」として、とりあげるようになったのがこの頃だったと思う。

その後、アゼライ・ルアンパバーンは、オーナーとの経営方針の相違で売却されるが、これを手に入れたのが、タイを本拠地とするマイナーホテルズだった。創業者のウィリアム・ハイネケは、アメリカ人だが、タイ国籍を取得、アジアでホテルと外食のビジネスを展開してきた。二〇〇一年にアナンタラという独自のホテルブランドを創設。彼もまたアジアンリゾートに魅せられた企業家の一人である。アゼライ・ルアンパバーンは、アナンタラの姉妹ブランドであるアヴァニ・プラス・ルアンパバーンとして運営されている。そして、ゼッカは開発の軸足をベトナムに移したのだった。


リゾートとしてのベトナムが最初に認知されたのは、いわゆるアジアンリゾートブームのあった九〇年代後半から二〇〇〇年初め頃、南部のビーチリゾート、ニャチャンの存在だったと思う。ちなみにアマノイは、このニャチャンにある。だが、本格的に注目されるようになったのは、この数年、中部の海岸沿いにあるダナンの開発が活発になってからだろう。インターナショナルチェーンがこぞって進出、建築的に注目されるリゾートも多い。

だが、アゼライ・カントーがあるのは、そのダナンではない。

ベトナムの穀倉地帯であるメコンデルタに位置する。豊穣の恵みをもたらす大河メコン、川と生きる人々の文化が根ざす、ベトナム本来の魅力が息づくエリアだ。その中心地、カントーで初めての本格的なラグジュアリーリゾートである。

アライバルパビリオンから専用クルーザーに乗って到着するアゼライ・カントーは、メコンの支流に浮かぶ小島をまるごとリゾートにした桃源郷だった。

かつてアマンで、エイドリアン・ゼッカの右腕として、ＰＲとマーケティングを担当してきたトリーナ・ディングラーが、アゼライでも執行役員として、ＰＲとマーケティング全般を取り仕切っている。彼女が開発の経緯を語る。

「エイドリアンには、ベトナム各地でホテルを開発するロケーションを紹介してくれる親しい友人がいました。ベトナム中部、北部の海岸沿いで多くのロケーションを見た後、エイドリアンは友人の生まれ育った土地を見たいと言ったのです。彼は、エイドリアンをメコンデルタ、カントーのツアーに連れ出しました。すると、エイドリアンは、川の文化とそのコミュニティが生み出すセンスに、すっかり恋に落ちてしまったのです」

アゼライとは、エイドリアン・ゼッカのイニシャルに、ペルシャ語の「キャラバンサライ（旅人が休む場所の意味）」を組み合わせたもの。コンセプトは「アフォーダブル（手頃な）・

ラグジュアリー」である。三〇〇USドル台からという価格帯も含めて、ルアンパバーンから継承されている。

「文化的興味とその土地らしい美しさのある場所で、ゲストにシンプルなエレガンス、控えめだけれど気配りの行き届いたサービスを提供するために考えたブランド」だと、トリーナは説明する。

ラグジュアリーの象徴として、一時代を画したアマン。創業者のエイドリアン・ゼッカが、最後に行き着いた楽園には、無駄なものを削ぎ落とし、凛とした清楚な佇まいと、肩の力の抜けた居心地のよさがあった。

「アフォーダブル・ラグジュアリー」とは、他人に誇示するためのラグジュアリーではない、自らが心地よくあるためのラグジュアリーなのだ。

ところで、アジアでこの数年、飛躍的に注目度を上げたところと言えば、ベトナム以上に、日本ではないだろうか。東京オリンピックを前にした特需と見る人も少なくないが、潜在的なポテンシャルを思えば、長らく国内需要に特化し、ガラパゴス化していた日本の魅力が、ようやく正当に評価されるようになっただけではないか、と私は思う。その日本に早

アゼライ・カントーのプールサイド。

くから目をつけていたのが、エイドリアン・ゼッカだった。

この六年間の出来事として忘れてならないのは、ようやくアマンが日本において開業したことである。

二〇一四年一二月に開業した大手町のアマン東京、二〇一六年三月に開業した伊勢志摩のアマネムである。

アマン東京は、ホテルオークラでエイドリアン・ゼッカとのインタビューが実現した二〇〇九年一一月、その翌日が、プロジェクトの発表日だったことを懐かしく思い出す。

だが、開業に際し、彼がトップにいないことは、寂しい現実だった。

アマン東京も、アマネムも、数々のアマンを手がけてきたケリー・ヒルの設計による。彼の美意識によって表現された日本は、スケール感の大きさが目を引いた。極めて日本的な空間ながら、寸法感だけが、日本のそれではないのである。

俵屋の女将、佐藤年が、京都以外に進出しない理由を「寸法が違う」と語っていたことを思い出した。

アマン東京開業の約一年半後、同じ大手町に星のや東京が開業した。

客室数がいずれも八四室という偶然に驚いた。都心のスモールラグジュアリーで、日本らしさの現代的な表現を意図しているところも一致している。それでいて、全く異なる雰囲気があった。根底にあったのが、やはりスケール感の違いだった。

俵屋とは、方向性も世界観も全く異なるが、星のや東京も、日本らしいスケール感に収まっていて、アマン東京のとてつもなく大きなロビーとは好対照だった。

それから約半年後の二〇一七年一月、今度は、星のやバリが開業した。

スバックという伝統的な水路をイメージしたプールを中心にヴィラが配置されたリゾートは、精緻なまとまりの良さで、バリを表現しながら、強く日本を感じさせた。

アマンなど海外のラグジュアリーブランドがこぞって日本に進出し、一方、日本のラグジュアリーブランドも海外に進出する。アジアンリゾートにおいて、日本のプレゼンスがこれまでにないほど高まっている、それが二〇一〇年代後半の現況である。

そして、ついに二〇一九年一一月、アマン京都が開業すると発表された。

本書の第十章に詳しく経緯を記した、アマンニワである。

アマンにとって、開発に最も長い時間をかけた、日本における原点といえるプロジェクトである。

以下、今年二月に発表されたプレスリリースの文章を引用する。

〈京都の北、左大文字山から続く鷹峯三山の麓に息づく、忘れ去られていた美しい森と庭がアマン京都として甦ります。（中略）光悦寺や源光庵、常照寺など、茶室や庭が美しい名刹が点在し、京都の芸術文化に浸るには理想的なロケーションです。アマン京都の敷地面積は約二万四〇〇〇平方メートルを誇り、自然林を有する約三二万平方メートルの広大な敷地にあります。かつての所有者が織物博物館を創ることを夢見て、年月をかけて庭を育んできた安息の場所です〉

アマン京都の神髄は、庭にある。

その存在が秘密のヴェールに包まれていた頃、庭を象徴するのは石と聞いた。リリースにも〈緩やかに迂曲する苔生した石畳〉〈巨石が横たわる苔が敷き詰められた空間〉といった表現がある。噂は事実だったのだ。

それゆえ、第十章に記したように、プロジェクトは長く「アマンニワ」と呼ばれてきた。設計は、アマン東京、アマネムを手がけたケリー・ヒルである。二〇一八年八月に逝去した彼にとっての遺作となった。

ケリー・ヒルもまた、自身の代表作と考えていたのだろう。二〇一三年に出版した著書『Kerry Hill:Crafting Modernism』に「Amaniwa」として、設計図面やパース、敷地の写真を掲載しているのは、これも第十章に記したとおりだ。本に載った唯一の日本のプロジェクトであり、作品の年代は2002―2014とある。ケリー・ヒルの証言を再録するなら、土地を最初に見に行ったのは一九九八年というから、開業までに二〇年以上の年月を要したことになる。

記載から正確に発音すると「アマニワ」になるが、関係者は、もっぱら「アマンニワ」と呼んでいた。

「アマンニワ」に懐かしい感情を抱く一人が、土地の取得の仲介をした西和彦だ。

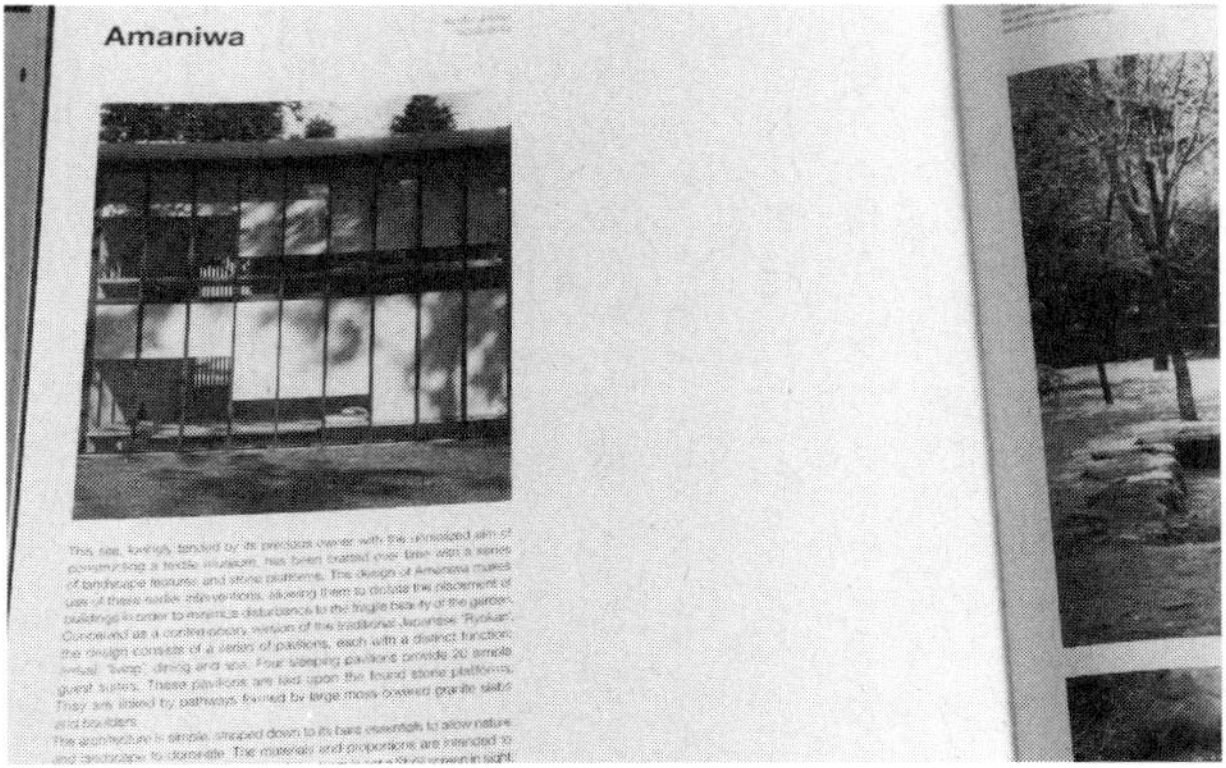

ケリー・ヒルの著書に見られる「アマンニワ」の文字。

アマン京都の開業を聞いて、コメントを寄せてくれた。

「当時、市長にまで陳情に行ったけれど、京都市から難しいといわれて私は諦めてしまった。ゼッカさんは諦めず、時間がかかってもやるという感じだった。私はさっさとアマンの連れてきたタイの投資家に土地は売ってしまった。時は巡って、この度、やっとアマン京都ができるが、ホテルの開発で大切なことは、決して諦めないことだと教えてもらった。その後、いろいろな開発プロジェクトに関係しているが、一度ダメになったプロジェクトでもファイルを廃棄しないで復活を待つというスタンスに自分の仕事のスタイルが変わった。おかげで復活したプロジェクトが数多くある。そういう意味で、この度の京都のアマンニワ（当時の名前）は懐かしいホテルであり、成功を祈りたい」

コンピューター業界の風雲児として、マイクロソフトの黎明期を支え、一世を風靡した彼は、大学教授となり、いったんは実業の世界から足を遠ざけていた。だが、日本のプレゼンスが高まった今、再びリゾート開発に興味を向けている。

そして、エイドリアン・ゼッカにとって、ホテルビジネスの原点とも言えるリージェント・ブランドをめぐっても大きな動きがあった。二〇一八年三月、インターコンチネンタルホテルズグループが、リージェントホテルズ&リゾーツの株式を五一％取得したのである。今後、段階的に株式の保有率を高める権利も付与されている。

これによって、リージェント・ブランドは、インターコンチネンタルの最高級ブランドとなり、現在、インターコンチネンタル香港となっている旧リージェント香港は、改装の後、二〇二一年に再びリージェントとして甦ることになった。

紆余曲折の後、リージェントホテルズ&リゾーツのブランドを守ってきたフォルモサ・インターナショナルホテルズのスティーブン・パン会長は、プレス発表のリリースで次のようにコメントしている。

「『リージェント』を創業した伝説のホテル経営者、ロバート・H・バーンズは、アジアのホスピタリティと西欧のエレガンスを融合し、一流のラグジュアリーホテルブランドを生み出しました。『リージェント』はラグジュアリーホテルの中でも最高峰に位置づけられ、比類のない伝統を誇っています。かつての旗艦ホテル『リージェント香港』は１９８０年代から90年代を通じて世界のベストホテルに選ばれてきました。このプロパティを『リージェント ホテル』というルーツに立ち返らせるということは、かつての栄光を取り戻すという私たちの願いを象徴するものであり、ホテル業界における偉大なブランドの復活劇の一つとして歴史に残るでしょう」

今回、文庫化のタイミングで、もうひとつ、本書執筆の時には幻の存在だったエイドリアン・ゼッカの原点となる場所を訪れる幸運に恵まれた。

三浦半島のミサキハウスである。

「庭のホテル 東京」の広報担当者がきっかけとなり、現在ミサキハウスに住んでいる二人の女性に会うことになった。

そして、二月中旬のよく晴れた休日、ついにミサキハウスの訪問が実現した。

第三章に記した通りの場所、浜諸磯の高台に家はあった。

誘われて中に入ると、かつてインターネットで検索してようやく見つけた写真そのままのリビングルームが広がっていた。

センスのいい二人が、慎重にリノベーションした室内は、モノクロ写真が、そのまま現代に着地したようだった。

家を建てた日本人大工は、地元で「三浦大工」と呼ばれる職人たちで、潮風が強く吹きつける三浦半島にあって、頑丈な家を建てることに秀でていたという。以前に見た写真ではわからなかったのが、海を見下ろす眺めが絶景であることだった。

かつて探し当てた写真のオリジナルプリントも家にあった。この地を見出し、一九四七年にミサキハウスを建てたアメリカ人フォトジャーナリスト、ホレイス・ブリストルが撮影したものだ。周辺に何棟かあった家ごとに、タイトルがつけられていて、プライベートな家族写真もあった。

一九五〇年代、ジャーナリストとして日本に暮らした若き日のエイドリアン・ゼッカ。外国人記者仲間たちの中心に重鎮の彼がいた。ゼッカ自身の写真があった訳ではなかったけれど、一連の写真は、その事実が、リアルな現実であったことを物語る。

アマンは、ジャワの裕福な華僑ファミリーとしての出自とライフスタイル、バリ島の伝説的リゾート、タンジュンサリと別荘地バトゥジンバなど、ゼッカの人生に付随するさまざまなことに影響を受けて生まれたものだが、そのひとつに、日本での体験があったことを、私はあらためて確信したのだった。

ミサキハウスのスタイルは、半世紀以上の時を経て、むしろ斬新なまでに新しく、アジアンリゾートの系譜における日本の、近未来的な解釈を見るようだった。

関係略年表

西暦	エイドリアン・ゼッカとアマンに関わる事項	アジアのリゾートに関わる事項	社会の動き
1919		ジェフリー・バワ、スリランカに生まれる。	
1933	オランダ領東インド、ジャワ島のスカブミに生まれる。	この頃、ヴァルター・シュピースの活動を中心に、最初のバリ観光ブームが起きる。	日本、国際連盟を脱退。
1939		バワ、ケンブリッジに留学し、弁護士を目指す。	ドイツがポーランドに侵攻（第二次世界大戦が勃発）。
1942			太平洋戦争で日本軍がサヌールに上陸、バリ島を占領。
1945			日本敗戦を機に、インドネシア独立戦争勃発（〜49年）。
1946		ホレイス・ブリストルが来日、フォトエージェンシーを営む傍ら、三浦半島に別荘地を開発する。	日本国憲法公布。
1949		バワ、帰国。兄のベイビスがドナルド・フレンドと遭遇する。	インドネシア連邦共和国誕生。
1951	米国コロンビア大学に留学（〜53年）。		サンフランシスコで対日講和条約調印。
1952		バワ、建築を学ぶために再びケンブリッジに留学。	保安隊（現陸上自衛隊）発足。

1953	タイムマガジンの在ジャカルタ通信員になる。	ウィヤ・ワォルントゥがイギリス留学から帰国。	スターリン死去。
1954	初めてバリを訪れ、ジミー・パンディと会い、強い印象を受ける。	ワォルントゥがアンティークの買い付けで初めてバリを訪れる。	米、ビキニ環礁で水爆実験。
1955	次兄のアレンが名倉延子と結婚。11月、スカルノのスキャンダルを書き、インドネシアを追放される。		ジャワ島・バンドンでアジア・アフリカ会議が開催。
1956	タイムの販売部長として日本に滞在。		太陽族ブーム。
1957	週末ごとに三浦半島のブリストルの別荘を訪れ、バカンスを過ごす。	バワ、ケンブリッジを卒業して帰国。建築家になる。ドナルド・フレンド、スリランカのベイビスのもとに滞在する（～62年）。	スカルノ大統領、インドネシアのオランダ資産を凍結。
1958	日本を離れ、香港へ。		東京タワー完成。
1959	ゼッカ一族、シンガポールに移住。		皇太子ご成婚パレード。
1961	香港で『Asia Magazine』を創刊。	ホテル・ボラボラ（タヒチ）開業。	ライシャワー米駐日大使着任。
1962	シドニーでルパート・マードックと出会い意気投合、資金援助を受ける。	タンジュンサリ開業。ベントゥータ・ビーチホテル（スリランカ）開業。	キューバ危機。
1963		カハラヒルトン（ハワイ）開業。	ケネディ米大統領暗殺。
1965		ブルー・ラグーン・ホテル（スリランカ）開業。	インドネシアで「9月30日事件」勃発。

1966		バリ・ビーチ・ホテル開業。フレンド、バリへ。ウォルントゥと出会う。	スカルノ大統領辞任。ビートルズ来日。
1967		ウォルントゥ、フレンド、クリス・カーライルの間でバトゥジンバに別荘をつくる計画が始まる。	美濃部革新都知事誕生。
1969		デンパサールに国際空港が開港。	東京大学安田講堂事件。
1970	『Orientations』創刊。	ピーター・ミュラー、ドナルド・フレンドがサヌールにマタハリホテルを計画するが、頓挫。跡地がバリハイアットになる。	スカルノ死去。大阪で万博開催。
1971		東急の五島昇とロバート・バーンズにより、リージェント・インターナショナルが設立。ハワイアン・リージェント（現ワイキキビーチ・マリオット・リゾート&スパ）開業。	
1972		ジェフリー・バワの設計により、バトゥジンバがサヌールに誕生。リージェント・オブ・フィジー(現ウェスティン・デナラウ・リゾート&スパ）開業。	セイロン、国名をスリランカとする。
1973	マリオットホテルのアジア地区のアドバイザーになり、ホテル業界へ進出。	バリハイアット開業。東急がリージェントの経営から手を引く。	第一次石油ショック。
1974	リージェントの経営に参加する。	カユ・アヤ・ホテル（現ジ・オベロイ・バリ）開業。007映画『黄金銃を持つ男』のロケ地にプーケットが選ばれる。	田中首相が金脈問題で辞任。

1976	香港に後にザ・リージェントとなるホテル用地を取得。	ネプチューン・ホテル（スリランカ）開業。	ロッキード事件。
1978	ジンバランでホテルの設計をケリー・ヒルに依頼。その後計画が頓挫し、跡地がインターコンチネンタル・バリになる。		成田空港開港。
1979	バトゥジンバの別荘をフレンドからリース取得。エド・タトルに改装を依頼する。		ウォークマンが発売。
1980	ザ・リージェント（香港）開業。	フレンド、健康悪化のためバリを離れる。	『なんとなく、クリスタル』が文藝賞受賞。
1981		バワ設計のトライトンホテル開業。初めてインフィニティプールが設けられた。	英国、チャールズ皇太子がダイアナ妃と結婚。
1982		ミニロック・リゾート（フィリピン）開業。	ホテルニュージャパン火災。
1983	ハレクラニ（ハワイ）開業。リージェント・シドニー開業。	ヌサドゥア地区にヌサドゥア・ビーチ・ホテル&スパが初めて誕生する。ホー・クォン・ピンがプーケットの沼地を買収し、リゾート開発を計画する。	東京ディズニーランド開園。
1984	プーケットに別荘地を取得（のちのアマンプリ）。	鹿島昭一、鹿島建設の社長に就任、バトゥジンバの別荘をワォルントゥから購入。	グリコ・森永事件。
1985	ザ・リージェント・オブ・バンコク開業。ゼッカが買収交渉を担当。		プラザ合意で、ドル高是正へ。

1986	リージェントの持ち株を売却。	イ・アイ・イの高橋治則がリージェントに資本参加。パール・ヴィレッジ・リゾート（後のインディゴ・パール、現ザ・ストレート）がプーケットに開業。	フィリピン、マルコス政権崩壊。
1988	アマンプリ（プーケット）開業。ホテル・ボラボラ（タヒチ）を傘下に。森肇がマイトン島開発をゼッカに依頼。	セゾングループがインターコンチネンタル・ホテルズを買収。	リクルート事件。
1989	アマンダリ（バリ）開業。カルコサ・セリ・ネグラ（クアラルンプール）を傘下に（後に離脱）。	ドナルド・フレンド死去。	昭和天皇崩御。中国、天安門事件。
1990		鹿島昭一、社長を退任。エルニドリゾート・パンガルシアン（フィリピン）開業。	イ・アイ・イ、長銀の管理下に。
1991		堤清二、セゾングループを引退。	ジュリアナ東京オープン。湾岸戦争。
1992	アマヌサ（バリ）開業。アマンキラ（バリ）開業。ル・メレザン（フランス）傘下に。GHMを創業。	フォーシーズンズ、リージェントを買収。ホテルイースト21東京開業。フォーシーズンズ椿山荘（現ホテル椿山荘東京）開業。	ハウステンボス開業。（2003年破綻）
1993	アマンワナ（モヨ島）開業。アマンプロ（フィリピン）開業。	クラブ・ノア・イザベル（フィリピン）開業。フォーシーズンズ・ジンバランベイ（バリ）開業。ザ・ダタイ（ランカウイ）開業。	シンハラ人とタミル人の民族対立からスリランカ内戦が激化。

１９９４	ザ・ストランド（ミャンマー）傘下に（後にＧＨＭに）。	ザ・セライ（チャンディダサ）開業。バンヤンツリー・プーケット開業。カマンダル・ホテル（スリランカ）開業。パーク・ハイアット東京開業。ウェスティンホテル東京開業。	宮崎シーガイア開業（２００１年倒産）。関西空港開港。
１９９５	ダイアナ妃がアマヌサとアマンワナに滞在。	リージェント・チェンマイ開業。ソネバフシ（モルディブ）開業。	イ・アイ・イ高橋治則社長逮捕。地下鉄サリン事件。阪神・淡路大震災。
１９９６		チェディ・ウブド開業。ザ・レギャン・バリ開業。チェディ・ウブドでマンダラスパ開業。	チャールズ皇太子とダイアナ妃、離婚に合意。
１９９７	アマンジウォ（ジョクジャカルタ）開業。	ライトハウス・ホテル（スリランカ）開業。	タイ、インドネシア、韓国で通貨危機。香港返還。
１９９８	10月、アマンの会長を辞任。アマンガニ（ワイオミング）開業。	ラゲン・アイランド・リゾート（フィリピン）開業。ブルーウォーターホテル（スリランカ）開業。バワ、脳梗塞で倒れる。	インドネシア、スハルト大統領辞任。
１９９９		ベガワン・ギリ（バリ）開業。	欧州連合の単一通貨（ユーロ）導入。
２０００	アマンジェナ（マラケシュ）開業。マハクア（メキシコ）開業（後に離脱）。ゼッカ、アマン復帰。		アベインターナショナル（千昌夫）倒産。日本人の海外渡航者数が１７８２万人と過去最高になる。

２００１		ヴィラ・フェルトリネッリ（イタリア）開業。アリラ・ホテルズ＆リゾーツ創業。	パラワン島で米国人誘拐事件が発生。ＮＹで「９・11テロ」発生。
２００２	アマンサラ（カンボジア）開業。	ウォルントゥ、死去。ソネバギリ（モルディブ）開業。	バリ島で爆弾テロ。
２００３	アマニカス（インド）開業。	バワ、死去。	イラク戦争。新型肺炎ＳＡＲＳ流行。
２００４	アマンコラ（ブータン）開業。	トリサラ（プーケット）開業。	スマトラ沖大地震。
２００５	アマンウェラ（スリランカ）開業。アマンガラ（スリランカ）開業。アマンバグ（インド）開業。	バーンズ・ホテルズ・インターナショナル創設準備中に、高橋治則が急死。	郵政選挙で、自民党圧勝。
２００６	9月、ゼッカ、ＪＡＴＡで講演。２００８年京都にアマンをつくると発表。アマンヤラ（タークス・カイコス）開業。		北朝鮮が初の地下核実験。
２００７	7月、アーバンコーポレイションと業務提携。11月、インドの不動産会社ＤＬＦがアマンの株式の51％を取得。		韓国と北朝鮮が平壌で南北首脳会談を開催。
２００８	8月、アーバンコーポレイション破綻。アマン・アット・サマーパレス（北京）開業。アマン・ニューデリー（インド）開業。		リーマンショック。

2009	11月、東京建物と大成建設が大手町にアマン進出を発表。アマンタカ（ラオス）開業。アマンギリ（アメリカ・ユタ州）開業。		スリランカ内戦が終結。
2010	アマンファユン（杭州）開業。アマン・スベティステファン（モンテネグロ）開業。		宮崎で口蹄疫が流行。
2011	6月ゼッカ、ＩＬＴＭの特別功労賞受賞。アマンルヤ（トルコ）開業。		東日本大震災。
2012	アマンゾイ（ギリシャ）開業。	ソネバフシの創業者、ソヌ・シブダサニがシックスセンシズリゾートを売却。自身のブランド、ソネバを立ち上げる。	総選挙で民主惨敗、自民圧勝。
2013	アマンヴェニス（イタリア）開業。アマノイ（ベトナム）開業。		エジプトでクーデター発生。習近平が国家主席に選出。
2014	ＤＬＦがアマンの株式をウラジスラフ・ドロニンとオマール・アマナットに売却。アマン東京開業。		エボラ出血熱が流行しＷＨＯが緊急事態宣言。日本の消費税８％スタート。
2015	アマネラ（ドミニカ共和国）開業。		イスラム国によるパリ同時多発テロ発生。
2016	ウラジスラフ・ドロニンがアマンの単独で会長兼ＣＥＯとなる。アマネム（伊勢志摩）開業。	星のや東京開業。	米大統領選でトランプ氏が勝利。イギリスのＥＵ離脱国民投票実施。

2017	エイドリアン・ゼッカの手がける新ブランド、アゼライ・ルアンパバーン（ラオス）開業。	星のやバリ開業。	トランプ米大統領就任。マクロン仏大統領就任。
2018	アマンヤンユン（上海）開業。アゼライ・カントー（ベトナム）開業。	多くのアマンリゾーツを手がけた建築家ケリー・ヒル死去。	米朝初の首脳会談が実現。
2019	アゼライ・ラ・レジデンス・フエ（ベトナム）開業。11月アマン京都開業予定。		

〈主要参考文献〉

●書籍

『Geoffrey Bawa : the complete works』 David Robson　2002　Thames & Hudson
『Beyond Bawa : modern masterworks of monsoon asia』 David Robson　2007　Thames & Hudson
『Architecture Bali : birth of the tropical boutique resort』 Philip Goad　2000　Tuttle Publishing
『peter muller : the complete works』 Jacqueline C. Urford　2011　Walsh Bay Press
『Amandari, design and building』 Peter Muller　2012　Walsh Bay Press
『Sanur : The Birthplace of Bali Style』 Leonard Lueras　2005　The Bali Purnati Center For The Arts
『tandjung sari : A Magical Door to Bali』 Diana Darling　2012　Editions Didier Millet
『Horace Bristol : AN AMERICAN VIEW』 Ken Conner/Debra Heimerdinger　1996　Chronicle Books
『The Pink Palace : Royal Hawaiian Waikiki』 Stan Cohen　1986　Pictorial Histories Publishing
『The Diaries of Donald Friend』 Volume 3 Paul Hetherington　2005　National Library of Australia

『The Diaries of Donald Friend』 Volume 4 Paul Hetherington　2006　National Library of Australia

『Bali : Cultural Tourism and Touristic culture』 Michel Picard　Diana Darling　1996　Archipelago Press

『AMAN : The First Decade : A portrait of Amanresorts』 Photographs : Basil Pao Essays : Victor George Paddy　1997　Amanresorts

『Kerry Hill: Crafting Modernism』 Geoffrey London　2013　Thames & Hudson

『南洋遊記』山口正造述　富士屋ホテル　一九二八（昭和三）年

『江戸っ子八十年　嵐の日々も　凪の日も』ゼッカ・名倉延子著　グループわいふ　二〇一二（平成二四）年

『ぼくたちの時代③　ラディカルな個人主義』田中康夫著　太田出版　一九九一（平成三）年

『図説　オランダの歴史』佐藤弘幸著　河出書房新社　二〇一二（平成二四）年

『歴史文化ライブラリー117 スカルノ　インドネシア「建国の父」と日本』後藤乾一・山﨑功共著　吉川弘文館　二〇〇一（平成一三）年

『現代アジアの肖像11　偉大なるインドネシアをめざして　スカルノとスハルト』白石隆著　岩波書店　一九九七（平成九）年

『スカルノ自伝　シンディ・アダムスに口述』黒田春海訳　角川文庫　一九六九（昭和四四）年

『デヴィ・スカルノ回想記　栄光、無念、悔恨』ラトナ・サリ・デヴィ・スカルノ著　草思社　二〇一〇（平成二二）年

『【真説】バブル　宴はまだ、終わっていない』日経ビジネス編　日経BP社　二〇〇〇（平成一二）年

『小説東急王国』大下英治著　講談社文庫　一九九三（平成五）年

『フォーシーズンズ　世界最高級ホテルチェーンをこうしてつくった』イザドア・シャープ著（三角和代訳）　文藝春秋　二〇一一（平成二三）年

『アジアに明日を求めて』早川良一著　読売新聞社　一九九六（平成八）年

『演出された「楽園」 バリ島の光と影』エイドリアン・ヴィッカーズ著（中谷文美訳） 新曜社 二〇〇〇（平成一二）年
『バリ島』永渕康之著 講談社現代新書 一九九八（平成一〇）年
『バリ島芸術をつくった男 ヴァルター・シュピースの魔術的人生』伊藤俊治著 平凡社新書 二〇〇二（平成一四）年
『バリ、夢の景色 ヴァルター・シュピース伝』坂野徳隆著 文遊社 二〇〇四（平成一六）年
『I am a man. アイアムアマン チームワークと顧客第一主義がポイント！ 奇跡のレストラン「カシータ」の作り方』高橋滋著 オータパブリケイションズ 二〇〇三（平成一五）年
『西和彦の閃き 孫正義のバネ 日本の企業家（アントレプレナー）の光と影』小林紀興著 光文社 一九九八（平成一〇）年
『ベンチャーの父 大川功』西和彦著 アゴラブックス 二〇一一（平成二三）年
『俵屋の不思議』村松友視著 世界文化社 一九九九（平成一一）年
『クラシックホテルが語る昭和史』山口由美著 新潮文庫 二〇一二（平成二四）年

●雑誌など

『クレア・トラベラー 「至高の楽園」アマンリゾーツのすべて』文藝春秋 二〇〇〇（平成一二）年
『FRaU』二〇〇一（平成一三）年四月一〇日号 講談社
『別冊宝島 日本経済「黒幕」の系譜』宝島社 二〇〇六（平成一八）年より「帝国崩壊から15年 高橋治則 復活計画の全貌」
『鳩よ！』一九九四（平成六）年五月号 マガジンハウス
『ホテル・ジャンキーズ』二〇〇一（平成一三）年一二月二五日号 森拓之事務所
『婦人画報』一九九六（平成八）年一月号 婦人画報社
『月刊ホテル旅館』二〇一三（平成二五）年一月号 柴田書店

知恵の森
KOBUNSHA

アマン伝説《でんせつ》
アジアンリゾート誕生秘話《たんじょうひわ》

著　者—山口由美（やまぐち ゆみ）

2019年　7月20日　初版1刷発行

発行者—田邉浩司
組　版—萩原印刷
印刷所—萩原印刷
製本所—ナショナル製本
発行所—株式会社光文社
東京都文京区音羽1-16-6 〒112-8011
電　話—編集部(03)5395-8282
書籍販売部(03)5395-8116
業務部(03)5395-8125
メール —chie@kobunsha.com

ISBN978-4-334-78772-1　Printed in Japan